新制度主义政治学十讲

Ten Lectures on New
Institutionalist Political Science

马雪松 ● 著

中国社会科学出版社

图书在版编目（CIP）数据

新制度主义政治学十讲／马雪松著．—北京：中国社会科学出版社，2023.12
ISBN 978-7-5227-2897-1

Ⅰ.①新⋯　Ⅱ.①马⋯　Ⅲ.①新制度学派—政治学—研究　Ⅳ.①D09

中国国家版本馆 CIP 数据核字（2023）第 242623 号

出 版 人	赵剑英
责任编辑	赵　丽
责任校对	王佳玉
责任印制	王　超

出　　版	中国社会科学出版社
社　　址	北京鼓楼西大街甲 158 号
邮　　编	100720
网　　址	http://www.csspw.cn
发 行 部	010-84083685
门 市 部	010-84029450
经　　销	新华书店及其他书店
印　　刷	北京明恒达印务有限公司
装　　订	廊坊市广阳区广增装订厂
版　　次	2023 年 12 月第 1 版
印　　次	2023 年 12 月第 1 次印刷
开　　本	710×1000　1/16
印　　张	20.75
字　　数	280 千字
定　　价	68.00 元

凡购买中国社会科学出版社图书，如有质量问题请与本社营销中心联系调换
电话：010-84083683
版权所有　侵权必究

目　录

3	**第一讲**	**制度是什么**
3	一	制度和政治制度的含义
15	二	政治制度的本质
21	三	政治制度的特征
32	四	政治制度的类型
41	**第二讲**	**新制度主义的历史和范围**
41	一	政治学中的传统制度研究
46	二	新制度主义在政治科学中的兴起
68	三	新制度主义政治学的内在张力和理论取向
81	**第三讲**	**理性选择制度主义**
81	一	理性选择制度主义的发生路径
93	二	理性选择制度主义的内在逻辑
103	三	理性选择制度主义的意义评析
113	**第四讲**	**历史制度主义**
114	一	历史制度主义的发生路径
123	二	历史制度主义的内在逻辑
134	三	历史制度主义的意义评析
145	**第五讲**	**组织分析制度主义**
146	一	组织分析制度主义的发生路径

· 1 ·

154	二	组织分析制度主义的内在逻辑
163	三	组织分析制度主义的意义评析
175	**第六讲**	**建构制度主义**
176	一	建构制度主义的发生路径
185	二	建构制度主义的内在逻辑
193	三	建构制度主义的意义评析
205	**第七讲**	**制度的生成**
207	一	政治制度生成的设计观
217	二	政治制度生成的演化观
230	三	政治制度生成的选择观
243	**第八讲**	**制度的维系**
244	一	政治制度维系的前提
254	二	政治制度维系的途径
275	**第九讲**	**制度的变迁**
276	一	制度变迁的基本含义
281	二	制度变迁的动力机制
289	三	制度变迁的主要方式
303	**第十讲**	**新制度主义的未来**
303	一	关于新制度主义政治学未来的几种展望
309	二	整合多元取向并形成统一的制度理论
317	三	以一为主兼顾多元取向
321	四	另辟蹊径的制度逻辑理论

第一讲
制度是什么

制度和政治制度的含义
政治制度的本质
政治制度的特征
政治制度的类型

制度是什么

理解政治世界的制度逻辑，必须首先进行核心概念的词义澄明，清楚制度是什么以及政治制度是什么。在社会科学研究中，制度一直是重要的考察对象，制度分析也占据重要地位，新制度主义政治学更是将政治制度推向新的研究阶段。但不可否认的是，研究者对制度和政治制度的基本含义缺乏共识，对政治制度的本质、特征等重要面向缺少充分的认知，这在一定程度上制约了新制度主义政治学研究路径和分析模式的发展。

一 制度和政治制度的含义

同社会科学的其他重要术语相比，制度是一个界说模糊、不易把握的概念。德国政治学者克劳斯·奥菲就在这个意义上指出，"'制度'作为一个使用最为频繁的术语，也是社会科学研究中最少得到界定的概念"。[1] 法国政治学者让·布隆代尔也认为，"制度在政治科学中尽管是一个流行概念，但研究者很少对其作出清晰的

---

[1] Ian Shapiro, Stephen Skowronek, and Daniel Galvin, eds., *Rethinking Political Institutions: The Art of the State*, New York: New York University Press, 2006, p. 9.

界定","制度似乎是一个自明的概念"。① 在此背景下,如何把握制度概念的内涵呢?不妨从语义分析、学理分析和概念辨析的角度回答制度是什么这一基本问题,进而深入政治领域,厘清政治制度的含义。

(一) 制度概念的界定

对制度概念进行语义分析,需要明确"制度"一词在中文和英文语境下的含义。先来看中文,《辞源》赋予制度两重含义,一是法令礼俗的总称,二是规定、用法。② 《辞海》将制度界定为"要求成员共同遵守的、按一定程序办事的规程或行动准则",以及"在一定的历史条件下形成的政治、经济、文化等各方面的体系"。③ 再来看英文,制度对应的单词"institution"被《牛津英语辞典》解释为"业已建立的法律、习俗、习惯、惯例及组织,或一个民族之内的政治或社会生活的其他要素"。④ 这种界定实际上提供了看待制度的两种视角:规则和组织。进一步追溯 institution 的词源,可以发现它的词根 institute 来源于拉丁文的 institut 和 instituere。作为名词的 institute 有意欲、设计、确立的意思,作为动词的 institute 有布置、确立、创建、指定、任命、安排、引介、投入使用或实施、组建、架构等含义。于是,从 institute 演变而来的 institution 便有了宽广、模糊且异常抽象的多种含义,如"为某事物赋予形式或秩序、条理性的安排、规制、为调控事物而业已确立的秩序、体系、宪制、从属于业已确立的法律、风俗习惯、实践、组织、从属于组织化的共同体的需要或文明社会一般目的的规制性

---

① R. A. W. Rhodes, Sarah A. Binder, and Bert A. Rockman, eds., *The Oxford Handbook of Political Institutions*, Oxford: Oxford University Press, 2006, p. 717.
② 《辞源》,商务印书馆1979年版,第353页。
③ 《辞海》,上海辞书出版社2000年版,第223页。
④ *Oxford English Dictionary*, Oxford: Oxford University Press, 1971, p. 354.

原则或惯例组成的政治生活或社会生活的其他要素",而习惯、习俗、惯例、传统、社会规范等含义,从15世纪起被纳入institution这个词语当中。①

如何理解中英文语境下制度概念的丰富语义呢?其一,无论是在中文还是英文中,制度均具有"建制"的含义。制度被视作某种行为约束机制,该机制一旦确立或发生作用,就会形成一种截然不同的人类社会交往图景,或者说建构起一种新的秩序。其二,制度可以是单数意义上的概念,也可以有宏阔的整体性含义。例如,一套规则的集合可以称为制度,包含跨领域、分层次、多要素的结构或体系也可以称为制度。其三,在中文语境下,制度往往被理解为强制性的、由权威推行的正式规则,而非社会成员认同和自觉遵守的非正式规则。与之相比,英文中的制度概念更为明显地突出习惯、习俗、惯例、约定等含义。其四,制度在英文语境下有中文语境下不具备的"组织"含义。

在初步的语义分析后,制度概念仍然具有不确切性,因而有必要展开学理分析,也就是从理论文献中选取有代表性的观点予以解读。新制度主义政治学者贾恩-埃里克·兰恩和斯万特·埃尔森区分了两种制度观:规则的制度观和组织的制度观。② 前者认为,制度通常表现为规则,对人们的行为形成了某种限制。后者认为,制

---

① 参见韦森《社会制序的经济分析导论》,上海三联书店2001年版,第8页。汪丁丁也从词源学的角度考察了institution一词源于"站立"(to stand),其演进逻辑在于"in"+"statuere"—"instituere"—"institute"—"institution"。其中,最前面的两个拉丁词的含义在英文中正是"to"+"set up"(建立起来),而且"statuere"在拉丁文中又源于"stare",即英文中的"to stand"。因此,从这个角度考虑,英文中的"制度"具有"外在规约"的含义。此外,同institution具有亲密关系的另一个语词是"constitution",它在现代英文中指构成整体的元素、要素、部件以及它们之间的关系,并在这个意义上与"compose"(构成)相通,都含有"从各个局部演化为一个整体"的意思。参见汪丁丁《制度分析基础:一个面向宽带网时代的讲义》,社会科学文献出版社2002年版,第197—198页。

② Jan-Erik Lane and Svante Ersson, *The New Institutional Politics: Performance and Outcomes*, London: Routledge, 2000, p.27.

度主要表现为组织。两种制度观的代表性人物和代表性定义如表1-1所示：

表1-1 两种制度观

规则的制度观	组织的制度观
丹尼尔·贝尔：制度产生于特定的业已建立的行为准则，它可以塑造特定人群的行为。人们或是含蓄地遵守准则，或是对其保持忠诚，当这些规范遭受违反时，人们常常会受到某种制裁	尤金·安德森和波林·安德森：制度为社会提供了使其作为一个组织化整体得以运行的框架，在这个框架中个体和社会团体及其象征和观念相互作用
道格拉斯·诺思：制度是一个社会的游戏规则，更规范地说，它们是为决定人们的相互关系而人为设定的一些制约。制度构造了人们在政治、社会或经济方面发生交换的激励结构	罗伯特·阿尔弗德和罗杰·弗里德兰：制度指涉一种足够稳定的跨组织关系的模式，它包括政体、家庭、经济体、宗教和文化

资料来源：Daniel Bell, *The End of Ideology: On the Exhaustion of Political Ideas in the Fifties*, Cambridge: Harvard University Press, 1988, p. 51. Eugene N. Anderson and Pauline R. Anderson, *Political Institutions and Social Change in Continental Europe in the Nineteenth Century*, Berkeley: University of California Press, 1967, pp. vii – viii. [美] 道格拉斯·C. 诺思：《制度、制度变迁与经济绩效》，刘守英译，上海三联书店1994年版，第3页。Robert R. Alford and Roger Friedland, *Power of Theory: Capitalism, the State, and Democracy*, Cambridge: Cambridge University Press, 1985, p. 16.

兰恩和埃尔森在区分两种制度观的基础上进一步提出，"根据新制度主义文献，对于制度概念的界定可以划分为规则和组织两种方式，它们分别体现在理性选择制度主义和社会学制度主义当中"。① 这一观点有助于我们理解新制度主义政治学不同流派的制度观，但它也存在一定的缺陷。例如，规则可以区分出道德性的、不实施制裁的规则，而作为道德规范的规则并不能归入理性选择制度主义之中。与此同时，作为规范的规则同社会学制度主义有着密

---

① Jan-Erik Lane and Svante Ersson, *The New Institutional Politics: Performance and Outcomes*, London: Routledge, 2000, p. 7.

切关联，但不属于他们所说的组织的制度观。事实上，规范的制度观在社会科学领域已得到充分的关注。伊恩·罗伯逊认为，"制度是非常稳定地组合在一起的一套规范、价值标准、地位和角色，它们都是围绕着某种社会需要建立起来的"。① 沃尔顿·汉密尔顿认为，"制度是一种非正式的符号，它代表了对一系列社会习惯进行描述的要求。它是某种流行且持久的思想或行动方式，并嵌植于人们的习惯或习俗之中"。② 理查德·斯科特认为，"制度包括规制性、规范性、文化性及认知性要素，这些要素为人们的社会生活提供各种资源，也为人们提供稳定性和意义"。③ 当然，我们可以把社会规范纳入规则的范畴，进而坚持规则的制度观和组织的制度观两种分类方式，但必须承认社会规范以及更为深层的认知性要素不同于强制性的、与成本收益考虑相关的一般性规则。

规则的制度观、组织的制度观为我们理解制度化（institutionalization）概念提供了有益的视角。兰恩认为，"规则经过制度化而成为制度。制度化是规则或规范得以实施或贯彻的过程，在这个过程中规则或规范被接受，而对它们的违犯会受到相应的惩罚"。④ 塞缪尔·亨廷顿认为，"制度化是组织和程序获得价值和稳定性的过程"。⑤ 斯科特·梅恩瓦宁认为，"制度化是一种做法或组织被明确下来并被广泛认识（即使没有被普遍接受）的过程。行为者根据这个做法或组织按照可预期的未来的结果来建立自己的预期、调

---

① ［美］伊恩·罗伯逊：《社会学》，黄育馥译，商务印书馆1991年版，第453页。

② E. R. A. Seligman, ed., *Encyclopaedia of the Social Science*, Vol. 8, London：Macmillan, 1932, p. 84.

③ W. Richard Scott, *Institutions and Organizations：Ideas, Interests and Identities*, Los Angeles：Sage Publication Ltd., 2014, p. 56.

④ Jan‐Erik Lane and Svante Ersson, *The New Institutional Politics：Performance and Outcomes*, London：Routledge, 2000, p. 3.

⑤ ［美］塞缪尔·亨廷顿：《变动社会中的政治秩序》，张岱元等译，上海译文出版社1989年版，第13—26页。

整自己的取向和行为"。① 简言之,一般性规则、社会规范、组织可以通过制度化过程而成为制度。由此引申,制度性规则同非制度性规则、制度性组织同非制度性组织之间的差别在于是否完成制度化过程,而通过上述引文可以发现,制度化过程既包括人们根据规则行事,也包括共同体对不遵守规则的人们实施某种惩罚,后者对规则的执行和组织的维系起到支持作用。

除语义分析、学理分析外,概念辨析也是理解制度含义的重要方式。在日常表达和学术研究中,有两组概念同制度概念密切相关,一是在英文中被认为构成制度一部分内涵的习惯、习俗、惯例,二是在中文里被理解为"制度"的体系、体制。就习惯、习俗、惯例和制度的关系而言,《牛津英语辞典》将制度界定为"业已建立的法律、习俗、习惯、惯例及组织",其他学术性词典和学者颇为强调制度和惯例的密切关联。② 例如,新制度经济学者安德鲁·肖特认为,制度是多人协调博弈的产物,他们的重复博弈行为实则形成了惯例,因而制度具有惯例的基本意涵,是博弈情境中全部或绝大部分成员普遍接受的规则系统。韦森在承认这一界定的重要意义后,指出肖特的制度界定忽视了制度和惯例的主要区别,即前者是一种正式规则,具有"形式化"和"正式书写"的特点;后者是一种非正式规则,没有第三方强制推行、支持和实施。③ 韦森通过演化博弈理论的分析模式,强调个人的习惯向群体的习俗演

---

① 容敬本、高新军主编:《政党比较研究资料》,中央编译出版社2002年版,第258页。

② 举例来说,《牛津哲学词典》对"制度"的释义是,"如同组织和社团那样,哲学研究者也谈论货币的制度或承诺的制度。这一观念是指,只有当一套在社会安排中实施的规则、规范或惯例产生出'制度事实'——即欠下债务或作出承诺——之时,货币和承诺才得以可能。这些规范和惯例的生成很少是由于明晰的契约,而更多地是由它们显著效用所驱动的渐进式发展"。参见 Simon Blackburn, *Oxford Dictionary of Philosophy*, Oxford: Oxford University Press, 2005, p. 187.

③ 韦森:《经济学与哲学:制度分析的哲学基础》,上海人民出版社2005年版,第60—64页。

化，再向习俗中硬化而出的惯例规则演化，最终确立为制度。这种动态演进的"过程"制度观，在一定程度上克服了只将制度看作某种"结果"的缺陷。①

就体系（system）、体制（regime）和制度的关系而言，英文中的体系和体制往往译成中文词"制度"，三者的含义存在交叠和差异。一方面，"体系"也被译作"系统"，在英文和中文中均指由各部分或各要素相互关联、密切配合所构成的整体。《布莱克威尔政治学百科全书》对体系的定义是，"指那些社会的相互作用和制度，通过它们，一个社会作出的决定在多数时期内，被社会多数成员认为具有约束力"。② 这一定义强调体系对社会成员的约束力，实际上将体系和制度建立起密切的联系。此外，英文中的"体系"或"系统"也往往译作"制度"，如"政党体系"在很多情况下的译法是"政党制度"，政治学者马起华将政治制度视作"一种重要的政治系统"。③ 需要指出的是，"体系"概念虽然蕴含整体和部分的有机联系之意，但它的语义远不及"制度"丰富。另一方面，"体制"和"制度"的关系也受到广泛关注。有学者指出，"regime"包含同政府或行政领域相关的"政权"含义，而其中的"政府体系""行政体系"内涵恰好对应中文语境下"社会制度"概念中的"制度"含义。为了区别于同样译作"制度"的"institution"，"regime"应该被译为"建制"或"治式"。④ 与此相似，辛鸣认为"institution"侧重于中文"制度"内涵中的"规则、条文"和"组织"这两个层面的意思，而"'regime'侧重于制度的

---

① 韦森：《经济学与哲学：制度分析的哲学基础》，上海人民出版社 2005 年版，第 62—63 页。
② ［美］戴维·米勒、［美］韦农·波格丹诺、邓正来主编：《布莱克维尔政治学百科全书》，中国政法大学出版社 2002 年版，第 621 页。
③ 马起华：《政治制度》，台湾商务印书馆 1978 年版，第 1 页。
④ 韦森：《社会制序的经济分析导论》，上海三联书店 2001 年版，第 6 页。

社会性色彩和强制性色彩，更多的时候指宏观性的制度形态"。① 从这个角度来看，马克思主义经典著作中由原始社会、奴隶社会、封建社会、资本主义社会、共产主义社会五个不同发展阶段构成的社会形态相当于社会制度。因此有学者提出，"有可能把各国制度概括为一个基本概念，即社会形态"。②

（二）政治制度的内涵

政治制度是制度的重要类型，构成了政治学特别是新制度主义政治学的重要研究对象。但政治制度是什么呢？学者们从不同的研究立场和角度出发，给出了不同的回答。组织分析学者詹姆斯·马奇和乔罕·欧森认为，"政治制度是一套相互关联的规则和惯例的集合，它根据角色与情境的关系而对适宜行动进行界定。这个过程涉及以下三个方面，即决定何者为情境，应该扮演怎样的角色，以及该角色在具体情境下的义务是什么"。③ 这一定义注意到政治制度的规则向度和规范向度，但可能忽视了制度的组织向度。更重要的是，他们的界定没有突出政治制度的政治含义，混淆了政治制度和其他制度，甚至可能将政治制度概念的指涉对象扩展为所有制度。

美国政治理论者乔治·霍兰·萨拜因认为，"政治制度和政治学说两者都是文化的一部分，它们是人这个物质实体的延伸部分。人类团体经常创造制度和惯例，而不论政治哲学家是否要从哲学上

---

① 辛鸣：《制度论：关于制度哲学的理论建构》，人民出版社 2005 年版，第 28 页。

② 刘小怡：《马克思主义和新制度主义制度变迁理论的比较与综合》，《南京师大学报》（社会科学版）2007 年第 1 期。此外，值得指出的是，托克维尔关于法国大革命研究的经典著作《旧制度与大革命》，其中的"制度"一词对译为英文实际上是"regime"。参见 [法] 托克维尔《旧制度与大革命》，冯棠译，商务印书馆 1992 年版。

③ James G. March and Johan P. Olsen, *Rediscovering Institutions: The Organizational Basis of Politics*, New York: Free Press, 1989, p. 160.

加以探讨，但是一旦柏拉图或洛克实际上写下他的见解之后，那些见解便能够成为、而且已经成为人类团体创造制度和惯例的方法中的一部分"。① 由此可见，萨拜因是在阐释政治生活的内容和本质的基础上提出自己对政治制度的理解，但他所说的政治制度只是人类创造的正式制度，这些正式制度不仅区别于惯例，还具有早期政治科学研究的法律性特征，并且因成为"文化的一部分"而具有明显的规范性特征。

兰恩和埃尔森认为，"当那些对个体之间的互动起着构造作用的规则聚焦于权力或公共部门时，它们就构成了政治制度。尽管始终是人们在开展行动，但政治制度或博弈规则使人们行动的环境变得各不相同"。除此之外，两位研究者对政治制度作出更为明确的界定："简单来说，政治制度就是由惩戒作为维持手段的规则，或者是国家中结构复杂的机关。"② 二人对政治制度的界定很好地捕捉到公共权力这一政治生活的本质特征，并将作为组织的公共部门纳入政治制度的范畴，因而契合了制度在规则和组织上的双重向度。

上述观点启发我们，对政治制度的理解既要重视"制度"的丰富意涵，又要凸显"政治"的特殊性。考虑到政治制度是由"政治"和"制度"组成的偏正式词语，如何理解政治就成了进一步界定政治制度的逻辑前提。在斯蒂芬·唐赛看来，由于日常生活中的政治活动和作为专业学科的政治科学之间存在张力，因此人们很难对政治作出清晰的界定。③ 江宜桦认为，众多研究者对政治的理解纷繁多样却不失理路，这是因为政治本身就是一个略有所指的

---

① ［美］乔治·霍兰·萨拜因：《政治学说史》，盛葵阳、崔妙因译，商务印书馆1986年版，序言，第4页。
② Jan-Erik Lane and Svante Ersson, *The New Institutional Politics: Performance and Outcomes*, London: Routledge, 2000, pp. 8–9, p. 26.
③ Stephen D. Tansey, *Politics: The Basics*, London: Routledge, 1995, p. 4.

歧义词。① 政治的"略有所指"表现在国内外学者对政治的理解存在某种一致性,如"政治是不同的政治主体为实现一定的利益而影响、控制或行使国家权力的活动,政治的存在本身就表明在各政治主体之间存在分歧和冲突"。② 威廉·布鲁姆主张,"如果把政治简约成共同的因素,那么政治是一种社会过程,其特征由包括权力实施过程中的竞争和合作在内,以及为一个集团决策时到达顶峰的活动决定的","哪里有权力关系或冲突情况存在,哪里就有政治"。③ 杰弗里·托马斯进一步指出政治由五个因素构成:公众主体、公共领域、为公共领域做出的政策选择、为政策选择做出集体决策的形式,以及行政和强制权力机构。④

结合研究者对政治的一般界定,以及现实政治生活的特点和政治理论的议题,我们可以把政治理解为:人们在围绕利益而展开的合作或竞争活动中,运用公共权力并通过政策选择而实现某种秩序。利益、权力、决策是政治的核心要素并具有内在一致性。首先,利益是人类的合意目标或对象,构成了政治活动的出发点和目的指向。在政治生活中,行动者基于自身对利益的认识而采取某种行动,运用公共权力对其他社会成员实施影响或控制,并往往在集体决策中以强制的方式对利益进行分配。然而,研究者对利益的理解存在很大的差异。罗伯特·达尔认为,利益是欲望和偏好的满足。斯蒂芬·卢克斯则强调人们具有真实的利益,这同善的实质理

---

① 江宜桦:《政治是什么:试析亚里斯多德的观点》,《台湾社会研究季刊》1995年第2期。
② 张贤明、张喜红:《试论法治与民主的基本关系》,《吉林大学社会科学学报》2002年第5期。
③ [美]艾伦·C.艾萨克:《政治学:范围与方法》,郑永年等译,浙江人民出版社1987年版,第20页。
④ [英]杰弗里·托马斯:《政治哲学导论》,顾肃、刘雪梅译,中国人民大学出版社2006年版,第10—11页。

论相关，人类繁荣的方式是正确而美好的生活。① 根据这种理解，利益具有规范性的道德色彩，人们可以按照非功利的方式对事物或自身同他人的关系进行评价。其次，权力是人们在社会生活中为了维持或实现某种利益而对他人施加的影响，权力运行的利益导向决定了它在本质上总是维护特定利益。现代社会在人员牵涉众多、利益涵盖复杂的公共议题上，较以往更多地采取集体决策方式制定政策，并以政治权力加以贯彻，因而权力是政治活动得以进行的重要保障，强制性的权力实施是判定政治生活存在的根本标准。伯纳德·克里克重视权力对利益的界定和分配，认为"政治可以被简单地界定为这样的活动，它根据具体治理区域之内各种不同利益对于共同体福利和生存而言的重要性程度进行区分，使其获得相应的权力比重，从而调节这些利益"。② 最后，在现代政治生活中，由公共权力作为保障的利益分配往往具有集体决策的形式。戴维·伊斯顿认为，政治是价值的权威性分配。③ 在分配物质利益等价值的过程中，某种被赋予权威的决策机关根据相应规则和程序做出决策，这种决策在哈罗德·拉斯韦尔看来解决了"谁在何时、怎样得到什么"的问题；④ 同时在形式上体现多数社会成员的利益，使政治生活在利益分配上具有某种形式化的正当性。

综合以上分析，制度可以从规则和组织两个向度加以理解，政治可以从利益、权力和决策三个要素加以理解。这意味着，政治制度可以理解为围绕利益的竞取和分配，以政治权力的强制执行作为保障，同法规制定和政策选择活动紧密关联的规则和组织的结构模

---

① ［英］杰弗里·托马斯：《政治哲学导论》，顾肃、刘雪梅译，中国人民大学出版社 2006 年版，第 80—82 页。

② Bernard R. Crick, *In Defence of Politics*, Harmondsworth: Penguin, 1964, p. 21.

③ David Easton, *A Framework for Political Analysis*, Chicago: University of Chicago Press, 1979.

④ 参见［美］哈罗德·D.拉斯韦尔《政治学：谁得到什么？何时和如何得到？》，杨昌裕译，商务印书馆 1992 年版。

式；政治制度在发挥效力的过程中对人们的行为产生限制或塑造作用，从而影响行动者能动性的发挥。需要指出的是，政治制度有广义和狭义两个层面的含义。广义的政治制度不仅包括政治领域的制度，还包括经济、社会、文化等领域内依赖政治权力强制执行的制度。本书关注狭义的政治制度，也就是同政治现象或政治生活直接相关、同政治科学的根本问题和核心概念密切相关的制度，而位于政治领域之外对政治制度施加影响的其他制度，被视作政治制度的影响因素。对于政治制度的含义，可以从利益、权力、决策三个方面作出进一步说明。

政治制度在规则和组织层面上同利益密切相关，政治利益位于政治制度的核心部位，是政治制度实施或运行的基本动力。一方面，作为规则的政治制度体现了相关利益主体实现其政治目的的要求，并为规则的适用人群确定了基本义务，从而实现利益的权威性分配。因此，无论是正式规则还是惯例等非正式规则，必须从根本上考察它们的利益倾向，这既可以揭示制度性规则促成或阻碍政治利益实现的情况，也能体现政治制度的性质。另一方面，作为组织的政治制度蕴含明确的政治利益，组织的实际运作能够实现由制度性规则或制度性惯例体现的利益要求。但在制度性政治组织的实际运行过程中，组织内部成员之间、不同组织之间，可能在具体利益上发生合作或冲突，导致政治组织运行的结果偏离它的制度性利益要求，政治组织在实际运行中追求或实现的利益也可能违背制度性利益。

政治制度在规则和组织层面上由政治权力保障其实施和运行，政治权力为相关规则和组织赋予政治的特征。一方面，作为规则的政治制度所体现的利益主张和利益安排，必须经由政治权力的强制性才能实现。无论这种权力是公开施行还是作为必要时刻才展示的默示性力量，都使制度性规则的适用人群在行动和预期上受到限制或影响，从而根据规则开展行动。不仅如此，作为规则的政治制度还规定了政治利益在不同人群中的分布，为相关行动者设定了不同的权力范围，并使他们掌握不同程度的权力。另一方面，作为组织的政治制度必然拥有相应的政治权力，这些权力可能是明确授予的，也可能是在组织的现实运作中获得的。其中，通过授权过程得到的权力在实施范围和运用强度方面既要契合公共利益的需要，也不能广泛和强大到违反制度性规则。此外，由于制度性政治组织在内部运作以及同其他组织互动的过程中存在权力不均衡的现象，因此它们在实际运行中产生的后果，往往同政治制度的原初利益安排存在差异。

政治制度在规则和组织层面上以法规制定或政策选择作为获得生命力的根本形式，并通过立法和决策来实现政治利益并配置政治权力。一方面，作为规则的政治制度在来源上必须经过立法程序或惯例效力所确认的准立法过程，才能使政治权力的强制性融入规则之中，从而具有正式或非正式的实际约束能力，并使制度性规则至少在形式上符合公共利益。此外，政策选择在一定程度上使彼此竞争的政治利益以不同政策选项的形式被纳入决策过程，不仅使决策体现出不同利益和权力之间斗争或协调的色彩，也使决策活动经过相应规则和程序而更具制度化水平。另一方面，作为组织的政治制度中不乏拥有立法权或决策权的机关，这些组织或机关在法规制定和政策选择方面的实际能力，表明它们可以通过自身权力来分配利益并推动政治意图的贯彻执行，而实现自身意图和利益主张的过程也是这些组织或机关制度化的体现。在法规制定和政策选择过程中，相关组织或机关是否以及如何运用权力实现本部门利益，是值得认真考察的问题。

二 政治制度的本质

在明确政治制度内涵的基础上，可以深入考察政治制度的本质,从而更加深刻地理解政治制度是什么。它的本质主要表现为三个具有内在联系的方面,即政治制度是使政治生活得以可能的具有前提性和基础性意义的秩序状态,是具有强制性的政治权力的结构和安排,是对个人或集体的行为与能动性产生约束和引导的背景性因素。

(一) 作为秩序状态的政治制度

人类社会的组织建构与发展延续,无法在始终动荡不安和争斗不休的环境下进行,因而秩序对于公共生活而言有着极为重要的意义。有学者从消极方面指出秩序缺失的弊端:"社会生活有某种一致性和持久性的社会秩序存在,在秩序阙如的状态下,人们将无法完成其事务,也无法满足其需求。"[①] 还有学者从积极方面指出秩序的重要作用:"秩序鼓励着信赖和信任,并减少着合作的成本,当秩序占据主导地位时,人们就可以预见未来,从而能更好地与他人合作。"[②] 无论在经济学者还是政治学者那里,制度的重要性均体现为它对秩序的促进作用。制度经济学者柯武刚(Wolfgang Kasper)和史漫飞(Manfred E. Streit)所著《制度经济学》一书的副标题就是"社会秩序与公共政策"。两位作者指出,"制度的关键功能是增进秩序。它是一套关于行为和事件的模式,它具有系统性、非随机性,因此是可以理解的"。"我们在这里将聚焦于制度如何在经济交往中促进秩序,即如何在众多个人努力设法克服资源稀缺性时造就行为模式。"[③] 政治学者斯蒂芬·斯科伦内克也强调,对于所有关注政治制度的研究者而言,"每一个研究框架都把制度

---

① Friedrich A. Hayek, *The Constitution of Liberty*, Chicago: The University of Chicago Press, 1960, p. 160. 哈耶克引用这位作者的观点,并在该书第455页的注释中指出他无法确切回忆其姓名。
② [德] 柯武刚、史漫飞:《制度经济学:社会秩序与公共政策》,韩朝华译,商务印书馆2004年版,第33页。
③ [德] 柯武刚、史漫飞:《制度经济学:社会秩序与公共政策》,韩朝华译,商务印书馆2004年版,第33页。

视为秩序的支撑力量与政治生活的规制性；制度也被看作将各种行动融入政治实体，有助于协调政治利益，并使其同组织化的系统连结起来"。①

政治制度对秩序尤其是政治秩序的确立具有促进作用。一方面，从秩序的实现前提来看，在缺乏普遍原则及其具体规则的情况下，不可能确立起任何秩序。只有在特定原则的指导下制定一系列规则，才能约束、引导和调节人们的交往行为，这些规则的制定、实施和获得遵守便意味着秩序的形成。具体到政治制度对政治秩序的促进作用，政治规则本身就是政治制度的重要内容，它们在强制力的保障下获得执行并在政治生活中发挥约束、引导和调节行为的作用，从而使政治生活在整体上或行动者在某一层次或某一方面的交往从无序转为有序。另一方面，从本质上理解政治秩序的确立，需要认清作为政治秩序核心内容的政治统治以及国家的实质功能。恩格斯指出，"国家是社会在一定发展阶段上的产物；国家是承认：这个社会陷入了不可解决的自我矛盾，分裂为不可调和的对立面而又无力摆脱这些对立面。而为了使这些对立面，这些经济利益互相冲突的阶级，不致在无谓的斗争中把自己和社会消灭，就需要有一种表面上凌驾于社会之上的力量，这种力量应当缓和冲突，把冲突保持在'秩序'的范围以内；这种从社会中产生但又自居于社会之上并且日益同社会相异化的力量，就是国家"。② 将社会冲突控制在秩序范围之内的论断，不仅探究了国家产生的原因并深刻

---

① Stephen Skowronek, " Order and Change", *Polity*, Vol. 28, No. 1, 1995, pp. 91–96.
② 《马克思恩格斯选集》（第4卷），人民出版社2012年版，第186—187页。另外，针对国家政权同"秩序"之间的关系，马克思也曾经指出，国家政权"它一直是一种维护秩序，即维护现存社会秩序从而也就是维护占有者阶级对生产者阶级的压迫和剥削的权力。但是，只要这种秩序还被人当做不容异议、无可争辩的必然现象，国家政权就能够摆出一副不偏不倚的样子。这个政权把群众现在所处的屈从地位作为不容变更的常规，作为群众默默忍受而他们的'天然尊长'则放心加以利用的社会事实维持下去"。参见《马克思恩格斯选集》（第3卷），人民出版社2012年版，第164页。

地揭示出国家的本质，实际上也将政治制度理解为构成政治秩序的主要力量。国内著名政治学家王惠岩强调，"把冲突保持在'秩序'的范围以内，实际上就是维护了有利于统治阶级的生产关系，维护了在生产关系中占统治地位的阶级的根本利益"，"国家通过自己的权力系统和法规体系建立的秩序，是把一个阶级对另一个阶级的统治合法化、制度化，把阶级冲突保持在有利于统治阶级的秩序所允许的范围以内"。① 作为国家统治重要形式的政治制度，不但蕴含阶级统治的实质，而且它的存在本身就意味着某种秩序状态的存在。

政治制度所蕴含的秩序含义也体现在制度研究者有关秩序的理论内容之中。一方面，新制度经济学者和新制度主义政治学的理性选择制度主义学者倾向于将秩序状态同某种制度安排等同起来。例如，韦森尝试整合制度和秩序，提出"制序"这一中文术语来对译"institution"。制序即"由规则调节着的秩序"，其逻辑路径是习惯、习俗、惯例在进入制度后并未失去作为一种秩序（包括博弈均衡）和非正式约束的特征，而是潜含在作为规则和规则体系的显在性（explicit）制度之内，与外显的制度性规则同构在一起。"制序包括显性的正式规则调节下的秩序即制度，也包括由隐性的非正式约束所调节着的其他秩序，即惯例"。"制序（包括制度和惯例）是规则中的秩序和秩序中的规则。"② 这表明，制序作为正式规则（狭义的制度）和非正式规则的复合性体系，构成了社会秩序的重要内容，同时也使制度概念的范围扩大化。此外，新制度

---

① 王惠岩：《当代政治学基本理论》，高等教育出版社2001年版，第12—13页。
② 韦森：《经济学与哲学：制度分析的哲学基础》，上海人民出版社2005年版，第63页。

主义学者卡罗尔·索尔坦、埃里克·尤斯莱纳、弗吉尼亚·霍夫勒指出，在一定意义上表现为集体理性与个体理性之间张力的社会秩序，对研究者而言更具吸引力，由某种规则构成的制度，对促成作为合作的均衡而言具有重要意义，此时均衡、制度和秩序实际上也具有一致性。① 另一方面，新制度主义政治学的奠基学者马奇和欧森指出，传统政治理论重视政治制度在创造秩序方面的重要作用，有关政治制度的理论往往强调制度结构将秩序性要素加于初始性的世界。根据两位学者的观点，制度包含历史秩序、时序秩序、内生秩序、规范秩序、生活秩序和象征秩序六个方面。②

（二）作为权力结构的政治制度

无论是作为可以得到实施的规则，还是作为可以施加强制性影响的组织，政治制度都能够对政治利益进行权威性的分配，因而有研究者认为政治利益分配决定了政治制度的本质。"政治制度可以看作政治利益博弈的结果。政治利益在不同政治主体或利益集团中的分布决定了政治制度的本质与形态，反过来，作为上层建筑一部分的政治制度一旦形成，又成为不同利益集团实现利益的规则。"③这种观点深刻地把握了政治利益及其分配构成了政治制度在政治层面上的重要含义，但忽视了政治权力决定根本性的利益分配，没有充分认识到政治权力构成了作为利益分配机制的政治制度的基本内容。事实上，权力是理解政治制度的实质要素。萨拜因指出，"我

---

① Karol Soltan, Eric M. Uslaner, and Virginia Haufler, eds., *Institutions and Social Order*, Ann Arbor: The University of Michigan Press, 1998, pp. 10 – 11; Kenneth A. Shepsle and Barry R. Weingast, "Structure – induced Equilibrium and Legislative Choice", *Public Choice*, Vol. 37, No. 3, 1981, pp. 503 – 519.

② James G. March and Johan P. Olsen, "The New Institutionalism: Organizational Factors in Political Life", *American Political Science Review*, Vol. 78, No. 3, 1984, pp. 734 – 749.

③ 曹晓飞、戎生灵：《政治利益研究引论》，《复旦学报》（社会科学版）2009年第2期。

们通常把一个社会中的某些制度称为政治制度,因为它们代表着权力或权威的一种安排。这个社会中的这些制度被看作权威的合法的运用者,它们运用这种权威为整个社会作出各种决定(如果在一定的地区或在一定的人类集体中不存在这样的制度,那也就很难说是在那里存在着一个真正的社会或政治共同体)。集体和个人当然非常注意这些制度所采取或作出的决定,因为他们的利益和目的将受到这些制度的影响"。[①] 可见,政治制度是政治权力的一种结构和安排,权力结构体现了政治制度的本质属性。

首先,政治制度就其含义而言,本身就同权力结构具有内在的逻辑关联。从政治制度的"政治"维度看,政治以强制性权力的实施为特点。同社会交往的其他形式相比,政治领域的社会交往通常发生在力量不对等的行动者之间,因而呈现支配和服从的权力关系。从政治制度的"制度"维度看,制度具有结构性和层次性,政治制度可以理解为政治权力在结构性要素之间的存在和实施,或者概括为权力结构。作为权力结构的政治制度不仅意味着政治权力在结构性要素之间分布,还意味着政治权力蕴含于制度性的规则之中并在制度性组织中实施,这对个体或集体的行为乃至能动性而言都是一种结构性的权力安排和运作。

其次,从现实政治运作来看,政治制度和政治权力具有明显的伴生关系。政治制度的生成、维系、变迁同政治权力的运作和实施存在直接关联,政治权力在产生、配置和实施方面也受到政治制度的重要影响。一方面,政治制度关乎政治利益的分配和政治秩序的实现,必须以强制性力量的运用作为必要措施和最终手段。这种强制性力量就是政治权力,围绕政治权力进行的斗争往往导致制度性规则或组织的产生和变迁。在此意义上,历史制度主义学者凯瑟

---

① [美]乔治·霍兰·萨拜因:《政治学说史》,盛葵阳、崔妙因译,商务印书馆1986年版,序言,第4页。

琳·西伦和斯文·斯坦莫指出,"制度毫无疑问地在针对政治权力的斗争中被创造出来或发生变迁"。① 另一方面,政治制度也对政治权力的产生、分配、范围及作用方式有着重要影响。奥菲认为,"制度同社会权力的产生、分配、实施和控制相关","制度通过某种机制影响社会权力在行动者之间的分配"。② 王惠岩认为,立法权、行政权和司法权的关系可以界定为权力结构,由作为政权组织形式的根本政治制度所规定。③ 而根本政治制度不仅影响立法权、行政权和司法权,也塑造着其他层级和方面的政治权力运作和分配方式。

(三)作为行为选择背景的政治制度

马克思指出,"人的本质不是单个人所固有的抽象物,在其现实性上,它是一切社会关系的总和","社会生活在本质上是实践的"。④ 这意味着,作为行动者的人们通过能动性的发挥和交往性的行动构建了社会生活,社会并非个体在数量上的加总,而是实践性和能动性相互关联的产物。一方面,人是有意志的实践者,可以发挥能动作用将目的加诸客观世界和社会生活,并在时间序列中构建由人类占据主体地位的历史。正如马克思指出的,"人是本质、是人的全部活动和全部状况的基础","并不是'历史'把人当做手段来达到自己——仿佛历史是一个独具魅力的人——的目的。历史不过是追求着自己目的的人的活动而已"。⑤ 另一方面,人们的

---

① Sven Steinmo, Kathleen Thelen, and Frank Longstreth, eds., *Structuring Politics: Historical Institutionalism in Comparative Analysis*, New York: Cambridge University Press, 1992, p. 22.
② Ian Shapiro, Stephen Skowronek, and Daniel Galvin, eds., *Rethinking Political Institutions: The Art of the State*, New York: New York University Press, 2006, p. 1.
③ 王惠岩:《当代政治学基本理论》,高等教育出版社2001年版,第28页。
④ 《马克思恩格斯选集》(第1卷),人民出版社2012年版,第139页。
⑤ 《马克思恩格斯文集》(第1卷),人民出版社2009年版,第295页。

能动性和实践能力受到生产方式和其他社会交往的限制。"人们是自己的观念、思想等等的生产者,但这里所说的人们是现实的,从事活动的人们,他们受自己的生产力和与之相适应的交往的一定发展——直到交往的最遥远的状态——所制约。意识在任何时候都只能是被意识到了的存在,而人们的存在就是他们的现实生活的过程。"①

正是基于这种深刻的认识,制度作为社会关系或社会互动的产物和重要形式,必然同人类能动性具有密切关系。政治制度是人们政治实践中的结构模式,既受到能动性和实践活动的影响,也构成了约束和引导行动乃至能动性的背景性因素。新制度主义政治学高度重视制度和能动性的关系,将制度如何影响个体行为视作制度分析的核心问题,对此可以从四个方面展开分析。

首先,政治制度可以对个体或集体行动产生约束作用。一方面,政治制度通过规则体系限制行动者的活动方式。弗里茨·夏普夫认为,制度性规则通过限制选择方案、构成行动者群体(actor constellations)、约束他们的交往模式等方式影响政策。② 拉里·凯瑟和埃莉诺·奥斯特罗姆强调,"作为一套规则的制度可以决定个体行动聚合为集体决策的方式",③ 即具有执行效力的规则不仅对个体行动施加限制,更使个体行动在其约束下转化为特定类型的集体行动,也就是在起始点就对集体决策构成了约束。另一方面,在重视文化因素的学者看来,如果政治制度能够在规范层面产生"适宜逻辑"(logic of appropriateness),那么行动者会自觉遵循政治制度对行为的要求并表现出固定的行为模式。塔尔科特·帕森斯

---

① 《马克思恩格斯选集》(第1卷),人民出版社2012年版,第152页。
② Fritz W. Scharpf, "Institutions in Comparative Policy Research", *Comparative Political Studies*, Vol. 33, No. 6/7, 2000, pp. 762–790.
③ Elinor Ostrom, ed., *Strategies of Political Inquiry*, Beverly Hills: Sage, 1982, p. 179.

持相似看法，认为制度"是一种对人们的正当且可预期的行为进行界定的模式，这些人们位于社会系统之中，并根据结构而扮演重要角色"。①

其次，政治制度可以对个体或集体行动者的偏好产生约束作用。越来越多的学者将制度视作塑造或约束行动者偏好的重要变量，如理性选择制度主义关注"个体同制度如何互动以产生偏好"这个问题，不但承认外衍性（exogenous）的偏好受到结构性或程序性制度的塑造，还认为某些偏好可能是内生于组织之中的。② 诺思等经济学者也关注到制度对偏好的塑造作用，认为"制度为经济提供了激励结构，制度演化的方式因而也塑造着长期性经济偏好"。③ 马奇和欧森则根据规范理论指出，"利益和偏好产生于制度性行动的背景"。④ 这意味着行动者在政治制度的规范作用下，根据角色和情境的关系界定适宜行为，从而在根本上使利益和偏好成为内生性要素。

再次，政治制度可以对个体或集体行动者的能动性产生引导作用。对个体或集体行动者来说，政治制度的约束性效果虽然在一定程度上限制了行动者的行动，但也使他们具有政治制度阙如情况下不可能具有的行动能力和行动后果。也就是说，政治制度具有使动能力（enabling capacities）。这表现在，政治制度以促进合作和协调的方式避免集体行动的困境，进而保障行动者能动性的发挥；政治制度创造并改变行动者的目的，进而在一定程度上引导行动者的

---

① Talcott Parsons, *Essays in Sociological Theory*, Glencoe: Free Press, 1954, p. 239.
② B. Guy Peters, *Institutional Theory in Political Science: The New Institutionalism*, Cheltenham: Edward Elgar Publishing, 2019, p. 1.
③ Uskali Maki, Bo Gustafsson, and Christian Knudsen, eds., *Rationality, Institutions and Economic Methodology*, New York: Routledge, 1993, p. 242.
④ James G. March and Johan P. Olsen, "The New Institutionalism: Organizational Factors in Political Life", *American Political Science Review*, Vol. 78, No. 3, 1984, pp. 734 – 749.

能动性。当行动者在政治制度的影响下找到自身的目的和实现目的的方式，并在此基础上发挥能动性实现合意的后果，便意味着行动者的能动性得到了积极引导。

最后，作为行为选择背景的政治制度对于能动性而言并非是一种外在的给定性力量，而是融入了人类能动性的建制，人们可以通过实践活动创建或改变政治制度。一方面，政治制度本身就是人类实践的结果。马克思和恩格斯指出，"现存制度只不过是个人之间迄今所存在的交往的产物"。[①] 萨拜因也认为，政治制度"是人这个物质实体的延伸部分，人类团体经常创造制度和惯例"。[②] 另一方面，人和制度不断地发生交互性作用。英国社会学家安东尼·吉登斯的结构化理论强调结构的二重性，认为成员的连续性活动为制度赋予结构性特征，后者又帮助他们进行日复一日的活动。[③] 林尚立同样重视人和制度的交互性关系，主张"政治不是简单的权力与制度及其运行，而是人与制度的不断互动所构成的政治生活"。[④]

三　政治制度的特征

政治制度具有规则性和组织性的内涵，同政治权力的运行有着密切的关联，不仅为人类交往和政治生活提供了某种秩序状态，还约束和调节着人们的行动。政治制度的上述内涵和本质，使其具有某些不同于其他范畴的特征。

英国政治学者戴维·贾奇指出，新制度主义所理解的政治制度

[①] 《马克思恩格斯全集》（第3卷），人民出版社1965年版，第80页。
[②] ［美］乔治·霍兰·萨拜因：《政治学说史》，盛葵阳、崔妙因译，商务印书馆1986年版，序言，第4页。
[③] ［英］安东尼·吉登斯：《社会理论与现代社会学》，文军、赵勇译，社会科学文献出版社2003年版，第64—65页。
[④] ［美］安东尼·奥罗姆：《政治社会学导论》，张华青等译，上海人民出版社2006年版，序言，第3页。

具有六个特征，分别是：正式的组织和结构；这样的正式结构所遵循的标准化运作程序反映了对于某种惯例和规则的接受，而惯例和规则规定着行为并使其在规范意义上成为适宜的；"适宜行为"体现着组织中最具权势的行动者的规范和价值，并为组织成员提供了内在的"意义阐释方式"；内在的组织规范和价值也反映着更为广泛的社会理解和预期，因而制度背景十分重要；制度结构具有偶发性，这体现在制度的形式受到当代或历史上的社会、经济、政治条件或力量的调节；正式组织在制度格局之下运行，其中制度性互动可以限制或界定制度格局中的任何具体制度的活动。① 政治学者盖伊·彼得斯则认为，政治科学中的新制度主义研究者所理解的制度具有四个主要特征，即制度是社会和政治组织的结构性范畴；制度存在某种随时间变化的稳定性；制度必须对个人行为产生影响；制度成员拥有共享的价值和意义。② 两位研究者提炼的制度特征存在相似之处，但贾奇强调政治制度同其他制度性因素的互动和关联，为我们的分析提供了必要的基础；彼得斯强调制度的一般性特征，但他的概括更为精炼，可以为政治制度的特征分析提供有益的框架。

（一）结构性特征

有研究者指出，"有关制度研究的一系列主张涉及所有制度均具有结构性特征，这意味着各种制度是由不同的分支领域构成的"。③ 占据政治生活核心位置的政治制度同样具有结构性特征，这可以从政治制度所蕴含的具体而微的内在层次性结构、政治制度

---

① David Judge, *Political Institutions in the United Kingdom*, Oxford: Oxford University Press, 2005, p. 21.

② B. Guy Peters, *Institutional Theory in Political Science: The New Institutionalism*, Cheltenham: Edward Elgar Publishing, 2019, p. 23.

③ Ian Shapiro, Stephen Skowronek, and Daniel Galvin, eds., *Rethinking Political Institutions: The Art of the State*, New York: New York University Press, 2006, p. 9.

得以存在并在其中运行的外在宏观性结构、嵌入不同层次和不同部分的关系三个方面进行讨论。

其一，政治制度的结构性特征表现为内在层次性结构。一方面，作为规则或组织的政治制度自然体现着规则或组织所具有的结构性。人类生活中的规则可能是单一的，也可能是由一系列不同性质、不同类型、不同强制程度、不同约束层次的规则构成的体系，后者可能由于规定的不一致而蕴含内部冲突。作为组织的政治制度也具有组织的结构性特征，这体现在相关行动者位于政治组织内部的不同层次。另一方面，作为政治制度本质要素并在政治制度之中运行的强制性权力，往往由不同的权力主体所掌握，并呈现出不同的运行方式和不同的强制程度，这些差异性的、分布在政治制度不同层次和不同部分的权力实则是一种权力结构。

其二，政治制度的结构性特征表现为外在宏观性结构。特定的政治制度往往位于其他制度的架构之下，如嵌入政体或政治经济组织结构中的程序和惯例；或者同其他社会因素存在关联。一方面，政治制度的产生和发展不可能脱离相应的经济发展和社会结构，因此政治制度总是处在更宏观的结构框架之中并受其影响。另一方面，政治制度也可以对经济发展和社会结构产生作用，特定的制度安排以及行动者在这种制度安排下的交往形式，必然会对外部的其他制度施加积极或消极的影响。政治制度正是在同外在的结构性因素的互动过程中获得自身的生命力，并为研究者考察政治制度的产生和变迁提供必要的整体性视角。

其三，政治制度的结构性特征还表现为某种关系性。结构包括不同的要素及其关系，可以说关系性是结构性的自然延伸，政治制度在内在层次性、外在宏观性结构两方面均蕴含关系性。就政治制度的内部关系而言，规则向度和组织向度之间、不同部分和层次的制度要素之间、处于不同位置的制度成员之间，存在冲突或一致、斗争或合作等复杂关系。就政治制度和外在宏观性结构的关系而言，新制度主义政治学重视将政治制度同其他产生政治后果的因素予以整体性考察。例如，历史制度主义强调关系特征，在关注国家制度正式特征的同时，更注重既定的制度架构对政治互动关系的塑造。

（二）稳定性特征

政治制度有其产生和消失的过程，但在较长的时期内表现出明显的稳定性，并因此构成政治秩序的重要基石。这一点得到制度研究者的普遍认可，如政治学者罗伯特·古丁认为，"社会制度无非就是稳定有序、承载价值并重复发生的行为模式"，"制度化则是位于制度之中并由于制度而使行为具有稳定性和反复性"。[1]

政治制度的稳定性突出表现在随时间变化而保持较高程度的固定特征或者说"黏性"（sticky）。当制度之外的世界发生变化时，如政治和经济条件剧烈变革，政治制度仍然能够以某种方式保持稳定，并产生稳定和持续的影响。在此意义上，政治学者保罗·皮尔逊指出，政治制度具有维持现状的倾向，政治生活的关键特征就是抵制变迁。[2] 事实上，政治制度的稳定性如果无法随时间而保持，那么这种稳定只是瞬时发生而无法产生持续的有效影响，因此不是真正的稳定；如果政治制度随着时间的推移而发生剧烈变迁甚至消失，那么它在作用方式上已经不是原有的政治制度了。

政治制度之所以能够保持稳定性，最重要的原因在于权力关系。综观现实政治过程的后果，虽然存在共同体利益总量增加的情况，但更为普遍的现象是某些群体收益的增加使其他群体的处境更为不利。究其原因，这是人们运用权力贯彻自身意志的结果。权力

---

[1] Robert E. Goodin, *The Theory of Institutional Design*, Cambridge: Cambridge University Press, 1996, p. 21.

[2] Paul Pierson, "Increasing Returns, Path Dependence, and the Study of Politics", *American Political Science Review*, Vol. 94, No. 2, 2000, pp. 251–267.

关系具有不均衡性，政治领域的权力关系尤其如此，后者通过政治制度的形式将不均衡的权力分布和利益分配固定化。当我们说某种政治制度有效运作时，其实是在说相关权力结构的运行，使有利于统治者的利益分配方式转化为特定秩序状态，而这种秩序状态实现了既有权力关系的再生产。换言之，初始阶段不对称的权力关系会通过政治权力的运用而随时间进一步强化，深深嵌于制度之中，从而赋予政治制度路径依赖和自我强化的特征。不仅如此，政治权力主体还能通过相应的制度设计，创设出令后来的行动者无法做出大规模变动的制度架构。

当然，政治制度的稳定性有一定的范围和限度。从范围来看，任何政治制度都受整体性制度架构之内的互动关系的影响，其稳定性难以扩展至更长时段的历史范围和社会经济条件之外。从限度来看，政治制度只有保持最低程度的稳定才能有效运作，而且只有在稳定的状态中权力关系才能发挥符合权力主体意图的作用。然而，权力关系并非固定不变，政治制度在发挥作用的过程中也会产生非预期后果，它们连同制度运行中的其他渐进式变化，共同构成了制度变迁的原因。

（三）约束性特征

无论是作为规则的制度，还是作为组织的制度，对个体或集体行动者而言都有约束性的一面，是行动者在发挥能动性的过程中不得不面对的客观条件。政治制度也不例外，它的约束性特征可以从三个方面进行把握。

其一，政治制度对行动者的约束作用体现了自身的本质。政治制度本质上是一种权力结构，也是能动性的背景性因素。就作为权力结构的政治制度而言，政治权力的实施就是权力主体施加自身影响的过程，权力主体为了实现自身的意图而实际地或潜在地运用权力去影响权力客体的行为或行为模式。政治制度作为强制性权力的安排和运行,目的是使政治制度约束下的人们做出制度所允许的行为,或不做出制度所禁止的行为。政治制度约束下的行动者之所以接受制度的约束,主要是不希望遭受政治制度的惩罚性措施,这种惩罚使行动者的行为受到直接约束或者使行动者的利益受到损害。就作为行为选择背景的政治制度而言,它在很大程度上对行为构成约束性影响。这种约束性影响的决定性因素是强制性的权力,蕴含在政治制度中的权力能够对行动者的活动方式施加严厉的约束。即便不通过强制性力量限制行动者的能动性,政治制度也可以对人们之间基于自愿的行为协调甚至合作进行约束。

其二,政治制度对行动者的强制性影响只能通过约束行为来实现。同行为方式相比,人们的思维方式更为多样和复杂,也很难对内在的观念模式予以明确的界定。理性行动者的行为方式尽管由具体的动机和目的驱动,但相同的行为方式未必有相同的动机。因此,政治制度的强制性无法约束人们的思维方式,只能约束人们的具体行为。此外,导致某一政治后果出现的直接原因多是某种行为的实施,尽管观念性因素在政治生活中具有不可忽视的作用,但往往不是直接的原因和动力。对具有强制性作用的政治制度而言,很多时候约束思想的成本要远远高于约束行动的成本。

其三,政治制度对行为的约束机制除了强制性权力之外,还有算计和文化两种主要的途径。制度分析关注制度如何影响个体行为这个问题,并认为制度通过影响个体行为而对政治后果产生某种作用。[1] 根据新制度主义学者的研究,制度影响行为的方式可以概括为算计途径和文化途径。算计途径认为,制度为行动者提供某种确定性以确知其他行动者当前和未来的行为,这里所说的确定

---

[1] Peter A. Hall and Rosemary C. R. Taylor, "Political Science and Three New Institutionalisms", *Political Studies*, Vol. 44, No. 5, 1996, pp. 936–957.

性包括其他行动者行为的信息、协议的执行机制、对违规行为的惩罚措施等。文化途径认为,制度为解释和行动提供了道德性或认知性的模板,个体被视为深深嵌入制度世界的一种实体。这个由符号、惯例等要素构成的制度世界为行为的解释提供了过滤机制,有利于解释外在的场景和行动者的自我认识,从而建构起一系列行动。

(四) 观念性特征

政治制度并不是由价值、信仰等观念性因素构成的,而且不能将观念简单地视为一项制度,但制度和观念具有密切的相关性。历史学者詹姆斯·科洛本伯格认为,由于制度和观念具有依存关系,因而研究者必须考察二者在特定情境下的关联。[1] 如果将观念界定为特定行动和状态的中心意义或主要目的,那么政治制度实际上具有观念性特征,这主要体现在三个方面。

一是政治制度的成员共享某种价值或意义。制度是实践者交往的产物,凝聚着实践者的观念性要素,这突出体现在制度化程度较低的习俗、惯例上。当它们逐渐获得强制性权力的实施基础时,很多社会成员仍然以价值或意义作为遵守相关习俗或惯例的根据。对于制度性规则而言,强制力是其有效实行的必要保障,但观念性要素也是必不可少的,因为后者能够被行动者的道德意识或认知能力把握,从而降低规则的执行成本。对于制度性组织而言,位于政治组织之内的政治行动者往往共享某种具体的观念,他们实践着政治制度所追求的原则和价值。

二是政治制度体现某种基本的观念性原则。英国政治学者维尔指出,"西方政治思想史描绘的是一套价值的发展和阐发","它所

---

[1] James T. Kloppenberg, "Institutionalism, Rational Choice, and Historical Analysis", *Polity*, Vol. 28, No. 1, 1995, pp. 125–128.

争论的是必须有什么样的制度结构和程序,这些价值才能在实践中实现并相互和谐","自古以来人们一直关注着政治体系的制度性系统阐述,关心在多大程度上制度促进了这些被认为是政体之核心的价值"。① 可见,政治制度作为权力的结构和安排,并非纯粹的强制力的结构性集聚,而是在某种程度上涉及公共权力的意义和目的。兰恩和埃尔森同样认为政治制度蕴含观念性要素,将政治制度看作规范秩序、认知秩序和象征秩序。②

三是行动者以观念作为评价政治制度的基础。人类是具备道德评价能力的主体,可以从非功利的立场和角度评价政治制度。一方面,政治制度具有同特定情境相关的中心意义和主要目的,可以成为政治行动者道德评价的对象。例如,马奇和欧森认为,同观念性要素有关的政治制度往往不能直接导致利益的满足,而是被人们理所当然地接受,因而这涉及深刻的合法性问题。③ 另一方面,政治制度本身的约束性作用以及对能动性的引导,可以塑造行动者的观念甚至行动者关于自我的看法,这使道德评价在一定程度上内化于现有政治制度。例如,西伦和斯坦莫认为,"制度塑造着有关政策的观念,影响这种观念的吸收和扩散","制度的存在改变了观念的流动,为政治行动者创造某种激励,并有助于确定政策选择的意义"。④

---

① [英] M. J. C. 维尔:《宪政与分权》,苏力译,生活·读书·新知三联书店1997年版,第1页。

② Jan-Erik Lane and Svante Ersson, *The New Institutional Politics: Performance and Outcomes*, London: Routledge, 2000, p. 30.

③ James G. March and Johan P. Olsen, "The New Institutionalism: Organizational Factors in Political Life", *American Political Science Review*, Vol. 78, No. 3, 1984, pp. 734-749.

④ Sven Steinmo, Kathleen Thelen, and Frank Longstreth, eds., *Structuring Politics: Historical Institutionalism in Comparative Analysis*, New York: Cambridge University Press, 1992, p. 25.

四 政治制度的类型

政治制度有其共同的基本特征,然而根据政治制度在不同方面的具体特征,可以运用不同的标准区分出不同的类型。法国政治学者菲利普·布侯根据宪法制度的严峻或弹性,对严峻的政治制度和弹性的政治制度作出区分。① 新制度经济学者奥利弗·威廉姆森基于演化分析将制度分为四种类型:包括宗教、习俗和社会标准在内的非正式制度,包括宪法、法律在内的正式制度,将组织看作降低交易成本的制度安排的交易治理模式,以及包括生产、雇佣等日常经济活动的制度安排在内的日常行为准则。② 由于人们根据多种多样的标准来划分政治制度,因此很难穷举政治制度的所有类型。加之新制度主义学者倾向于从广义的层面理解政治制度——属于社会制度、经济制度、文化制度范畴的某些具体制度,也可以被不同程度地视为政治制度并纳入政治研究的制度分析中——这实际上使政治制度的分类更为多样。本书主要根据政治制度内涵的规则性和组织性,政治制度对行动者施加惩罚的方式,以及政治制度是单一的规则或组织还是包含一系列复杂制度性内容这三个标准,把政治制度分为规则型制度和组织型制度,正式制度和非正式制度,以及单一制度和复合制度。

(一) 规则型制度和组织型制度

如前所述,政治制度具有规则和组织两个向度。有学者指出,在政治制度的各种要素之中,"以政治组织及政治规范为最重要最

---

① [法]菲利普·布侯:《政治生活》,张台麟译,远流出版公司1994年版,第13页。

② Oliver Williamson, "The New Institutional Economics: Taking Stock, Looking Ahead", *Journal of Economic Literature*, Vol. 38, No. 3, 2000, pp. 595–613.

基本，无此二者，则政治权力无所附丽，政治行为无所准据。所以政治制度的研究，对此二者特加重视"。① 根据政治制度内涵的规则性和组织性，可以把政治制度划分为规则型制度和组织型制度。

规则型制度指的是对人们行为产生限制或引导作用，并能够施加惩罚的规则或规则体系。许多新制度主义学者倾向于把制度界定为规则，如柯武刚和史漫飞认为制度是"用于共同体内的、众所周知的规则"，并在此基础上把规则型制度划分为两类。"它们可以是指令性的，即精确地指示人们应采取什么行动以实现特定的结果，例如从 A 点移到 B 点；它们可以是禁令性的，即禁止某些难以接受的行为类型，例如不要超速行驶或不要偷窃。"② 新制度主义学者博·罗斯坦根据共同体对利益的需要，把规则型制度划分为四种类型。"第一类政治制度用以做出关于如何规范共同利益的集体决议的制度（规则设定制度）；第二类制度用以规范这些决议实施的制度（规则应用制度）；第三类制度用以在处理特殊案例中关于如何解释第一项制度设定的总规则存在的个人争议（规则仲裁制度）；最后，第四类制度用以处理和惩罚违反制度者的制度，无论是内部的还是外部的（规则执行制度）。"③

组织型制度指的是具有组织形式的政治制度，它是由围绕着政治制度展开活动的人们构成的不同层次的政治组织。作为联结人们交往活动的重要形态，组织不仅是政治生活中的重要单位，也是政治制度的主要形式。政治学者谷光宇认为，"组织是劳力、权力、以及沟通责任的分工，是指众人为达某种特定目标，将其行为彼此协调贯联，且持久不衰、努力不懈所形成的社会团体"。④ 新制度

---

① 马起华：《政治制度》，台湾商务印书馆1978年版，第3页。
② ［德］柯武刚、史漫飞：《制度经济学：社会秩序与公共政策》，韩朝华译，商务印书馆2004年版，第110、115页。
③ ［美］罗伯特·古丁、汉斯－迪特尔·克林格曼主编：《政治科学新手册》，钟开斌等译，生活·读书·新知三联书店2006年版，第198页。
④ 谷光宇：《政党论》，黎明文化事业公司1985年版，第29页。

主义所理解的组织是"由各种不同的制度要素、一些近似规则（rule-like）、某些规范以及其他源于组织世界中专业人员和规制机构设定的标准之因素构成的"。① 政治组织往往具有某种共同遵守的规则，通过政治权力的运行或通过与政治权力的某种联系而实现特定目标。需要指出的是，不少研究者主张区分制度和组织，如柯武刚和史漫飞指出"组织不是制度"，"制度是比赛规则，而组织是运动员"。"某些制度需要组织的支持。规则可以体现在组织之中。正如某些知识隐含或体现于（被植入）资本物品内那样，制度有时也隐含于组织结构中。这方面的一个例子是家庭。它是一种组织，它满足着其成员的各种目的，并体现着母亲、父亲和孩子们的某些行为准则。"② 在新制度主义政治学中，历史制度主义和组织分析制度主义关注由规则、共享意义和特定目标构成的组织型制度。

（二）正式制度和非正式制度

很多研究者把制度及政治制度区分为正式的和非正式的两种类型。"似乎有一个总体的共识：政治制度在本质上就是'游戏规则'。然而，问题是规则这一概念应该包含哪些内容呢？一个经典的分类是'正式的'与'非正式的'规则。绝大多数人在绝大多数时间里遵守既定的行为规则，这些规则多数没有被正式表述为法律或其他形式的成文规范。相反，它们是'路线'、'习俗'、'遵从程序'、'习惯'、'决策风格'，甚至是'社会准则'和'文化'。另一方面，比较狭义的政治制度可以被定义为：'由一个或一群被公认拥有权力的人，通过明确的规则和通过决策过程制定

---

① ［美］沃尔特·W.鲍威尔、保罗·J.迪马吉奥主编：《组织分析的新制度主义》，姚伟译，上海人民出版社2008年版，中文版序言，第2页。
② ［德］柯武刚、史漫飞：《制度经济学：社会秩序与公共政策》，韩朝华译，商务印书馆2004年版，第110、117页。

的、用来规范集合起来的个体成员及其行为的正式安排'。"①

正式制度是指"在这种制度中，对惩罚的规定和实施都要通过有组织的机制"。非正式制度则是"对违背社会预期的行为施加的惩罚都不通过有组织的方式来定义和运用，它们都是自发产生的"。因此，区分正式制度和非正式制度主要"看其实施惩罚的方式：是有组织的（正式的）还是无组织的（非正式的）"。② 一般来说，正式制度和非正式制度既可能是规则型制度，也可能是组织型制度，正式规则和正式组织规定了应该遵守的行为规范以及违反这些行为规范的惩罚措施，而且这种惩罚措施通过有组织的方式实施。非正式规则和非正式组织尽管影响人们的行为，但不能强制人们遵守相应的规定，也不能对人们违反相关规定的行为实施正式的惩罚。

有些新制度主义学者还进一步分析了正式制度、非正式制度和内在制度、外在制度之间的区别。制度的内在性和外在性同制度的起源方式有关，制度的正式性和非正式性同实施惩罚的方式有关。"内在制度被定义为群体内随经验而演化的规则，而外在制度被定义为外在地设计出来并靠政治行动由上面强加于社会的规范。"因此，外在制度必然是正式制度，内在制度既包含正式规则，也包含非正式规则。③

（三）单一制度和复合制度

政治制度的单一性和复合性划分不仅由制度本身的复杂程度决定，而且同制度研究者的认识方式有关。一方面，新制度主义认为

---

① ［美］罗伯特·古丁、汉斯－迪特尔·克林格曼主编：《政治科学新手册》，钟开斌等译，生活·读书·新知三联书店2006年版，第198页。
② ［德］柯武刚、史漫飞：《制度经济学：社会秩序与公共政策》，韩朝华译，商务印书馆2004年版，第110、126页。
③ ［德］柯武刚、史漫飞：《制度经济学：社会秩序与公共政策》，韩朝华译，商务印书馆2004年版，第119、126—127页。

政治视阈下的制度研究包括大量的制度现象，它们可能表现为单一的规则或组织，也可能是一系列规则或组织组成的复合结构。正如罗斯坦所言，"政治科学的核心难题是：在现实世界中，随着时间和地点的变化，我们看到的是这些制度的大量的变体"。"在任何一种制度中，都存在着为数众多、形式特定的制度变体。"① 新制度主义学者还注重制度在规则和组织内涵上的结构性，制度不仅位于广泛的制度结构之中，还由于规则或组织本身的层次性而具有复合制度的形态。马奇和欧森指出，政治行为嵌植于包括规则、规范、预期和传统在内的制度结构之内，而且制度本身也同其他制度密切关联、相互作用。② 柯武刚和史漫飞强调，单项制度尽管十分重要，而且往往是制度分析的基本单位，"但在现实中，制度服务于其目标并不是单靠其单独地得到遵守，而靠其形成相互支持的规则群"。③ 另一方面，政治制度的单一性和复合性也同新制度主义研究本身的特征有关。彼得斯指出，"人们经常讨论新制度主义，就好像它是一个单一的事物，但现实中它内部包含多种不同的思想流派。事实上，新制度主义的一些形式与其他理论的形式在很大程度上是相悖的。虽然新制度主义认为它们也涉及同样的、基本的政治研究方法，然而对于外部的观察者而言，虽然新制度主义的这些不同形式涉及了公共部门的结构，但有时似乎也没有什么其他的东西能将这些不同形式统一起来"。④

---

① [美]罗伯特·古丁、汉斯-迪特尔·克林格曼主编：《政治科学新手册》，钟开斌等译，生活·读书·新知三联书店2006年版，第199页。
② James G. March and Johan P. Olsen, *Rediscovering Institutions: The Organizational Basics of Politics*, New York: Free Press, 1989, p. 5.
③ [德]柯武刚、史漫飞：《制度经济学：社会秩序与公共政策》，韩朝华译，商务印书馆2004年版，第162页。
④ [美]罗伯特·古丁、汉斯-迪特尔·克林格曼主编：《政治科学新手册》，钟开斌等译，生活·读书·新知三联书店2006年版，第306页。

拓展阅读

1. ［德］柯武刚、史漫飞：《制度经济学：社会秩序与公共政策》，韩朝华译，商务印书馆 2004 年版。

2. ［美］道格拉斯·诺斯：《制度、制度变迁与经济绩效》，刘守英译，上海三联书店 1994 年版。

3. ［美］罗伯特·古丁、汉斯-迪特尔·克林格曼主编：《政治科学新手册》，钟开斌等译，生活·读书·新知三联书店 2006 年版。

4. 韦森：《社会秩序的经济分析导论》，上海三联书店 2001 年版。

5. Ian Shapiro, Stephen Skowronek, and Daniel Galvin, eds., *Rethinking Political Institutions: The Art of the State*, New York: New York University Press, 2006.

6. R. A. W. Rhodes, Sarah A. Binder, and Bert A. Rockman, eds., *The Oxford Handbook of Political Institutions*, Oxford: Oxford University Press, 2006.

7. Jan-Erik Lane and Svante Ersson, *The New Institutional Politics: Performance and Outcomes*, London: Routledge, 2000.

8. Karol Soltan, Eric M. Uslaner, and Virginia Haufler, eds., *Institutions and Social Order*, Ann Arbor: The University of Michigan Press, 1998.

第二讲
新制度主义的历史和范围

政治学中的传统制度研究

新制度主义在政治科学中的兴起

新制度主义政治学的内在张力和理论取向

新制度主义的历史和范围

新制度主义政治学是什么？对这一问题的回答，既要追溯历史，又要观照现实。从历史来看，制度研究蕴含在政治学的历史发展之中，传统制度研究对新制度主义政治学的研究旨趣和问题取向具有启发作用，为我们更好地了解新制度主义政治学的理论渊源和新颖所在提供重要参照。从现实来看，新制度主义政治学以不同流派的争鸣为特点，只有厘清各流派的主要观点和基本逻辑，发掘新制度主义政治学的内在张力和理论取向，才能理解新制度主义政治学的完整内涵。

一 政治学中的传统制度研究

在新制度主义政治学兴起之前，政治制度便是政治学研究的主要对象。探究传统制度研究的发展历程，并分析被新制度主义政治学概括为旧制度范式的传统制度研究的主要特征，有助于全面了解制度研究在政治学中的发展。

（一）传统政治制度研究的一般历程

作为一门研究对象确定、研究领域分化、观点更新迅速、理论方法多样、专业人员众多的社会科学学科，政治科学是在19世纪末、20世纪初确立的。若以学科确立的时代为起始，政治科学无疑相当年轻，但很多研究者认为政治科学的"史前史阶段"极为重要，在政治科学学科确立之前的政治思想、政治哲学中包含大量珍贵的人类政治生活的思想渊源和实践材料。一方面，政治科学同传统政治思想的科学精神以及近代以来研究方法的科学化存在相关性；另一方面，传统政治研究中的很多基本范畴、经典命题、重要理论构成了政治科学的反思对象，使政治科学在批判和借鉴中获得发展。因此，罗斯坦认为，"当政治科学在19世纪末、20世纪初作为一门现代学科开始出现时，古典传统对其产生了巨大影响"。[1]甚至有研究者将古希腊时代的相关政治研究也称为政治科学，进而认为政治科学的发展经历了古希腊、古罗马、中世纪、文艺复兴、宗教改革，并在19世纪取得重大突破，在20世纪获得专业特征，而这一知识进步的过程同"政治的两个基本问题"即"政治制度的构成要素以及对它们的评价标准"密切相关。[2]

在政治科学的"史前史阶段"，传统政治思想中的制度研究成果对近代政治科学的发展及当代制度研究具有启发意义。西方尤其是美国的政治思想史研究有两个重要传统，一是以威廉·丹宁为代表的历史主义，二是以萨拜因为代表的"社会相对主义"，他们对政治思想同政治制度或结构性因素之间的关系持有不同的看法。丹宁认为，"任何特定的作家的思想与制度的发展之间都存在一种非常确定的和能够清楚地加以识别的联系"，理论的发展导致了制度的发展，因而政治思想史的任务就是"解释政治理论的发展及其与政治史之间的关系"。萨拜因则认为，理解历史上某一具体政治

---

[1] ［美］罗伯特·古丁、汉斯－迪特尔·克林格曼主编：《政治科学新手册》，钟开斌等译，生活·读书·新知三联书店2006年版，第202页。

[2] 例如，有学者认为，"如果以政治研究所取得的成果作为考察对象，用一条曲线来描绘政治科学的历史，这条曲线的起点则无疑始于古希腊政治科学"。参见［美］罗伯特·古丁、汉斯－迪特尔·克林格曼主编《政治科学新手册》，钟开斌等译，生活·读书·新知三联书店2006年版，第66页。

思想的关键在于将其放在与之相关的特殊社会政治环境当中,并视为对于某种特定政治事实的反映,①"不能认为,当代的任何政治哲学比过去的任何政治哲学,可以超脱它对各种问题、价值、习惯或者甚至对自己时代的偏见所处种种关系"。②

如何理解上述两种竞争性的观点呢?首先,政治思想或政治哲学本身的内容呈现、形式演进、观点冲突,尤其是那些涉及政治制度或制度性要素的观点、论述及理论归纳,对于政治实践特别是某些政治制度的确立与发展产生了重要的影响。其次,不同历史时期的政治实践尤其是凝结为规则、组织或结构性要素的政治制度,是政治思想积极建构或批判反思的对象,构成了政治思想的永恒内容;那些宏观性的制度框架也是思想家生活的重要背景,对思想家的实践活动及思想内容发挥不容忽视的影响。最后,如果说传统政治思想中的制度研究对政治科学的学科确立产生了影响,那么这种影响及传统制度研究对当前政治科学的理论发展所具有的作用也需要认真探究。有鉴于此,接下来将结合政治思想和政治实践的互动,从近代以前及近代发端时制度研究对象的演进、近代以来制度理论的构建、以政治制度为核心主题的传统政治研究同作为一门学科的政治科学之间的密切联系三个方面,展示传统政治制度研究的图式。

西方政治研究始于古希腊时代,古希腊哲学家、思想家的学说是西方政治思想的源头,丰富多样的城邦政治生活也成为西方政治实践的发端。但近代以前的政治思想浸润着浓烈的哲学或宗教气息,虽然涉及制度研究的主要对象和基本问题,但在主题凝练和理论建构方面并未取得重大突破。启蒙运动和作为其直接后果的现代

---

① 唐士其:《西方政治思想史》,北京大学出版社2002年版,第523—529页。
② [美]乔治·霍兰·萨拜因:《政治学说史》,盛葵阳、崔妙因译,商务印书馆1986年版,序言,第3页。

性共同确立了新的政治思维方式和政治实践模式，标志着政治思想进入近代。近代发端时的制度研究表现出更为明显的理论建构特征，有关制度研究的基本范畴被思想家关注并认可，相关主题被观点相似或对立的思想家深入探讨，这些思维成果为后世的思想家批判性地继承，构成现代政治研究的直接理论渊源。总的来看，近代以前及近代发端时政治制度研究的主要对象是城邦、政体和主权国家。

近代以来，西方政治思想家面对的不再是古希腊时代形态多样的城邦或古罗马时代的共和政体和帝国体制，也不是中世纪同教会、领主争夺权力的封建制国家。此时，政治研究最主要的对象已变成不同于以往任何古典学说的"国家"，以及绝对至上、不可分割的主权，它们在此时表现出强烈的专制主义特征。对大部分近代政治思想家来说，主权学说以及近代国家的现实发展已经解决了维系社会存在的政治秩序问题，政治权力的分配与行使方式、国家和社会关系、个人自由的保障及促进成为新的主题。蕴含在古希腊城邦政治、古罗马共和政体当中的实践和思想财富，在新形势下孕育出有关制度实践经验及思想的新成果，最著名的有共和政制、立宪政制、民主政制这三种制度理论的构建路径。

（二）传统政治制度研究的特征

再来看传统政治制度研究同政治科学的关系。当政治科学作为一门学科正式奠基后，"从1900年到1950年，绝大部分学者的注意力集中于对政府的正式制度和与此相关的法律或宪法性文件的研究。当时的教学与科研也都围绕着对国家、主权、联邦制和立宪政体这样一些基本概念的讨论而展开"。[①] 在此期间，美国政治学者

---

① [美]贝蒂·齐斯克：《政治学研究方法举隅》，贺和风等译，中国社会科学出版社1985年版，第6页。

西奥多·伍尔西的《政治科学》《国家的理论和实践思考》，伍德罗·威尔逊的《国家》《国会政体》等论著，无不表明政治科学延续了近代以来的政治研究传统。但与此同时，政治科学也受到哲学思潮中的历史主义，社会学中的实证主义、进化学说，以及自然科学研究的影响，以新的眼光和方法审视悠久丰富的理论资源和不断变化的现实生活。加布里埃尔·阿尔蒙德在回顾政治科学学科历史时强调，"在整个19世纪，人们把对政治和社会的研究看作是科学，因为有关政治的知识被描述为是由一系列以实证和推理为基础的、与政治制度和政治事件相关的有规律的因素构成的"。① 何俊志指出："政治制度在政治科学那里已经变成了一个经验观察的对象，而不是一个理论演绎的对象。现代政治科学的制度研究已经从一种内在的本质研究转换成了一种外在的现象研究。但是，在政治研究中重视政治制度的重要作用，强调政治制度在政治生活中的重要地位，却是一以贯之的传统。"② 可见，政治制度研究方法的科学化（往往表现为理论探究的形式化），同政治科学的学科确立之间，具有相互促进的关系。

在彼得斯看来，政治科学确立以后直到第二次世界大战结束之后的这段时间，可以视为政治科学的旧制度主义研究阶段。旧制度主义尽管缺乏重要的理论建树，但可以从中归纳出一些特征或倾向。其一，法律主义。旧制度主义学者在研究统治或治理的过程中关注法律，并认为法律的作用居于首要位置。其二，结构主义。旧制度主义学者认为结构具有重要作用，并指出结构能够决定个体行为。其三，整体论。旧制度主义学者关注正式法律的倾向导致他们往往对整体性的系统进行比较分析，如较多考察政府体系或政府的

---

① ［美］罗伯特·古丁、汉斯-迪特尔·克林格曼主编：《政治科学新手册》，钟开斌等译，生活·读书·新知三联书店2006年版，第82—85页。
② 何俊志：《结构、历史与行为：历史制度主义对政治科学的重构》，复旦大学出版社2004年版，第42页。

某一系统性分支，却较少关注个体性的系统。其四，历史主义。旧制度主义学者强调历史分析的基础性作用，关注当代政治体系如何嵌植于历史发展过程中，或分析具体制度在一国内的历时性展开。其五，规范分析。旧制度主义学者强调规范性要素的重要作用，认为政治科学的产生有一些截然不同的规范性根源，因而对政治生活的描述或说明通常同对"优良政府"的关切联系在一起。①

二 新制度主义在政治科学中的兴起

第二次世界大战之后，行为主义和理性选择理论先后成为政治科学的主流研究范式，对传统政治制度研究进行了广泛而深刻的荡涤。罗斯坦指出："如果政治制度的建立和运行是古典政治理论的中心内容，那么，在战后行为科学与团体理论等其他流派的政治科学中，它们大量地消失了。"在政治科学的新兴理论中，"正式的政治制度研究起了很小的作用，或是根本就没有起作用"。② 就行为主义而言，由于政治科学中的传统制度研究路径存在严重缺陷，其重要性在科学主义旨趣高度勃兴的新时代受到行为主义的挑战。③ 就理性选择理论而言，它产生于经济学研究领域，保持着现代经济学分析的基本前提和假设，④ 在诸多问题上同古典政治制度研究或早期政治科学的制度研究传统存在重大分歧。在该理论中，个人行为处于核心位置，国家或正式制度是缺失的。

---

① B. Guy Peters, *Institutional Theory in Political Science: The New Institutionalism*, Cheltenham: Edward Elgar Publishing, 2019, pp. 8 – 13.
② [美]罗伯特·古丁、汉斯－迪特尔·克林格曼主编：《政治科学新手册》，钟开斌等译，生活·读书·新知三联书店2006年版，第205页。
③ Sven Steinmo, Kathleen Thelen, and Frank Longstreth, eds., *Structuring Politics: Historical Institutionalism in Comparative Analysis*, New York: Cambridge University Press, 1992, pp. 4 – 5.
④ Kenneth A. Shepsle, "Studying Institutions: Some Lessons from the Rational Choice Approach", *Journal of Theoretical Politics*, Vol. 1, No. 2, 1989, pp. 131 – 147.

(一) 制度的回归和制度研究的复兴

行为主义和理性选择理论的盛行一度将制度研究排挤到边缘地位,但20世纪六七十年代,政治科学内部以及其他社会科学或研究领域的理论发展,为制度的回归和制度研究的复兴奠定了基础。首先,行为主义自身的缺点导致比较政治学陷入理论和实践的双重困境,而政治集团理论、结构功能理论以及比较历史分析和比较政治经济研究取得的成果,促进了政治科学中"国家的复归"。随着国家概念和制度范畴的回归,比较政治学中的制度研究新路径呈现出不同于旧制度主义范式的制度内涵、理论形态和建构倾向。其次,针对理性选择理论的种种缺陷,个别政治科学研究者开始自觉反思制度的重要性。最后,社会学作为高度重视制度研究的学科,为政治科学提供有价值的思想资源和理论框架,其对制度的反思及取得的制度研究成果也被政治科学研究者敏锐地捕捉到。需要指出的是,在20世纪七八十年代,由诺思、威廉姆森等人推动的新制度经济学成为西方经济学中同新古典学派竞争的学术进路。由于经济学是社会科学研究中的显学,经济研究涉及社会生活多个领域,因而新制度经济学对制度特别是政治制度因果性作用的强调,有力推动了社会学制度理论的更新以及政治科学中制度的回归。总之,经过一段时期的消隐,制度概念和制度分析获得了以不同理论传统和研究路径作为支撑的新的生命力。"制度是重要的因素"(institutions matter)被政治科学研究者广泛认可,制度研究重新成为政治科学的主导范式,"现在我们都是制度主义学者了。"[1]

面对制度研究蓬勃发展的形势,马奇和欧森于1984年在《美

---

[1] Mark D. Aspinwall and Gerald Schneider, "Same Menu, Separate Tables: The Institutionalist Turn in Political Science and the Study of European Integration", *European Journal of Political Research*, Vol. 38, No. 1, 2000, pp. 1–36; Iran Katznelson and H. V. Miller, eds., *Political Science: State of the Discipline*, New York: Norton, 2002, p. 706.

国政治科学评论》杂志合作发表论文《新制度主义：政治生活的组织因素》。① 此后，新制度主义术语在政治科学研究领域中不断出现，但研究者在新制度主义的内涵、类型、方法等基本问题上存在严重的分歧，难以就如何划分来源多样、构成复杂、内容丰富的新制度主义这一问题达成共识。在各种划分方式中，彼得·霍尔和罗斯玛丽·泰勒提出的"三分法"较为著名，即把新制度主义划分为历史制度主义、理性选择制度主义和社会学制度主义三个流派。② 三分法提供了某种清晰的分类方式，对于认识新制度主义有重要的意义，但它的涵盖功能还是有限的。三个流派在本体性基础和内生变迁议题上陷入困境，而致力于摆脱这些困境的新流派建构制度主义，成为加入新制度主义政治学阵营的最新成员。本书将在"四分法"的基础上展示新制度主义多重面向共呈和多种流派并存的情况，揭示不同流派在研究路径、分析角度和关注对象上的差异。

（二）理性选择制度主义：规则、程序、算计

理性选择制度主义以理性选择理论为内核，后者产生于经济学的研究传统，以公共选择学派这一显著的名称区别于新古典经济学的研究旨趣，并构成新制度经济学的重要组成部分。在政治科学中，理性选择理论也成为支撑实证政治科学的重要基石。③ 然而，作为政治科学研究范式的理性选择理论，在理论基础和解释能力方面受到现实政治生活的挑战，而这种挑战推动它向更为成熟的理性

---

① James G. March and Johan P. Olsen, "The New Institutionalism: Organizational Factors in Political Life", *American Political Science Review*, Vol. 78, No. 3, 1984, pp. 734 – 749.

② Peter A. Hall and Rosemary C. R. Taylor, "Political Science and Three New Institutionalisms", *Political Studies*, Vol. 44, No. 5, 1996, pp. 936 – 957.

③ 陈敦源：《新制度论的范围与方法：一个理性选择观点的方法论检视》，《行政暨政策学报》2001年第3期。

选择理论或理性选择制度主义转化。具体来看，理性选择理论继承新古典经济学的经济人假设，认为个体行动者具有外生于制度的偏好和理性算计的能力，以此决定并实现合意的目标，而预期结果的实现总是伴随着个体效用最大化的追求。从这样的假设出发，理性选择理论关注的一个基本议题就是个人或个体性组织如何在政治领域或公共生活中进行选择，从而获致预期的良好结果。在相应的研究中，理性选择理论揭示出一些难题或困境，如囚徒困境模型指出个体效用最大化的选择未必是集体的最佳选择，甚至会为个体带来效用受损的结果；公地悲剧揭示了从自利角度出发的牧羊者在公益性草场上过度放牧，最终导致草场荒芜、效用受损的结果；阿罗不可能定理表明不存在或无法找到一种把个体偏好排序转换成社会偏好排序的社会选择机制，盛行的多数规则也无法实现这种转换。

理性选择理论揭示了公共领域或集体行动的困境，这使研究者发现理性选择理论乃至新古典经济学的理论基础可能存在问题。一方面，囚徒困境中的经典博弈模型揭示了个体的策略选择受到既定规则和不充分信息的约束，他们的信念也对策略选择起到重要作用。公地悲剧展现了在强制性规则缺失的状态下，理性预期者的效用最大化往往产生悲剧性的后果。因此，很多政治科学研究者质疑理性选择理论的经济人假设，认为规则、结构、信息、信念等因素发挥限制作用。另一方面，理性选择理论通过演绎分析得出的结论同政治生活的现实运作并不一致。例如，根据阿罗不可能定理，个体偏好的排序无法通过多数规则转化为稳定的集体偏好，因而议员在立法投票中得到的结果应该是不一致的，即国会通过的法律将出现前后矛盾。但研究美国国会的学者发现，国会通过的法律具有某种一致性，或先后通过的不同法律蕴含一种稳定的意图，这同根据阿罗悖论所作出的预测是不符的。于是研究者开始关注国会中相关组织和规则的作用，发现国会中的重要委员会可以筛选、限制甚至引导法案被提交给全体议员表决，议事程序和投票规则也可以影响议员投票的结果。①

在此背景下，理性选择理论学者和政治学者肯尼斯·谢普斯勒指出，理性选择理论在偏好形成和信仰来源的问题上缺乏充足的解释能力，特别是在制度阙如的状态下，现有理论无法解释原子式个体之间的连接机制。作为理性选择理论向理性选择制度主义转进的重要推动者，谢普斯勒于1988年提出："在20世纪70年代末期，包括我在内的一些理性选择理论学者开始摒弃那种对政治生活完全原子化的理解方式，这种逐渐令人感到幻灭的概念图示，大多应用于政治领域的社会选择、博弈理论和决策理论之中。政治是在具体情境下发生的，这种情境通常是正式的或带有官方色彩的（如立法、司法和官僚的运作过程），但也同样可能是非正式的（如俱乐部或员工会议）。"② 在谢普斯勒看来，理性选择制度主义类似一个旗号，所有与制度相关的研究都可以纳入其下，这种吸纳了制度分析的理性选择理论实际上是"结构诱致均衡"的研究路径，"不仅要根据理性行动者的偏好及最大化行为，还要根据制度性特征来解释社会性结果"。一方面，理性选择理论的新制度主义更加关注现实的社会选择，注重结构性特征，并强调程序的重要性。这在一定

---

① 理性选择理论对美国国会研究做出的贡献，主要体现在 Mathew D. McCubbins and Terry Sullivan, eds., *Congress: Structure and Policy*, New York: Cambridge University Press, 1987; Kenneth A. Shepsle and Barry R. Weingast, "Positive Theories of Congressional Institutions", *Legislative Studies Quarterly*, Vol. 19, No. 2, 1994, pp. 149–179; John Ferejohn and Morris Fiorina, "Purposive Modes of Legislative Behavior", *American Economic Review*, Vol. 65, No. 2 1975, pp. 407–414.

② Kenneth A. Shepsle, "Studying Institutions: Some Lessons from the Rational Choice Approach", *Journal of Theoretical Politics*, Vol. 1, No. 2, 1989, pp. 131–147. 需要指出的是，谢普斯勒在1988年于华盛顿召开的国际政治科学协会的世界大会上做题为"制度研究：理性选择研究的教训"的演讲，并在次年刊载于《理论政治杂志》。在该文中，谢普斯勒所述有关"结构诱致均衡"的概念，早在1986年就已有成熟的表述，并主要体现在 Kenneth A. Shepsle, "Institutional Equilibrium and Equilibrium Institutions", in Herbert Weisenberg, ed., *Political Science: The Science of Politics*, New York: Agathon, 1986, pp. 51–81.

程度上克服了以往理性选择理论追求分析的一般性、极力避免探究制度细节、将政治生活中的理性选择看作个体偏好的加总等弊端。另一方面，结构诱致均衡理论强调制度的规则特征，并把制度视作广泛的博弈形式，认为导致均衡的最重要的制度性因素有两个：一是次序，它存在于制度的程序性规则中并导致策略，能够决定个体采取步骤的先后顺序，以及何者在何时采取怎样的行动；二是个体身份，它被规则赋予某种优先性，从而使相关行动者在选择对象和选择类型上做出更加有利的选择。①

理性选择制度主义包含不同的变体，但也共享某些基本观点。根据彼得斯的研究，各种理性选择制度主义研究路径具有三个相似点。一是共同的假设，即个体是政治过程中最主要的行动者，通过采取理性行动实现个体效用最大化；制度作为规则的集聚可以塑造个体行为，个体也可以合理地对规则所确立的激励和约束产生反作用。二是相同的研究问题，如人类多样化行为受约束的方式、政治生活或其他形式的集体决策中出现的重要问题、对公共官僚机构进行协调和控制的制度。三是倾向于将制度看作在空无一物的白板上绘制而成的，认为制度设计的结果由植入制度中的激励和约束的性质所决定。以上假设蕴含这样的观点，即制度或组织的历史性因素并不发挥影响，一套新的激励可以轻易地改变个体行为。②

不难发现，理性选择制度主义对制度的认识主要集中在规则方面。根据规则是否存在，研究者往往区分制度存在、制度阙如两种状态，并认为制度不会在需要时自动出现，而是必须由行动者创设。加之个体的偏好和目标是可以确定的，因而研究者更倾向于解释既定规则集合之下的行为，而不是解释这些规则的创设过程。尽

---

① Kenneth A. Shepsle, "Studying Institutions: Some Lessons from the Rational Choice Approach", *Journal of Theoretical Politics*, Vol. 1, No. 2, 1989, pp. 131 – 147.

② B. Guy Peters, *Institutional Theory in Political Science: The New Institutionalism*, Cheltenham: Edward Elgar Publishing, 2019, pp. 57 – 59.

管如此，还是可以从理性选择制度主义的理论中得出制度创设的一般性认识，即行动者为了解决集体行动的困境并从中获利，在理性算计的基础上创设出符合自身利益的制度性规则或程序。从这个角度出发，由理性审慎设计出的规则或程序具有自我强化的特点，可以随着时间的变化而持续存在。只有当制度所满足的需求出现某种"失灵"的情况，理性行动者才会产生调整现有制度的要求，这也体现出理性选择制度主义在制度变迁问题上带有意愿论和功能主义的色彩。①

总的来看，理性选择制度主义在把制度分析引入理性选择理论的过程中，为政治科学制度分析框架的重新确立和制度理论的系统化建构做出了积极贡献。政治学者巴里·温加斯特认为，它为制度产生影响的方式提供了明确且系统的研究方法，它对实证性比较研究方法的重视为比较政治学提供了方法论基础，还为政治现象提供了微观基础，从而有利于提出更有效的制度理论。② 实际上，这些也可以看作理性选择制度主义在行为主义研究范式之后，对政治科学进行重构的贡献所在。谢普斯勒也高度评价理性选择制度主义对于政治科学理论化及科学化的发展所起到的促进作用，认为"理性选择制度主义致力于把政治思想同政治理论作出区分，并使后者具备真正的科学能力。最为重要的是，政治科学再也不需要把制度

---

① 参见［美］罗伯特·古丁、汉斯-迪特尔·克林格曼主编《政治科学新手册》，钟开斌等译，生活·读书·新知三联书店2006年版，第259—262页；B. Guy Peters, *Institutional Theory in Political Science: The New Institutionalism*, Cheltenham: Edward Elgar Publishing, 2019, pp. 69–72; Kenneth A. Shepsle, "Studying Institutions: Some Lessons from the Rational Choice Approach", *Journal of Theoretical Politics*, Vol. 1, No. 2, 1989, pp. 141–145; Thomas A. Koelble, "The New Institutionalism in Political Science and Sociology", *Comparative Politics*, Vol. 28, No. 1, 1995, pp. 231–243.

② ［美］罗伯特·古丁、汉斯-迪特尔·克林格曼主编：《政治科学新手册》，钟开斌等译，生活·读书·新知三联书店2006年版，第246—247页。

研究转让给经济学了"。① 霍尔和泰勒则中肯地指出，这一新制度主义流派在制度和行为的关系上发展出更为精美的理论体系，并提供了一套有助于理论建构的高度概括的概念模式，但这种重视微观基础的极具抱负的做法，依赖于对人类动机进行相对简单化的认识，因而忽视了人类动机的丰富维度。在此意义上，理性选择制度主义的功能主义、意图主义和自愿主义对制度分析来说是存在问题的。②

（三）历史制度主义：结构、关系、历史

历史制度主义与理性选择制度主义基本上在同一时期产生，并迅速得到研究者的关注。众多政治学者对于历史制度主义的理论来源、基本范畴、重要特征、动力机制抱有热切的态度，同时也在各自的实证研究中，广泛地借鉴历史制度主义的分析模式来阐述长时段、跨领域、多层次的政治、经济和社会问题。与理性选择制度主义不同，历史制度主义产生于政治科学内部，它的产生被视为对行为主义和理性选择理论在政治研究中的主导地位的反动。具体而言，政治科学研究者尤其是比较政治学者在20世纪六七十年代对多元主义的批评，以及作为该理论争议结果的国家制度的重要性，及其相对于市民社会的部分自主性的重新发现，为历史制度主义的兴起奠定了基础。③ 比较政治学对当时盛行的集团理论和结构功能主义的回应，同样构成了历史制度主义形成的重要条件。④ 德国政治学者埃伦·伊梅古特认为："历史制度主义的理论先驱学者倾向

---

① Kenneth A. Shepsle, "Studying Institutions: Some Lessons from the Rational Choice Approach", *Journal of Theoretical Politics*, Vol. 1, No. 2, 1989, pp. 131–147.

② Peter A. Hall and Rosemary C. R. Taylor, "Political Science and Three New Institutionalisms", *Political Studies*, Vol. 44, No. 5, 1996, pp. 936–957.

③ R. A. W. Rhodes, Sarah A. Binder, and Bert A. Rockman, eds., *The Oxford Handbook of Political Institutions*, Oxford: Oxford University Press, 2006, p. 42.

④ Peter A. Hall and Rosemary C. R. Taylor, "Political Science and Three New Institutionalisms", *Political Studies*, Vol. 44, No. 5, 1996, pp. 936–957.

于采取更为宏观的社会学研究路径,并且以权力导向的视角开展研究,因而关注多个国家和不同历史时段下政治、国家与社会的相互关系。"[1]

1992年,西伦和斯坦莫在其著作的序章中正式提出"历史制度主义"的名称,指出"在最宽泛的意义上,历史制度主义代表了阐明政治斗争如何由制度环境调节的尝试"。[2] 在他们看来,历史制度主义的制度概念既包括正式的组织和规则,也包括非正式的规则和程序。霍尔在其著作《治理经济》中对制度的界定最具代表性:"在不同政治单元和经济单元中构架个体关系的正式规则、引发服从的程序,以及标准化的运作实践。"[3] 此后,霍尔和泰勒细化和扩展了这种认识,指出历史制度主义所理解的制度是"嵌入政体或政治经济组织结构中的正式或非正式的程序、惯例、规范和习俗;这些制度在范围上包括宪制秩序、官僚体制的运行程序以及管制银行和企业的约定"。[4]

除制度概念外,不少研究者试图概述历史制度主义的一般特征。例如,西伦和斯坦莫认为历史制度主义具有三个核心特征,即强调中介性制度对政治策略的影响,重视制度对社会中竞争性集团权力关系的构造,并特别关注政治过程和决策过程。[5] 皮尔逊和西达·斯考切波指出,历史制度主义的三个特征分别是关注自身研究

---

[1] Ellen M. Immergut, "The Theoretical Core of the New Institutionalism", *Politics & Society*, Vol. 26, No. 1, 1998, pp. 5 – 34.

[2] Sven Steinmo, Kathleen Thelen, and Frank Longstreth, eds., *Structuring Politics: Historical Institutionalism in Comparative Analysis*, New York: Cambridge University Press, 1992, p. 2.

[3] Peter A. Hall, *Governing the Economy: The Politics of State Intervention in Britain and France*, New York: Oxford University Press, 1986, p. 19.

[4] Peter A. Hall and Rosemary C. R. Taylor, "Political Science and Three New Institutionalisms", *Political Studies*, Vol. 44, No. 5, 1996, pp. 936 – 957.

[5] Sven Steinmo, Kathleen Thelen, and Frank Longstreth, eds., *Structuring Politics: Historical Institutionalism in Comparative Analysis*, New York: Cambridge University Press, 1992, p. 7.

领域内部或之外的重要议题，倾向于以宏观背景来分析社会或政治过程得以展开的中观或微观的制度构造，追踪社会或政治过程的历时性。霍尔和泰勒则认为历史制度主义具有四个明显的特征，即倾向于在相对广泛的意义上界定制度与个体的关系，重视制度运行和制度产生过程中的权力非对称性，强调制度发展过程中的路径依赖和意外后果，将制度分析同能够产生某种政治后果的其他因素进行整合。[1]

综合上述观点，可以发现历史制度主义的特征蕴含在彼此联系的两个方面，即关系特征和过程追踪。一方面，关系特征在历史制度主义的制度分析中具有重要作用。西伦和斯坦莫指出，历史制度主义所强调的关系特征不同于旧制度主义的"正式特征"，并且"比国家和社会制度的正式特征更重要的是既定制度构造政治互动关系的方式"。对"互动"与"关系"的强调赋予历史制度主义独特的含义和意义。其一，由于历史制度主义重视考察制度与个体的关系、制度与更为宏大的背景因素之间的关系，而非局限于某一具体制度，因而强调关系特征并重视构造国家与社会关系的制度安排，在国家中心分析和社会中心分析之间搭建了沟通的桥梁。其二，由于历史制度主义强调制度约束以及政治生活中的互动关系，因而需要思考现实政治中的个体行动与国家层面的政策产出之间的关系，"建立了从跨国分析的宏大理论通向一国之内案例分析的微观理论的桥梁"。[2] 其三，历史制度主义对关系特征的强调，实际上也是在本质层面上理解制度。这是因为，对互动性个体的考察突出了权力分析的重要性，而权力关系属于关系性范畴，具有非对称

---

[1] Peter A. Hall and Rosemary C. R. Taylor, "Political Science and Three New Institutionalisms", *Political Studies*, Vol. 44, No. 5, 1996, pp. 936–957.

[2] Sven Steinmo, Kathleen Thelen, and Frank Longstreth, eds., *Structuring Politics: Historical Institutionalism in Comparative Analysis*, New York: Cambridge University Press, 1992, p. 10.

的特征。另一方面，历史制度主义突出过程追踪在制度分析中的重要性。西伦和斯坦莫曾简要地指出，"历史制度主义的核心特征就在于过程的发生机制"，他们认为过程追踪的观念最早由彼得·卡岑斯坦提出。① 皮尔逊和斯考切波进一步指出，"历史制度主义的历时性分析，为了理解令人感兴趣的结果或制度安排，需要分析历经数年的运作过程"。两位研究者概括了过程追踪的方法论原理，包括扩展实证研究的时间框架，检验历史发展的顺序在揭示因果关系上的效用，以及基于历史资料来探究历时性过程中效果如何在长时段内展现。他们还指出，有三个理由可以支持政治过程中时间维度的重要性，即历史制度主义通常坚持路径依赖的理论主张，认为不同的时间顺序会导致不同的结果，长时段、大跨度且进展缓慢的社会过程只有在历时性追踪中才能揭示其效果。②

针对制度的生成、维系和变迁，历史制度主义提出了不同于新制度主义其他流派的解释。在制度的生成方面，历史制度主义往往抗拒制度设计，转而强调既有制度对个体偏好和策略的塑造作用；同时强调权力的非对称性，认为权力不对等关系下的冲突和斗争对制度的创设具有重要影响，但新制度往往是以非预期后果的形式出现的。在制度的维系方面，历史制度主义认为制度具有黏性，在外部状况发生变动时仍然倾向于持续地发挥作用；它构建的路径依赖理论则为制度的自我强化和自我维持提供了必要的解释。尽管历史制度主义对制度变迁采取黏性的观点，但也注意到在外部环境引发重大危机时，旧制度的崩溃可能造成意外的制度变迁。此外，历史制度主义强调制度变迁具有重要的研究价值。一方面，制度变迁的

---

① Sven Steinmo, Kathleen Thelen, and Frank Longstreth, eds., *Structuring Politics: Historical Institutionalism in Comparative Analysis*, New York: Cambridge University Press, 1992, p. 9.

② Ira Katznelson and Helen V. Milner, eds., *Political Science: State of the Discipline*, New York: W. W. Norton and Company, 2002, pp. 693–721.

时刻会暴露出围绕制度进行的各种冲突和斗争，揭示隐蔽的利益与权力关系。另一方面，制度的重要性也体现在它能够在新情势下重新塑造政治行动所指向的目标和观念。①

历史制度主义的价值得到广泛的认可。其一，历史制度主义注重中层制度和中观视角，较好地解释了现实政治生活中的重大问题，特别是现实世界的差异性。其二，历史制度主义强调历史进程和时间序列的重要性，扩展了政治科学研究的理论视野，并丰富了政治研究的内容。其三，同新制度主义其他流派相比，历史制度主义更加强调权力分析，突出了政治科学的核心概念，并重视个人与制度之间、各层次制度之间、制度与政策产出之间的联系和互动，丰富了政治生活的关系性特征和互动性内涵。其四，历史制度主义在一定程度上兼有理性选择制度主义和组织分析制度主义的理论假设和理论主张，在一些研究者看来具有综合其他流派的潜力。② 但历史制度主义也存在缺陷和不足。科林·海伊和丹尼尔·温科特认为，历史制度主义在社会本体性（social ontology）方面，比理性选择制度主义和社会学制度主义缺乏建树。"除非历史制度主义能够确立一个截然不同的本体性，否则它所提出的有关制度形成、演化和转型的主张就难以充分成立。"③ 也有研究者批评重视归纳方法的历史制度主义在理论的精致程度上差强人意，认为其描述的色彩

---

① Sven Steinmo, Kathleen Thelen, and Frank Longstreth, eds., *Structuring Politics: Historical Institutionalism in Comparative Analysis*, New York: Cambridge University Press, 1992, p.15, p.27.

② 关于历史制度主义对新制度主义其他流派具有综合潜力的论述，参阅 Peter A. Hall and Rosemary C. R. Taylor, "Political Science and Three New Institutionalisms", *Political Studies*, Vol.44, No.5, 1996, pp.936-957. 还可参阅何俊志《结构、历史与行为：历史制度主义对政治科学的重构》，复旦大学出版社2004年版，第319—320页。

③ Colin Hay and Daniel Wincott, "Structure, Agency and Historical Institutionalism", *Political Studies*, Vol.46, No.5, 1998, pp.951-957.

重于解释的力度。① 伊梅古特则指出，历史制度主义亟待解决的问题包括可证伪性不足，对其他研究路径缺乏公正的批判态度，以及无限的兼收并蓄和广为扩散的特征，其对理论系统化建构的回避也削弱了自身的理论化能力。②

（四）组织分析制度主义：规范、认知、文化

组织分析制度主义（organizational analysis institutionalism）产生于社会学内部，是政治学者尤其是政治科学中的新制度主义学者对社会学制度研究新进展捕捉之后的概称。但社会学者为了区分新制度主义和旧有制度研究模式，往往不使用社会学制度主义这一名称，而是自称为"社会学中的新制度主义""社会学新制度分析"或"社会学新制度主义"。③ 考虑到"如果不对社会学中的制度主义文献的重要性加以审视，那么就会潜在地失去一个理解政治制度的重要手段"，④ 因而组织分析制度主义受到政治学者的重视并被纳入新制度主义政治学。

对政治科学的制度研究者来说，社会学制度主义主要包括马奇和欧森确立的规范制度主义、保罗·迪马吉奥和沃尔特·鲍威尔提出的组织分析的新制度主义，以及倪志伟（Victor Nee）等研究者提出的社会学新制度主义。其一，引发新制度主义研究在政治科学中不断升温的马奇和欧森，受到社会学制度理论的影响。他们认为组织在政治生活中具有关键作用，规范秩序和符号秩序在新制度主

---

① Vivien A. Schmidt, "Discursive Institutionalism: The Explanatory Power of Ideas and Discourse", *Annual Review of Political Science*, Vol. 11, 2008, pp. 303 – 326.

② Ellen M. Immergut, "The Theoretical Core of the New Institutionalism", *Politics & Society*, Vol. 26, No. 1, 1998, pp. 5 – 34.

③ Mary C. Brinton and Victor Nee, eds., *The New Institutionalism in Sociology*, New York: Russell Sage Foundation, 1998, p. xii, p. 30.

④ B. Guy Peters, *Institutional Theory in Political Science: The New Institutionalism*, Cheltenham: Edward Elgar Publishing, 2019, p. 144.

义政治秩序清单中占据重要地位;① 政治行动者具有灵活性，易受影响且富于变化，依赖文化并受到社会的构造，因而"适宜逻辑"对于考察人类行为同制度背景的关系极为重要。② 此外，人类行动总是试图寻求满足和实现预期，而这种满足和实现预期处于具体背景下，并深深根植于文化、社会经济、政治的场域和结构中。因此对马奇和欧森来说，个体往往根据一系列规范和程序采取行动，这些规范和程序为依赖文化的个体提供了适宜逻辑。③ 其二，社会学组织理论者迪马吉奥和鲍威尔在奠定他们学术地位的论文"关于铁笼理论的再思考：组织场域中的制度性同形与集体理性"中指出，组织场域中的文化要素与规范价值塑造了现代组织的同形（isomorphism）特征，一定程度上弥补了强调合理性和效率的组织理论在解释能力上的不足。④ 1991 年，二人在共同编著的《组织分析的新制度主义》中提出了与书名相同的新制度主义名称，进一步系统地分析仪式、神话、文化和认知等因素对组织和个体的深刻影响。社会学者安德鲁·艾伯特在对该书的评述中指出，组织分析制度主义体现了三个重要的理论转变：疏离了社会学研究中的理性行动理论和功利主义观点，更多地转向社会生成论，采用认知的和文化的解释方法。⑤ 其三，由倪志伟和玛丽·布林顿共同编著的《社会学中的新制度主义》一书，延续了社会学关注制度的传统，使

---

① James G. March and Johan P. Olsen, "The New Institutionalism: Organizational Factors in Political Life", *American Political Science Review*, Vol. 78, No. 3, 1984, pp. 734 – 749.

② Bernard E. Brown, ed., *Comparative Politics: Notes and Readings*, Belmont: Thomson Learning, 2000, pp. 307 – 309.

③ James G. March and Johan P. Olsen, *Rediscovering Institutions: The Organizational Basis of Politics*, New York: Free Press, 1989, pp. 9 – 24.

④ [美] 沃尔特·W. 鲍威尔、保罗·J. 迪马吉奥主编：《组织分析的新制度主义》，姚伟译，上海人民出版社 2008 年版。

⑤ Andrew Abbott, "An Old Institutionalist Reads the New Institutionalism", *Contemporary Sociology*, Vol. 21, No. 6, 1992, pp. 754 – 756.

制度研究在社会学基本理论方面得以深化。具体而言，社会学中的新制度主义学者主张他们的制度研究路径不同于"先前已经充分确立的组织分析的制度理论"，而是有意识地深入挖掘、梳理社会学从学科确立以来的制度范畴和制度理论并予以重新建构。在此意义上，社会学中的新制度主义追寻着古典时期社会学的研究路径，代表了社会学的新古典转向，并扩展了古典社会学家和早期制度主义的智识遗产。此外，社会学中的新制度主义认为自己比组织分析的新制度主义更注重制度理论的方法论基础，希望克服社会学中的方法论整体主义的不足。① 上述三种路径各有不同的侧重，但也分享共同的特征和主张，如"认定行动者的行为受到制度化规范和文化习俗的驱动"。② 由于被冠以"社会学制度主义"之名的重要研究成果都集中在组织理论范畴，本书主要关注组织分析的新制度主义这一研究路径，并统一称为"组织分析制度主义"。

组织分析制度主义的内在逻辑体现在它对制度的理解上。其一，组织分析制度主义对制度的理解十分宽泛，无论是规则、惯例，还是各种组织，甚至更为广泛的文化因素都可以被界定为制度，而且组织分析制度主义往往不区分制度和组织，也不区分作为实体的制度和产生制度的制度化过程。③ 值得说明的是，经过社会学理论中的"认知转向"，组织分析制度主义不再把文化仅仅同情感态度、价值联系在一起，而是把文化看作为行为提供模板的惯例、符号或脚本。④ 其二，组织分析制度主义强调制度能对个体产

---

① Mary C. Brinton and Victor Nee, eds., *The New Institutionalism in Sociology*, New York: Russell Sage Foundation, 1998, p. xv, pp. 10 – 12.
② R. A. W. Rhodes, Sarah A. Binder, and Bert A. Rockman, eds., *The Oxford Handbook of Political Institutions*, Oxford: Oxford University Press, 2006, p. 61.
③ B. Guy Peters, *Institutional Theory in Political Science: The New Institutionalism*, Cheltenham: Edward Elgar Publishing, 2019, pp. 144 – 145.
④ Peter A. Hall and Rosemary C. R. Taylor, "Political Science and Three New Institutionalisms", *Political Studies*, Vol. 44, No. 5, 1996, pp. 936 – 957; Mark D. Aspinwall and Gerald Schneider, "Same Menu, Separate Tables: The Institutionalist Turn in Political Science and the Study of European Integration", *European Journal of Political Research*, Vol. 38, No. 1, 2000, pp. 1 – 36.

生强烈的影响,这不仅体现在社会学所主张的方法论整体主义和身份角色对个体的塑造,也体现在组织分析制度主义对偏好形成问题的回答,即偏好具有内生性,制度性要素可以为人们发现其偏好设定标准。①

就制度的生成、维系和变迁而言,组织分析制度主义形成了自己的观点。首先,制度不是从真空中产生的,而是在一个充满各种制度的环境下出现的,并且不是容易创设的。组织分析制度主义尤其强调,人们嵌入其中的文化背景或制度环境限制了自身的选择,加之文化因素通过规范和认知两个向度发挥影响,因而新制度的产生必然受到文化背景等其他制度的影响。其次,组织分析制度主义主张适宜逻辑以及文化对个体行动发挥重要影响,当更宏大的文化背景或制度环境保持稳定时,个体偏好不会发生重大变化,组织或制度也会保持稳定。最后,组织分析制度主义认为组织和制度的形成过程同礁石十分相似,是积淀而成的,具有"历史和累积性本质","这使变迁进行得缓慢"。②

组织分析制度主义对政治科学和制度理论建构具有重要意义。其一,组织分析制度主义的方法论基础和研究途径不同于新制度主义政治学的其他流派。在组织分析制度主义内部,有学者主张修订以往的方法论整体主义,突出受到背景限制的、具有理性的个体行动者概念,从而促进社会学研究同经济学尤其是新制度经济学相互借鉴。但同理性选择制度主义相比,组织分析制度主义无疑更注重社会整体的重要性,而不是以个体作为出发点。其二,组织分析制度主义的文化分析与组织分析丰富了政治科学制度研究的内涵。从

---

① Steve Bruce, *Sociology: A Very Short Introduction*, New York: Oxford University Press, 2000, p. 23. 另可参阅[美]沃尔特·W. 鲍威尔、保罗·J. 迪马吉奥主编《组织分析的新制度主义》,姚伟译,上海人民出版社2008年版,第13页。

② B. Guy Peters, *Institutional Theory in Political Science: The New Institutionalism*, Cheltenham: Edward Elgar Publishing, 2019, p. 153.

政治科学的立场看,组织分析制度主义为新制度主义研究增添了文化或观念维度,有助于人们在规范和认知的层面上更好地理解制度。组织分析制度主义探究组织理论和组织运行,其围绕商业组织、政治组织等各类组织的研究成果,为同样关注这些组织的其他流派提供了助益。其三,组织分析制度主义在制度的规范研究上具有比较优势。组织分析制度主义不乏实证研究成果,但比其他流派更加注重规范性要素与认知性要素,有助于研究者从观念角度探究个体与制度的关联和互动,在规范意义上构建有关制度合法性与正当性的理论框架。这也意味着组织分析制度主义在回答"什么是好的制度"这个问题上,比其他流派具有更多的优势。

组织分析制度主义也招致不少批评意见。一是对制度的界定"过于宽泛并模棱两可",而且往往不对制度与组织作出明确区分,这被一些研究者视作严重的问题。① 二是理论主张过于苍白,"忽略了制度创设或改革过程所需的具有不同利益的行动者展开权力冲突的重要性"。② 三是过于强调文化和认知,在一定程度上忽视了社会学重视社会结构的传统。③

(五)建构制度主义:观念、话语、修辞

早在建构制度主义被接纳为新制度主义政治学最新流派之前,建构主义路径已经在政治科学中确立并被应用于制度研究。20世纪七八十年代,比较政治经济学和美国政治研究中的新国家主义崭露头角并扩大影响,其代表人物斯蒂芬·克拉斯纳反对韦伯主义的

---

① B. Guy Peters, *Institutional Theory in Political Science: The New Institutionalism*, Cheltenham: Edward Elgar Publishing, 2019, p. 157.

② Peter A. Hall and Rosemary C. R. Taylor, "Political Science and Three New Institutionalisms", *Political Studies*, Vol. 44, No. 5, 1996, pp. 936–957.

③ Andrew Abbott, "An Old Institutionalist Reads the New Institutionalism", *Contemporary Sociology*, Vol. 21, No. 6, 1992, pp. 754–756.

国家概念，重视观念因素以及对国家利益施加影响的因素，并同约翰·鲁杰一道推进了国际机制和国际制度研究，最终于20世纪90年代形成了国际关系的建构主义流派。后来，随着社会科学诠释主义传统的复兴以及社会心理学、知识社会学、文化社会学、分析哲学、认知科学成果对政治科学的影响日益加深，特别是新制度主义政治学的三个传统流派在本体性基础和内生变迁议题上陷入困境，越来越多的学者开始重视国际关系建构主义，并对理性行动和因果关联问题加以反思。他们围绕社会历史中的文化现实和意义关联进行探索，揭示了观念认知、价值规范、利益偏好、身份认同的社会建构性质，主张建构性相较因果性而言所具有的重要地位。政治学者托马斯·利瑟在2002年发表的《建构主义与国际制度的范式汇合》一文中正式提出建构制度主义的术语，并指出建构主义同时关注适宜逻辑和论述逻辑，前者强调规则体系和文化脚本对行为的约束，后者强调协商活动和沟通活动的作用。①

　　建构制度主义有不同的研究取向，主要包括以海伊、马克·布利斯为代表的观念制度主义，以维维恩·施密特为代表的话语制度主义，以桑迪·爱德华·格林和李媛为代表的修辞制度主义。首先，海伊在2001年提出并探讨了观念制度主义的含义和特点，随后在《牛津政治制度手册》中将之改称为建构制度主义。观念制度主义的中坚学者布利斯强调，新制度主义的观念学派不同于重视观念分析的历史制度主义，前者主张观念在诠释利益、制度及其关系上具有突出作用，特别是在政策范式发生更替的危急时刻，观念能够赋予利益以实质内涵并决定新制度的形式和内容。具体而言，危急时刻弥漫的各式观念往往相互抵牾，其焦点是旧体制和政策范式的弊端以及化解当前危机的改革蓝图，"能动者据此相互竞争并

---

① Ira Katznelson and Helen V. Milner, eds., *Political Science: State of the Discipline*, New York: W. W. Norton and Company, 2002, p.597.

让危机叙事发挥建构性作用,从而确立新的制度演化轨迹"。① 可见,能动者的行动绝非自身物质利益的直接反映,而是受到他们对物质利益某种特定看法的驱使,因而可以说观念为利益提供了行动的可能性。② 其次,奥夫·佩德森和彼得·科杰在2001年最早提出话语制度主义,用来指称受话语理论和语言分析影响而强调话语效果的制度研究路径。③ 施密特围绕话语制度主义所发表的成果提升了这一流派的知名度,甚至不少学者认为建构制度主义和话语制度主义可以相互替代。施密特在分析欧洲资本主义发展和经济政策调整时指出,要想全面说明政治经济领域的变迁,就不能把视线局限于那些促成政策和实践的利益,也不能只关注制度的塑造作用和文化的架构作用;观念和话语能够让人们重新认识利益,从而重塑制度和再构文化。④ 她后来系统考察了观念的性质和类型、话语的内涵和动力机制,从观念和话语的角度重新解读制度以及制度的维系和变迁。最后,格林和李媛在2011年正式提出修辞制度主义的概念,他们认为马茨·阿维森发表于1993年的论文"作为修辞的组织——知识密集型企业以及运用模糊性的斗争"奠定了修辞制度主义的根基。阿维森指出"实在与现象从修辞、符号、相对主义及后现代主义角度审视并无实际区别",⑤ 主张从话语的语用学维度研究组织。受此启发,格林和李媛尝试从普遍的语言学分析和

---

① Colin Hay, "Ideas, Interests and Institutions in the Comparative Political Economy of Great Transformation", *Review of International Political Economy*, Vol. 11, No. 1, 2004, pp. 204 – 226.

② R. A. W. Rhodes, Sarah A. Binder, and Bert A. Rockman, eds., *The Oxford Handbook of Political Institutions*, Oxford: Oxford University Press, 2006, p. 68.

③ John Campbell and Ove Pedersen, *The Rise of Neoliberalism and Institutional Analysis*, Princeton: Princeton University Press, 2001, p. 6.

④ Vivien A. Schmidt, *The Futures of European Capitalism*, Oxford: Oxford University Press, 2002, p. 8.

⑤ Mats Alvesson, "Organizations as Rhetoric: Knowledge – intensive Firms and the Struggle with Ambiguity", *Journal of Management Studies*, Vol. 30, No. 6, 1993, pp. 997 – 1015.

专门的修辞学分析角度,"说明符号实践的策略运用如何对能动性产生使动性和约束性效应"。① 在他们看来,修辞活动蕴含的能动性表现为对符号加以策略使用,从主观经验角度建构出组织性事实或制度性事实,作为修辞者的行动者不会逆来顺受或循规蹈矩,他们积极采取策略并运用修辞来塑造知识形态乃至建构制度本身。②

综观建构制度主义的不同研究取向,它们分别侧重观念、话语和修辞,并具有不同的研究旨趣和理论主张,但对制度概念、制度变迁等议题的理解具有相似性。一方面,建构制度主义强调利益和制度的建构性质。该流派认为行动者头脑中关于自身处境的看法,和背景结构向行动者策略施加的影响同样重要。行动者的动机、偏好和欲求在根本上具有观念性和规范性特征,并非只是简单地反映物质环境和社会背景。制度建立在观念的基础上并受到观念的界定,制度甚至被看成是话语建构的产物,如施密特认为制度对具有感知能力的行动者而言是内在的,它既是约束行动者的心智及行为结构,又是行动者运用心智及行为创设和改变的建构物。③ 利益和制度的建构性质凸显了观念的重要性,建构制度主义的不同分支对观念的作用及其发挥作用的方式进行了探讨。其中,观念制度主义将观念的独立作用置于危急时刻和不确定状态下,或在划分观念类型的基础上考察不同类型的观念如何影响政策制定;④ 话语制度主义主张各式观念通过话语媒介而彼此沟通,进而导致制度的建构或

---

① Sandy Edward Green and Yuan Li, "Rhetorical Institutionalism: Language, Agency, and Structure in Institutional Theory since Alvesson 1993", *Journal of Management Studies*, Vol. 48, No. 7, 2011, pp. 1662–1697.

② Sandy Edward Green and Yuan Li, "Rhetorical Institutionalism: Language, Agency, and Structure in Institutional Theory since Alvesson 1993", *Journal of Management Studies*, Vol. 48, No. 7, 2011, pp. 1662–1697.

③ Vivien A. Schmidt, "A Curious Constructivism: A Response to Professor Bell", *British Journal of Political Science*, Vol. 42, No. 3, 2012, pp. 705–713.

④ [美] 约翰·L. 坎贝尔:《制度变迁与全球化》,姚伟译,上海人民出版社2010年版,第78页。

内生变迁；修辞制度主义揭示了修辞和语言对动机、行动、意义和制度发挥的建构作用，为建构逻辑增加了语言学维度。另一方面，建构制度主义致力于破解制度变迁的难题。新制度主义的三个传统流派对于从内生角度解释制度变迁往往力不从心，制度分析呈现出较强的结构约束性和历史决定论色彩，无法充分说明制度在形成之后所发生的调适和演变。建构制度主义学者则强调，观念是制度形成、维系或变迁的前提，制度中的能动者能够运用观念和话语对意义进行阐释并影响制度动态。例如，布利斯注意到危急时刻的观念竞争推动制度变迁；施密特认为身处特定语境下的行动者能够通过诠释、商谈、审议和正当化论述等活动，把个体思维凝聚为共同思考并转化为集体行动，"制度变迁在时间演进中随着观念和话语的变化而具有动态性和建构性的特征"。[1] 可见，作为能动性因素的观念、话语和修辞有助于揭示内生制度变迁的机理和途径。

总的来看，建构制度主义沟通了结构和能动的关联，缓和了新制度主义研究的社会本体性冲突，并在利益和制度的观念建构、内生制度变迁、制度演化的语言分析等方面取得实质性进展。它的兴起以及同其他流派的竞争性对话，反映了政治科学吸收社会学、语言学前沿成果并将观念和话语分析内化为自身组成部分。其中的观念分析揭示出观念所能发挥的效果取决于它同适宜情境的配合，政治观念通过恰当表述而具有说服力。话语分析则在现实方面综合了众多侧重观念和话语的公共政策分析，在理论方面为新制度主义政治学增添了沟通逻辑并致力于融合其他流派中的话语分析路径。然而，建构制度主义也存在一定的缺陷，如不同研究取向对话语等概

---

[1] Vivien A. Schmidt, "Taking Ideas and Discourse Seriously: Explaining Change through Discursive Institutionalism as the Fourth 'New Institutionalism'", *European Political Science Review*, Vol. 2, No. 1, 2010, pp. 1–25.

念的理解存在差异，这使建构制度主义作为独立流派的整合难度有所增加；建构制度主义学者在不同程度上存在倚重危急时刻而存有物质主义余烬、过于强调能动性因素而忽视权力等因素、混淆制度和观念的分野等问题。

在分别考察新制度主义政治学各流派的基础上，可以对它们的差异予以概括。如表2-1所示，四个新制度主义流派在多个方面将制度研究推向深入，但也在多个问题上存在分歧。

表2-1　　　　政治科学中新制度主义四种流派的差异

	理性选择制度主义	历史制度主义	组织分析制度主义	建构制度主义
理论路径	具体情境下的理论建模；适于简约分析	基于历史或制度对能动性予以情境化；路径依赖逻辑	基于文化或制度对能动性予以情境化；制度化背景下的适宜逻辑	制度变迁的关键时刻与现存复杂制度变迁的条件
理论假定	算计途径：工具性的理性行动者	文化逻辑与算计逻辑相复合的行动者	文化途径：遵循规范与习俗的行动者	策略性与社会性的行动者，表现多样的行为方式
分析路径	演绎	演绎、归纳	演绎、归纳	演绎、归纳
方法	数学建模	理论指导；历史性；叙述性	通常为统计性；有时为叙述性	理论指导的过程追踪；话语分析
制度概念	社会中的博弈规则	正式或非正式程序、惯例、规范与习俗	文化习俗，规范，认知框架	观念连同由其支撑的实践的编码系统
制度变迁	1. 关注制度的（积极）功能；2. 关注理性的制度设计	1. 关注制度创设中对后续演化施加的路径作用；2. 关注断续均衡却很少强调制度形成以后的制度变迁	1. 关注制度创设中既有制度模板的扩散作用；2. 关注制度化与相关适宜逻辑的均衡化效应	1. 关注政治机会结构的社会建构性质；2. 关注制度创设与制度形成以后的制度变迁；3. 关注制度变迁的观念前提

续表

	理性选择制度主义	历史制度主义	组织分析制度主义	建构制度主义
核心命题	有限理性	路径依赖	制度模板的扩散	危机的话语建构；政策范式得以常态化的制度化进程
弱点	功能主义；静态	过于静态	过于静态	不清楚利益与观念体系的起源；不清楚物质与观念因素的相对重要性
	理性选择制度主义、历史制度主义、组织分析制度主义均偏重于关注制度创设的时刻，也就是关注制度生成而非随后的发展			

注：绘制时稍有调整。

资料来源：R. A. W. Rhodes, Sarah A. Binder, and Bert A. Rockman, eds., *The Oxford Handbook of Political Institutions*, Oxford: Oxford University Press, 2006, pp. 58 – 59.

三 新制度主义政治学的内在张力和理论取向

新制度主义各流派的不同观点，既源于不同的研究传统，也源于更深层面的分歧。正如陈敦源所说，新制度主义学者对制度研究方法论上的"分析层次"与"研究途径"两个方面给予充分的认识。① 二者为我们理解新制度主义的内在张力特别是本体性两难（ontological dilemma）提供了线索。

（一）分析层次上的分歧：结构和能动

社会学者约翰·摩尔和哈里森·怀特注意到，社会学制度主义关注不同研究层面的问题，制度可以架通社会意义上的三个分野：微观的社会互动体系和中宏观的组织、符号和物质、能动和

---

① 陈敦源：《新制度论的范围与方法：一个理性选择观点的方法论检视》，《行政暨政策学报》2001年第3期。

结构。① 社会学者亚历山大·希克斯注意到，理性选择制度主义、社会学制度研究在关注社会行动者和社会规则或认知方面存在典型差异，并认为这是分析层次（level of analysis）和方法视角的差异。② 他们实际上触及新制度主义的根本分歧，即社会学者托马斯·科埃勃概述的制度研究和社会科学的基本问题——"我们应该如何解释人们所做之事？制度、组织及效用计算在决策当中发挥怎样的作用？应该如何权衡个体决策得以制定的制度性背景，以及诸如文化、社会规范和习俗之类更大的环境性因素？"③ 新制度主义各流派对个体选择、结构约束及其关系具有不同的看法，接下来从三个方面考察这些分析层次上的分歧。

首先，新制度主义在分析层次上的分歧表现为适宜逻辑和后果逻辑的不同。制度分析受到不同学科研究传统的深刻影响，在研究取向尤其是基本理论逻辑方面有着鲜明的学科烙印。理性选择制度主义产生于经济学研究传统，后者认为处于不同情境下的理性经济人以策略性行动做出选择，确保后果符合自身偏好。组织分析制度主义产生于社会学研究传统，后者以方法论整体主义、聚焦社会的构成这一核心问题、关注社会规范和意识形态等因素对个体行为的塑造为特点。有研究者指出，经济学完全是一门关于做出选择的学科，社会学完全是一门关于为何无法做出决定的学科。④ 在上述学科的影响下，组织分析制度主义学者和部分历史制度主义学者倾向于用适宜逻辑解释行动者在特定制度下的行为，理性选择制度主义

---

① John W. Mohr and Harrison C. White, "How to Model an Institution", *Theoretical Sociology*, Vol. 37, No. 5, 2008, pp. 485–512.

② Alexander Hicks, "Is Political Sociology Informed by Political Science", *Social Forces*, Vol. 73, No. 4, 1995, pp. 1219–1229.

③ Thomas A. Koelble, "The New Institutionalism in Political Science and Sociology", *Comparative Politics*, Vol. 28, No. 1, 1995, pp. 231–243.

④ 由詹姆斯·杜森伯利最早提出。参见 Kenneth A. Shepsle, "Studying Institutions: Some Lessons from the Rational Choice Approach", *Journal of Theoretical Politics*, Vol. 1, No. 2, 1989, pp. 131–147.

学者则坚持后果逻辑。建构制度主义学者反对从遵守规则的角度理解制度逻辑,而是关注主体在结构中的互动情况,以主体间性的交往逻辑认识制度对行为的影响。

其次,新制度主义在分析层次上的分歧还表现为文化途径和算计途径的不同。适宜逻辑的发生机制在于,个体总是嵌植在文化或组织的场域中,他们的自我利益和个体效用由文化、组织等因素决定或塑造。由于组织分析制度主义重视文化、社会和组织认同对个体利益的界定作用,[①] 历史制度主义同样坚持社会背景和观念因素的重要性,因而海伊和温科特认为组织分析制度主义和部分历史制度主义在一定程度上采取文化途径这一社会本体性。[②] 与此相反,理性选择制度主义坚持算计途径,主张个体及其策略性的算计行动应该成为制度分析的核心。赫伯特·西蒙从文化途径出发,对算计途径提出批评。他认为,个体在作出决定时几乎从未建立效用函数并据此计算成本和收益。[③] 建构制度主义强调以更加动态的方式进行制度分析,由于无法从制度结构推导出主体的行动逻辑,新制度主义需要引入观念、话语、修辞等资源来减少制度分析本身的决定论色彩。

最后,新制度主义在分析层次上的分歧实质上是结构和能动的张力。结构和能动的关系或者说客体性和主体性的关系,构成了社会科学的核心问题,它涉及究竟是整体还是个体在社会事实的确立上发挥主导作用。在制度研究中,对应结构的范畴是制度或制度性结构,对应能动的范畴是个体行动者的能动程度。政治学者威廉·罗伯兹·克拉克根据结构和能动的关系将新制度主义划分为两个不

---

① Thomas A. Koelble, "The New Institutionalism in Political Science and Sociology", *Comparative Politics*, Vol. 28, No. 1, 1995, pp. 231–243.

② Colin Hay and Daniel Wincott, "Structure, Agency and Historical Institutionalism", *Political Studies*, Vol. 46, No. 5, 1998, pp. 951–957.

③ Thomas A. Koelble, "The New Institutionalism in Political Science and Sociology", *Comparative Politics*, Vol. 28, No. 1, 1995, pp. 231–243.

同的分支：围绕能动的制度主义和基于结构的制度主义。① 组织分析制度主义、理性选择制度主义大致上分别以结构和能动作为自身的社会本体性，并且都关注结构和能动的关系；历史制度主义没有明确的本体性立场，常常在结构和能动之间游移不定，认为"制度可以对政治策略产生重要的塑造或约束作用，但它们本身同样是针对政治冲突或政治选择的深思熟虑的后果"。② 建构制度主义学者将结构理解为社会建构物，强调结构与能动始终处于互动之中，提出了看待结构与能动关系的独特视角，赋予制度理论更大的能动性。可见，新制度主义各流派均承认制度约束和个体选择具有重要意义，但在结构和能动究竟何者居于首要地位这个问题上存在深刻分歧。因此有研究者提出，制度研究的内在矛盾体现在新制度主义各流派以某种方式解释被假定具有自主性的行动者为何会接受来自制度的约束，并指出解决该问题的关键在于解释结构对政治行为的作用，以及说明人类能动性所具有的重要角色。③

（二）研究途径上的分歧：解释和诠释

新制度主义内在张力的另一个表现是，在"研究途径"方面存在着"社会科学是否可被称作科学"的争议。这个在社会科学研究中从未弥合的"认识性争议"，在陈敦源看来主要体现为"科学解释"（scientific explanation）和"系统诠释"（contextual interpretation）的分歧。④ 其中，科学解释指社会科学应当如同自然科

---

① William Roberts Clark, "Agency and Structure: Two Views of Preferences, Two Views of Institutions", *International Quarterly*, Vol. 42, No. 2, 1998, pp. 245-270.

② Colin Hay and Daniel Wincott, "Structure, Agency and Historical Institutionalism", *Political Studies*, Vol. 46, No. 5, 1998, pp. 951-957.

③ B. Guy Peters, *Institutional Theory in Political Science: The New Institutionalism*, Cheltenham: Edward Elgar Publishing, 2019, pp. 235-237.

④ 陈敦源：《新制度论的范围与方法：一个理性选择观点的方法论检视》，《行政暨政策学报》2001年第3期。

学那样，寻找到一般通则作为理论建构的基础。系络诠释则对建立一种有关人的科学的可能性持有保守的态度，主张通过诠释人的行为和信念来理解社会问题。新制度主义在研究途径和分析层次上的分歧如图 2-1 所示：

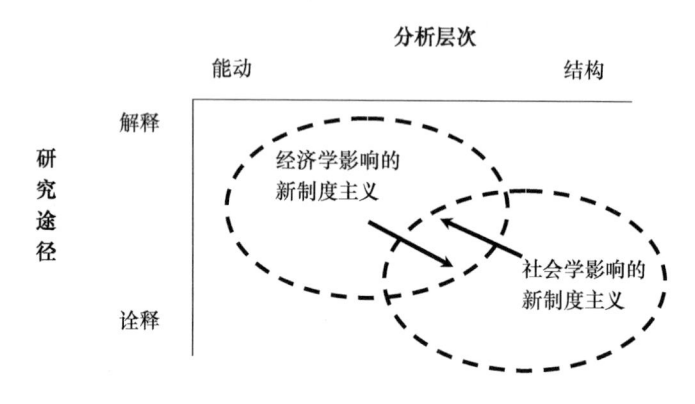

图 2-1　新制度主义从方法论上的分类

资料来源：陈敦源：《新制度论的范围与方法：一个理性选择观点的方法论检视》，《行政暨政策学报》2001 年第 3 期。

由于经济学拥有高度理论化和科学化的追求，受其影响的理性选择制度主义也以科学化的方法从事制度研究，并构成实证政治科学的主要路径。它通常从抽象的逻辑假定出发，使用数学工具对相应数据进行实证分析，以期得出具有普遍适用性的结论。不同于理性选择制度主义，历史制度主义更为重视重大而复杂的疑难问题，对长期事件过程充满兴趣，并没有十分强烈的建构精致理论框架或得出普遍适用结论的抱负。社会学的制度研究虽然使用统计方法，但因研究对象多为宏大的社会现象，因而很难在科学化的理论建构方面取得同经济学或理性选择制度主义一样的成果。

不仅如此，新制度主义各流派还在科学化和理论化的问题上存在激烈的争议。理性选择制度主义学者往往批评历史制度主义缺乏普遍性的理论体系，对事件进行"故事叙述"而非理论解释。部分历史制度主义学者也对本流派在理论的普适性程度和可证伪能力上的不足进行了反思。① 然而，多数历史制度主义学者并不认同理性选择制度主义的精致化理论模式，也不持有理想化的、一般通则式的科学抱负。例如，针对理性选择理论将其理论模式无限概括这一现象，皮尔逊和斯考切波作出过严厉的批评。② 西伦和斯坦莫反对政治科学尤其是比较政治学对科学化的过度强调，认为以物理学方式构建政治理论会使政治科学走向化约论（reductionism），为了得到精致却不切实际的通则而忽略人类政治行动内在的复杂性。③ 两位研究者还援引比较政治学者阿尔蒙德和斯蒂芬·甘柯对社会科学过分科学化的批评："对于那些出于哲学或方法论理由的社会科学研究者来说，如果他们将人类行为看作如同钟表计时那样，对某些解释逻辑要么有着简单的反应要么看成其后果的话，这不啻于根据经验上可以证伪的假设来构建科学"。④

（三）新制度主义政治学的理论取向

新制度主义四个流派的产生和蓬勃发展，使政治科学在一定程度上弥补了行为主义忽视制度的不足，为进一步扩展制度研究的空间奠定了必要的基石。但不同流派在一定程度上展现出彼此竞争的色彩，它们在分析层次和研究途径上的差异为获得一个更具内在一致性的新制度主义政治研究范式设定了障碍。那么，能否建立一个更具广包性的新制度主义政治研究框架呢？马奇和欧森早在那篇奠

---

① Ellen M. Immergut, "The Theoretical Core of the New Institutionalism", *Politics & Society*, Vol. 26, No. 1, 1998, pp. 26–34.
② Ira Katznelson and Helen V. Milner, eds., *Political Science: State of the Discipline*, New York: W. W. Norton and Company, 2002, pp. 693–721.
③ Sven Steinmo, Kathleen Thelen, and Frank Longstreth, eds., *Structuring Politics: Historical Institutionalism in Comparative Analysis*, New York: Cambridge University Press, 1992, p. 7.
④ Gabriel A. Almond and Stephen J. Genco, "Clouds, Clocks, and the Study of Politics", *World Politics*, Vol. 29, No. 4, 1977, pp. 489–522.

定新制度主义兴起的重要论文中,就提出了以更为一般化的视角看待制度理论建构的可能性。① 有基于此,接下来将考察新制度主义政治学的理论取向。

首先,新制度主义政治学需要充分认识政治科学的科学化与人文化这两个重要取向。很多研究者强调社会科学和自然科学的区别,并不主张完全采用自然科学的研究方式,而政治科学在社会科学中的特有属性,也使其在科学化方面有着更为特殊的立场。吉登斯指出,"在逻辑清晰的理论建构和严格规范的经验研究方面,社会科学与自然科学有许多共同之处。但是,社会科学不是徒劳无功地跟在自然科学这艘豪华舰艇后面的破船。尽管它们拥有许多相同的航程,但它们毕竟是在不同的海洋上航行"。② 何俊志也指出政治科学是一门特殊的社会科学,"它的学科性质既不同于自然科学,也不同于一般的社会科学。政治科学与自然科学的差异表现为:在获取知识的方式上,政治科学很难像自然科学那样通过对变量加以分离和控制的实验途径来获取知识;在研究对象上,政治科学的研究对象并不像自然科学那样具有严格的可重复性"。③ 尽管不能完全效仿自然科学,但政治科学在学科确立之后开启了科学化历程,在对真实世界进行可靠观察的基础上开展经验性的研究,使用科学的研究手段探究因果关系并揭示规律。然而,政治科学始终无法摆脱科学化的困境,正如英国政治学者安德鲁·海伍德所言,建构社会科学的尝试必然面临三个难题,即准确资料的获取,隐含价值的存在使政治科学研究很难开展,以及社会科学研究中很难实

---

① James G. March and Johan P. Olsen, "The New Institutionalism: Organizational Factors in Political Life", *American Political Science Review*, Vol. 78, No. 3, 1984, pp. 734–749.

② [英]安东尼·吉登斯:《社会理论与现代社会学》,文军、赵勇译,社会科学文献出版社2003年版,第19页。

③ 何俊志:《结构、历史与行为:历史制度主义对政治科学的重构》,复旦大学出版社2004年版,第23—24页。

现政治中立性。①

其次,新制度主义政治学需要在概念分析和理论建构方面取得平衡。对新制度主义各流派进行一致化的理论建构是必要的,但很多主张新制度主义各流派展开充分对话的理论者,并不提倡只是做出粗糙的综合。② 马奇和欧森肯定了建立政治制度理论的必要性和可能性,但也指出建立一套全面的政治制度理论框架是一项任务艰巨且规模巨大的工作。③ 因此,在对新制度主义各流派进行理论综合的过程中,必须降低理论概括性和抽象性的要求,也就是在立足于当前新制度主义研究成果的同时,适度地容纳既有制度研究中的差异,创造性地提出政治研究中一般化的制度理论。吉登斯对现代社会学理论发展的见解可以为政治制度的理论建构提供参考,他对"理论建构这个概念以及社会学理论的首要关注点——即社会世界的一般建构的观点——有许多保留"。在吉登斯看来,"'理论建构'带有经过精心思考抽象而来的预设成分,它与经验观察的累积有关",因而在实现目标上存在很多问题。而在社会科学中,"概念创新至少与有创意的理论解释一样重要,因为这种概念的创新开辟了看问题的新维度"。④ 英国政治哲学学者托马斯同样认为,"理智探究并不存在截然分明的界限,概念分析也是理论化的一种形式"。⑤ 可见,对于制度分析中的重要概念予以充分的创造性界

---

① [英]安德鲁·海伍德:《政治学》,张立鹏译,中国人民大学出版社2006年版,第21—22页。

② Peter A. Hall and Rosemary C. R. Taylor, "Political Science and Three New Institutionalisms", *Political Studies*, Vol. 44, No. 5, 1996, pp. 936 - 957.

③ James G. March and Johan P. Olsen, "The New Institutionalism: Organizational Factors in Political Life", *American Political Science Review*, Vol. 78, No. 3, 1984, pp. 734 - 749.

④ [英]安东尼·吉登斯:《社会理论与现代社会学》,文军、赵勇译,社会科学文献出版社2003年版,第46—47页。

⑤ [英]杰弗里·托马斯:《政治哲学导论》,顾肃、刘雪梅译,中国人民大学出版社2006年版,第23页。

定，也是制度理论建构的题中之义。

最后，新制度主义政治学的理论建构需要关切结构和能动的关联问题。社会理论的中心问题是结构和能动的关联，而理解政治生活的核心问题是选择和约束。① 在新制度主义政治学的理论建构中，不能认为制度或结构性要素决定个体行为，也不能认为个体能动性是独立于制度约束或决定结构性要素的先在力量。吉登斯指出，应该抵制这样的"二元论"观点并代之以更为恰当的"结构的二重性"理解方式，即"人类行动与结构在逻辑上是相互关联的"。当结构被理解为社会系统的集体特性形式所涉及的制度和资源，并在时空跨度中被复制出来时，它正是构成人类能动之中"人类"因素的主要媒介。与此同时，能动也是结构的媒介，个体在活动过程中不断复制这种结构。因此，所有的社会生活都具有循环往复的特性。② 将结构和能动理解为二重性而非二元论的结构化理论，在肯定结构的约束性作用的同时，也肯定了人类主体的主动性和创造性。它不仅反对把人视为受规则和外部结构限制的傀儡的观点，也反对没有约束的个体主义和主观主义的观点。③ 实际上，很多新制度主义学者同样强调结构和能动的相互作用。

拓展阅读

1. [美] 乔治·霍兰·萨拜因：《政治学说史》，盛葵阳、崔妙因译，商务印书馆1986年版。

---

① Sven Steinmo, Kathleen Thelen, and Frank Longstreth, eds., *Structuring Politics: Historical Institutionalism in Comparative Analysis*, New York: Cambridge University Press, 1992, p.28.
② [英] 安东尼·吉登斯：《社会理论与现代社会学》，文军、赵勇译，社会科学文献出版社2003年版，第239页。
③ [英] 菲利普·史密斯：《文化理论：导论》，张鲲译，商务印书馆2008年版，第217页。

2. [英] 安东尼·吉登斯:《社会理论与现代社会学》,文军、赵勇译,社会科学文献出版社 2003 年版。

3. James G. March and Johan P. Olsen, *Rediscovering Institutions: The Organizational Basis of Politics*, New York: Free Press, 1989.

4. B. Guy Peters, *Institutional Theory in Political Science: The New Institutionalism*, Cheltenham: Edward Elgar Publishing, 2019.

5. James G. March and Johan P. Olsen, "The New Institutionalism: Organizational Factors in Political Life", *American Political Science Review*, Vol. 78, No. 3, 1984.

6. Peter A. Hall and Rosemary C. R. Taylor, "Political Science and Three New Institutionalisms", *Political Studies*, Vol. 44, No. 5, 1996.

7. Ellen M. Immergut, "The Theoretical Core of the New Institutionalism", *Politics & Society*, Vol. 26, No. 1, 1998.

第三讲
理性选择制度主义

理性选择制度主义的发生路径

理性选择制度主义的内在逻辑

理性选择制度主义的意义评析

理性选择制度主义

理性选择制度主义自20世纪70年代产生以来，就在新制度主义政治学中占据重要地位，不仅是实证政治理论的主体内容，还构成新政治经济学研究的前沿领域。作为政治学与经济学交叉研究的成果，理性选择制度主义在新古典经济学的理性选择理论、社会科学的整体性脉络和新政治经济学路径中形成，并在上述理论的发展演化中不断强化身份认同。理性选择制度主义的研究方法包括理性选择分析、结构诱致均衡分析、内生制度变迁分析，核心议题涉及制度的生成、维系和变迁。对理性选择制度主义的意义评析可以从突出贡献、主要不足和发展前景三个方面展开，具体包括理性选择路径的制度分析、新制度经济学的纽带作用、新制度主义政治学内部的互通有无，以及政治学与社会科学的发展趋势。

一 理性选择制度主义的发生路径

在考察理性选择制度主义的发生路径之前，首先需要明确什么是理性选择制度主义，相关学者如何定义这个基本概念。认识理性选择制度主义的含义，有助于把握该流派的理论渊源、诞生背景、推动力量，并动态理解其演进过程。

（一）理性选择制度主义的基本定义

作为新制度主义政治学的一个重要派别，理性选择制度主义具有鲜明的特点和研究取向。许多研究者从理论缘起或焦点议题的角度来界定理性选择制度主义，各自呈现了理性选择制度主义的不同侧面。

从理论缘起的角度来看，一些学者强调理性选择制度主义延续了社会科学中政治学与经济学的交叉研究传统，尤其是继承了新制度经济学和理性选择理论。其一，理性选择制度主义被视为实证主义和经验主义的当代进展，在新制度主义政治学内部坚持了实证政治理论，反映了新古典主义经济学和新制度主义的综合影响。其二，理性选择制度主义被理解为"一种解释政治行动者理性选择的制度分析范式"，也被称为"制度性公共选择""制度性理性选择"以及"以行动者为中心的制度主义"。其三，一些研究者认为，理性选择制度主义是政治学受到新制度经济学影响而发展出来的理论路径，其突出特征在于借用新制度经济学的基本概念来分析政治问题，这些概念包括经济人假设、产权、交易成本等。其四，理性选择制度主义被看作传统理性选择理论纳入制度分析的产物，不同于早期的理性选择理论，它更重视政治制度的产生及其原因。

一些学术成果通过理论议题来把握理性选择制度主义。有学者认为，理性选择制度主义在个体层面探讨制度问题，以个体的理性假设为基础，采取演绎方法研究制度的产生、变迁和影响。还有学者认为，理性选择制度主义的兴起标志着政治科学议题和方法的调整。议题调整表现为从反思民主制度的困境、强调市场的作用，逐渐转向对制度结构的研究。方法调整则是从微观的动机分析，转变为从中观层面阐释行为与制度的相互作用。另一些学术成果从研究取向的角度界定理性选择制度主义。有学者主张，理性选择制度主义包括以谢普斯勒和温加斯特为代表的实证政治理论，以罗纳德·科斯和威廉姆森为代表的基于交易成本分析的企业理论，以诺思和玛格丽特·列维为代表的经济史研究。从这个意义上看，理性选择制度主义的研究对象涉及政治现象和经济现象，兼顾历史进程和当前走向。① 可以看到，理性选择制度主义是理性选择理论同制度分析相融合的结果，致力于为理性个体的离散行动提供组织背景和结构要素，在继承行为主义政治学和公共选择理论的科学化抱负的基础上，构成了当代实证政治理论的主体内容。

理性选择制度主义的理论和方法主要来自新古典经济学的理性选择理论，社会科学的整体演化脉络和多学科的板块运动也为其提供了前进动力。理性选择理论在20世纪70年代转向制度分析，形成了理性选择制度主义的萌芽，这意味着它与公共选择理论存在更多差异。此后，理性选择制度主义成为新制度主义政治学的主要流派之一，并在博弈理论、组织理论、政治经济分析、比较历史分析等路径上不断塑造身份认同和发展走向。

(二) 理性选择制度主义的理论渊源

理性选择理论不仅是理性选择制度主义得以命名的依据，还通过提供理论内核的方式使其具有实证政治分析和新古典经济学的研究取向。理性选择制度主义从理性选择理论发展而来，这使其区别于历史社会学、组织社会学以及新制度主义政治学的其他流派。

20世纪五六十年代，政治学研究经历了行为主义革命。政治学者在社会学和心理学理论和方法的影响下，愈发追求实证主义的科学化目标，部分遵循新古典主义信条的经济学者将视线投向政治领域的决策活动和选择行为。新古典经济学重视形式化的演绎分析和数理化的研究工具，作为其理论基础的经济人假设涵括一般均衡、固定偏好、个人主义等基本假设。理性选择理论不仅具有社会

---

① [韩]河连燮：《制度分析：理论与争议》，李秀峰、柴宝勇译，中国人民大学出版社2014年版，第36页。

选择、集体选择和公共选择三重向度,还将新古典经济学应用于政治世界的现实分析和理论构建。举例而言,肯尼斯·阿罗在《社会选择与个人价值》一书中主张,社会选择有两种基本方式,一是作为政治决策的投票活动,二是作为经济决策的市场活动。这两种方式及其内在程序是一致的,都无法从个体偏好中推导出社会偏好。① 阿罗的学生安东尼·唐斯在《民主的经济理论》一书中,将一般均衡假设引入两党制下的投票行为分析,指出选民偏好对政治制度稳定发挥决定性作用。他认为,包括选民、政党和政府在内的政治行动者,本质上与消费者、生产者是一样的,"总是在给定的制度和非制度约束下,最大限度地追求自己的私利"。这种对制度的初步探索同样意味着,唐斯的研究成果"构成了将经济学应用于理解人类生活合理秩序的知识努力的具有永久价值的一部分"。② 阿罗与唐斯对理性选择理论具有开创之功,他们开辟的公共选择学派向传统的政治学研究和行为主义政治学发起挑战。戈登·塔洛克在寻租活动和官僚体制研究方面成果丰硕,他指出理性选择理论的分析路径"在本质上是利用经济学的工具解决传统上属于政治科学的一些问题"。③ 理性选择理论被众多政治学者广泛应用于官僚

---

① Kenneth J. Arrow, *Social Choice and Individual Values*, New York: Yale University Press, 1963, pp. 1 – 2. 英国经济学者邓肯·布莱克在1948年探讨政治选择的理论内涵时指出,市场选择机制与选举选择机制具有一定相似性,他在1958年出版的《委员会与选举理论》,被大西洋对岸的美国公共选择学派奉为先驱之作。参见 Duncan Black, "On the Rationale of Group Decision – making", *Journal of Political Economy*, Vol. 56, No. 1, 1948, pp. 23 – 34; Duncan Black, *The Theory of Committees and Elections*, Cambridge: Cambridge University Press, 1958.

② [美]安东尼·唐斯:《民主的经济理论》,姚洋等译,上海人民出版社2017年版,译者序,第1—2页。

③ [美]戈登·塔洛克:《公共选择》,柏岳、郑景胜译,商务印书馆2015年版,第25页。公共选择理论的综述研究学者在近似意义上认为,"公共选择理论可以被界定为是对非市场决策的经济学研究,或者可以把它简单地定义为应用经济学去研究政治学"。参见[英]丹尼斯·缪勒《公共选择理论》,韩旭等译,中国社会科学出版社2010年版,第1—2页。

制度和立法机构研究，形成了有别于新古典经济学取向的均衡理论，相关成果逐渐发展成为理性选择制度主义。具体来看，理性选择制度主义的理性选择内核具有丰富的内容，包括理性假设、约束规则、策略选择与均衡结果。一些学者认为，个体的行为选择及其累加，能够为宏观政治过程提供微观基础，其中规则是一种约束形式，可以对策略互动产生重大影响。① 谢普斯勒作为理性选择制度主义的奠基学者，在讨论理性内涵、行为选择和制度根基时，将理性选择理论看作研究起点，认为理性选择制度主义是制度研究中的理性选择理论。

（三）理性选择制度主义的诞生背景

理性选择制度主义诞生于社会科学多个学科的板块作用之下。处于不同学科交错地带的组织理论以及新制度经济学的相关成果，促使部分公共选择学者修正新古典主义假设，并在政治学与经济学的制度研究转向过程中，推动理性选择制度主义的确立。

公共选择学派运用理性选择理论来分析政治现象，展示了政治学与经济学相互交织的研究取向，这为理性选择制度主义的产生提供了学理资源。新古典经济学理论存在诸多不足，其关注对象和适用范围较为有限，往往忽视组织分析的相关要素和权力运行的内在逻辑。公共选择学派沿袭了理性选择理论特别是社会选择机制研究对选举活动和市场活动的重视，强调自利倾向导致的政治后果，将制度定义为可供行动者选择的具有严格规范形式的各类规则。② 公共选择学者特里·莫伊指出，不少理性选择理论学者注重使用新古典经济学的市场模型来分析科层制问题，但是在经济组织理论的影

---

① Mark Ivring Lichbach and Alan S. Zuckerman, eds., *Comparative Politics: Rationality, Culture, and Structure*, Cambridge: Cambridge University Press, 2009, pp. 127 – 128.

② Jan – Erik Lane and Svante Ersson, *The New Institutional Politics: Performance and Outcomes*, New York: Routledge, 2000, p. 4, p. 19.

响下，公共选择学派尝试突破新古典企业理论的分析局限，从组织分析的契约角度关注科层控制活动，以委托代理模型对公共官僚机构与管理者的政治实践进行实证分析。① 莫伊对经济学中组织理论的重视表明，他认同科斯开创的新组织经济学路径，接纳了西蒙开创的组织行为学路径，从政治学的角度对两者进行整合。1990年，莫伊指出公共选择学派的新古典主义立场过于强调社会选择的技术分析，错误地将政治因素从结构选择中剥离出来。他提出借鉴新制度经济学的交易成本理论，在建构政治制度的实证理论的过程中，重新纳入作为政治分析核心要素的权力。② 同一时期，新经济史与制度变迁理论学者指出，理性选择模型在政治学研究中存在一定局限。诺思抨击了工具理性和有效市场这两个假设，指出它们相比交易成本分析存在诸多不足。③ 对理性选择制度主义来说，1990年具有特殊意义，诺思在这一年出版了《制度、制度变迁与经济绩效》一书，从博弈理论的角度给出制度的经典定义，并提出路径依赖理论和制度变迁理论。他认为，经济史和制度分析的结合，能够提供更加动态的制度研究图景。诺思是华盛顿大学新政治经济学派的代表人物，更是新制度经济学制度分析途径的开创者，新政治经济学和新制度经济学均构成理性选择制度主义的学理资源。在诺思看来，作为事关选择的一门学科，当代主流经济学应当重视选择得以发生的背景，理性选择制度主义和新制度经济学应当从动态角度理解经济变迁的过程，"关注人类提出的解释自身环境的信念，以及人类为塑造自身环境所创立的政治的、经济

---

① Terry M. Moe, "The New Economics of Organization", *American Journal of Political Science*, Vol. 28, No. 4, 1984, pp. 739–777.

② Terry M. Moe, "Political Institutions: The Neglected Side of the Story", *Journal of Law, Economics and Organization*, Vol. 6, No. 1, 1990, pp. 213–253.

③ Douglass C. North, "A Transaction Cost Theory of Politics", *Journal of Theoretical Politics*, Vol. 2, No. 4, 1990, pp. 355–367.

的和社会的制度"。① 公共选择学者虽然具有实证政治理论的身份认同,但他们较少从根本上质疑新古典经济学的相关假设。以诺思为代表的新制度经济学者,把理性选择理论的完备理性和外生偏好修正为有限理性和内生偏好,将个体或集体的策略行动置于特定的组织环境中,还运用认知科学和渐进变迁理论对制度及其演化作出分析。因此,当受诺思影响的经济学者和政治学者采取理性选择理论的新制度主义分析途径时,就会不可避免地偏离新古典经济学的理性模型。②

(四) 理性选择制度主义的推动力量

理性选择制度主义得以正式确立的推动力量,主要是实证政治理论在社会科学领域的持续发展。随着实证政治分析在公共选择理论中不断壮大,许多研究者在构建一般理论的目标的驱动下,审视政治制度对偏好累加和策略行为的影响,运用博弈理论揭示制度生成、选择和维系的过程。理性选择路径的制度研究开始发生变化,更多体现出政治学的理论建构意识和科学研究色彩。

在理性选择理论和公共选择理论中,居于核心地位的是源自新古典经济学传统的一般均衡理论及其分析模型。公共选择理论学者倾向于采用精致的数理方法和博弈理论作为基本工具,认为行动者的固定偏好、策略行为和政治结果导致了均衡状态,这也构成了公共选择理论和实证政治理论的分析基础。从均衡分析来看,根据阿

---

① [美] 道格拉斯·诺思:《理解经济变迁过程》,钟正生等译,中国人民大学出版社 2013 年版,第 3、11—12 页。莫伊也曾指出公共选择学派在分析政治现象时,对理性选择理论只是有选择地运用。参见 Terry M. Moe, "Political Institutions: The Neglected Side of the Story", *Journal of Law, Economics and Organization*, Vol. 6, No. 1, 1990, pp. 213 – 253.

② 诺思对经济学分析中理性概念的理解可堪玩味,他认为理性一词指的是解释逻辑的一致性,以及原则上可被经验予以验证。参见 [美] 道格拉斯·诺思《理解经济变迁过程》,钟正生等译,中国人民大学出版社 2013 年版,第 155 页。

罗和唐斯等学者的预测，政治生活应常常表现为无序状态，且呈现出多数决定的循环论，但是这种预测却与现实情景大相径庭，公共选择理论必须解释政治生活中的稳定状态。相比于塔洛克代表的主流公共选择理论和威廉·赖克代表的主流实证政治理论，为理性选择制度主义奠定基础的谢普斯勒和温加斯特更加注重制度因素，他们对稳定或均衡的看法显然不同于其他公共选择学者。1979年，谢普斯勒考察了美国国会的投票行为，指出国会投票的稳定状态受到制度的结构性规制作用的影响。这种结构诱致均衡的视角有别于一般理性选择理论的偏好诱致均衡，后者是公共选择理论和新古典经济学的假设。结构诱致均衡的观点认为，政治行动者的偏好分布和其他效用函数，并非导致均衡状态的关键因素，这是因为均衡存在与否以及均衡处于哪个位置，实际上由制度安排和制度实效所决定。[1] 作为理性选择制度主义的核心概念，结构诱致均衡的提出是理性选择制度主义确立的标志，引发了理性选择理论学者和公共选择学者的持续对话，进一步增加了这一分析工具的影响力。具体而言，赖克认为某些偏好集合能够在特定制度的作用下产生均衡状态，但他根据新古典经济学的一般均衡假设指出，制度本质上是偏好的汇集，结构诱致均衡是偏好诱致均衡的结果，因此结构诱致均衡分析框架的根据并不牢固。[2] 为了更好地回应赖克的攻讦，谢普斯勒和温加斯特借鉴了新制度经济学的基本理论和分析方法，进一步阐释结构诱致均衡的内在机理，指出实证政治分析不应舍弃制度

---

[1] Kenneth A. Shepsle, "Institutional Arrangements and Equilibrium in Multidimensional Voting Models", *American Journal of Political Science*, Vol. 23, No. 1, 1979, pp. 27 – 60. 同样在1979年，谢普斯勒的同事温加斯特以相近方式探讨并重申了这一论旨，指出议员并未按赖克提出的最小获胜联盟开展博弈活动，而是在制度安排的导引下表现出相对一致的行为。参见 Barry R. Weingast, "A Rational Choice Perspective on Congress Norms", *American Journal of Political Science*, Vol. 23, No. 2, 1979, pp. 27 – 60.

[2] William H. Riker, "Implications from the Disequilibrium of Majority Rule for the Study of Institutions", *American Political Science Review*, Vol. 74, No. 2, 1980, pp. 432 – 446.

的必要细节，简单化的偏好汇集分析并不能建构起有效的理论框架。① 在此基础上，谢普斯勒区分了制度均衡（institutional equilibrium）与均衡制度（equilibrium institutions）。制度均衡指特定制度形态所产生的均衡结果，用来概括结构诱致均衡的理论主张。均衡制度主要用来考察制度的内生变迁，从博弈过程角度探讨制度如何被选择并得以维系。② 1989 年，谢普斯勒提出理性选择理论学者应将社会选择理论、博弈理论、决策理论运用于制度分析，并把自己归入理性选择理论的制度研究阵营，这意味着理性选择制度主义的先驱学者在一定程度上与公共选择理论和实证政治理论的研究者划分界限。③ 马克·贝维尔和香农·斯汀森指出，从狭义上看，理性选择制度主义等同于谢普斯勒和温加斯特的学术贡献。④ 罗彻斯特学派的莫里斯·费欧里纳虽然质疑新制度主义的新颖程度，但他从实证政治理论的发展脉络审视理性选择制度主义，提出新制度主义侧重理性意义上的能动性。⑤

以上提到的学者大多来自新政治经济学的华盛顿学派，其成员包括诺思、列维、谢普斯勒、温加斯特、约拉姆·巴泽尔、基斯·雷福勒、乔尔·米格代尔、桥本昌典、张五常等人，他们在新制度经济学领域造诣颇深。后文提到的杰克·奈特求学于华盛顿大学，受到诺思、列维、谢普斯勒的指导。华盛顿学派的学术旨趣和研究

---

① Kenneth A. Shepsle and Barry R. Weingast, "Structure – induced Equilibrium and Legislative Choice", *Public Choice*, Vol. 37, No. 3, 1981, pp. 503 – 519.

② Herbert Weisberg, ed., *Political Science: The Science of Politics*, New York: Agathon Press, 1986, pp. 51 – 52.

③ Kenneth A. Shepsle, "Studying Institutions: Some Lessons from the Rational Choice Approach", *Journal of Theoretical Politics*, Vol. 1, No. 2, 1989, pp. 131 – 147.

④ Robert Adcock, Mark Bevir and Shannon C. Stimson, eds., *Modern Political Science: Anglo – American Exchanges Since 1880*, Princeton: Princeton University Press, 2007, pp. 260 – 261.

⑤ Morris Fiorina, "Rational Choice and the New Institutionalism", *Polity*, Vol. 28, No. 1, 1995, pp. 107 – 115.

成果，为新制度经济学与理性选择制度主义的演化成形提供了理论和方法。华盛顿学派的代表人物诺思和张五常以新古典经济学为基石，推动新制度经济学的产权分析和理性选择制度主义的制度研究的发展，在交易成本、制度、国家等议题上展示了新政治经济学的研究特色。华盛顿学派虽然在理性预设、微观视角和交叉研究方面存在一些局限，但在认知科学、国家研究、历史分析、细节描述方面蕴含潜力。从学术影响来看，华盛顿学派的产生主要得益于诺思，他早期任教于西雅图的华盛顿大学，1982年前往圣路易斯的华盛顿大学，以这种方式将两所学校更为紧密地联系起来。圣路易斯的华盛顿大学的谢普斯勒、温加斯特、奈特等学者，此前不同程度地受到西雅图的华盛顿大学研究成果的影响。当时正在推动圣路易斯成为理性选择制度主义的学术重镇。诺思从西雅图来到圣路易斯，标志着华盛顿学派的学术阵地和研究重心的转移。此后，新政治经济学者的政治学意识更加突出，与理性选择制度主义的联结也日益密切。新政治经济学的华盛顿学派作为制度分析的中坚力量，其核心议题非常广泛，涉及交易成本、产权分析、合同分析、制度变迁、国家理论，这些议题同时构成了理性选择制度主义的主要内容。更重要的是，华盛顿学派沟通了政治学研究和经济学研究，在新政治经济学的基础上复兴了制度研究，相关学者及其研究成果也被纳入宽泛意义上的理性选择制度主义。

（五）理性选择制度主义的发展演进

理性选择制度主义的演化路径同政治学的实证主义和经验主义研究联系紧密，公共选择理论和新制度经济学的学术资源成为其延展范围与深化内容的动力。理性选择制度主义在博弈理论、组织理论、比较历史分析、新政治经济学等主要路径上，为实证政治理论和新制度主义政治学积累了有益经验。

20世纪80年代，熟稔运用理性选择理论的新制度主义学者的自觉意识与身份认同更加凸显,并在90年代正式提出理性选择制度主义这一名称。理性选择制度主义作为英美政治学实证主义和经验主义研究取向的当代进展,一方面反映了新古典经济学和新制度主义的相互影响,另一方面在新制度主义政治学中发扬了实证政治理论。① 1996年,霍尔和泰勒正式提出理性选择制度主义这一术语,他们认为理性选择制度主义、历史制度主义、社会学制度主义是新制度主义政治学的主要流派。② 同年,马克·利希巴赫和阿兰·朱克曼编写的《比较政治:理性、文化和结构》一书出版,他们认为比较政治学存在理性、文化、结构三重取向。本讲认为这三重取向可以大致对应理性选择制度主义、组织分析制度主义、历史制度主义。利希巴赫和朱克曼认为理性、文化、结构取向的差异主要在于本体论的不同,"理性主义者研究行动者如何运用理智满足他们的利益,文化主义者研究构成个体和群体身份的规则,而结构主义者则探讨制度背景下行动者之间的关系"。③ 1999年,彼得斯在《政治科学中的制度理论:新制度主义》一书中提出,理性选择制度主义的制度研究包含委托代理分析、博弈分析、规则分析三种模型。④

20世纪90年代以来,理性选择制度主义的发展历程并未得到

---

① 政治科学史史学者准确指出,新制度主义政治学的不同流派均没有超越第二次世界大战后美国政治传统中的现代主义基础上的经验主义和新实证主义。参见 Robert Adcock, Mark Bevir, and Shannon C. Stimson, eds., *Modern Political Science: Anglo-American Exchanges Since 1880*, Princeton: Princeton University Press, 2007, p. 259. 而在新制度主义政治学者那里,理性选择制度主义尤其带有实证主义和经验主义的色彩。参见 Vivien Lowndes and Mark Roberts, *Why Institutions Matter: The New Institutionalism in Political Science*, London: Palgrave Macmillan, 2013, p. 35.

② Peter A. Hall and Rosemary C. R. Taylor, "Political Science and the Three New Institutionalisms", *Political Studies*, Vol. 44, No. 5, 1996, pp. 936–957.

③ [美] 马克·利希巴赫、阿兰·朱克曼编:《比较政治:理性、文化和结构》,储建国等译,中国人民大学出版社2008年版,第7页。

④ B. Guy Peters, *Institutional Theory in Political Science: The New Institutionalism*, Cheltenham: Edward Elgar Publishing, 2019, pp. 59–66.

系统梳理，许多研究者没有充分认识到理性选择制度主义在社会科学中具有跨学科和多脉络的背景。理性选择制度主义发展演进的主要线索，实际上蕴含在博弈理论、组织理论、比较历史分析、新政治经济学四个方面。从博弈理论路径来看，谢普斯勒、温加斯特、莫伊、兰德尔·卡尔弗特等学者推进了理性选择理论的新制度主义转向，他们重视制度性博弈情境对均衡结果的引导作用，在重复博弈、目标函数、政策偏好、职位偏好、逆向选择、道德风险等议题上深化了关于能动性问题的理解，并在非合作博弈均衡的理性沟通过程方面取得重要进展。[1] 从组织理论路径来看，谢普斯勒、莫伊等侧重政治机构与次级组织的规制性过程的学者，吸收了科斯和西蒙各自开创的组织背景分析和组织行为分析的有益成分，借鉴了诺思和威廉姆森的经济学新组织理论、埃莉诺·奥斯特罗姆和文森特·奥斯特罗姆的自主组织理论的成果。[2] 诺思和威廉姆森是新制度经济学的骨干学者，分别开创了新制度经济学的制度分析和组织分析脉络。奥斯特罗姆夫妇以实证主义的方式考察了奥尔森提出的集体行动逻辑，在此基础上阐发他们的多中心治理理论。从比较历史分析来看，诺思、温加斯特和长于经济史分析的阿弗纳·格雷夫，注重从宏观历史进程和特定事件的角度透视博弈理论和微观契约理论，他们为博弈分析的数理逻辑和抽象论证提供了历史素材和众多变量，不仅为新经济史研究配备了精致的分析工具，还扩展了实证政治理论所适用的时空维度。[3] 从新政治经济学分析来看，从

---

[1] R. A. W. Rhodes, Sarah A. Binder, and Bert A. Rockman, eds., *The Oxford Handbook of Political Institutions*, Oxford: Oxford University Press, 2006, p. 32; Jeffrey S. Banks and Eric Allen Hanushek, *Modern Political Economy: Old Topics, New Direction*, Cambridge: Cambridge University Press, 1995, pp. 225 – 226.

[2] Terry M. Moe, "The New Economics of Organization", *American Journal of Political Science*, Vol. 28, No. 4, 1984, pp. 739 – 777.

[3] Douglass C. North, John Joseph Wallis, and Barry R. Weingast, *Violence and Social Order: A Conceptual Framework for Interpreting Recorded Human History*, Cambridge: Cambridge University Press, 2012.

事非洲研究的理性选择理论学者罗伯特·贝茨,以及从事税收国家理论的代表学者列维,展示了政治发展研究中实证政治理论和新政治经济学的学术志向,分析了非合作博弈条件下政治与经济双重因素如何影响政策结果,考察了特定情境下关键行动者缺失时理性博弈活动的影响要素。①

二 理性选择制度主义的内在逻辑

理性选择制度主义涉及政治学、经济学、社会学等多个学科的研究路径,其发展演进的内在逻辑蕴含在理论建构、方法更新、议题深化三个层面,并在此过程中强化身份认同。理性选择制度主义的理论建构包括理性选择制度分析、结构诱致均衡分析、内生制度变迁分析,方法更新涵括分析性叙述、博弈均衡的历史研究、交易成本、否决点等研究模型,议题深化主要围绕制度生成、制度维系、制度变迁展开。

(一) 理性选择制度主义的理论建构

理性选择制度主义的理论建构突出体现为理性、选择、制度的复合框架,其中的持续张力和演进动力催生了相似的学理内核和相异的分析取向,建立在理性选择制度分析之上的结构诱致均衡分析和内生制度变迁分析,容纳多种方法工具和研究议题而使理性选择制度主义更具内聚性和开放性。

首先,就理性选择制度分析而言,理性选择制度主义初期阶段多从经济学角度看待行动者的选择活动,关注制度环境和物质因素

---

① Robert H. Bates, *Open Economy Politics: The Political Economy of the World Coffee Trade*, Princeton: Princeton University Press, 1997; Margaret Levi, *Consent, Dissent and Patriotism*, Cambridge: Cambridge University Press, 1997.

对演化变迁和策略均衡的限制，但不同理性选择制度主义学者对理性、选择、制度的理解存在分歧。① 在理性方面，理性选择制度主义虽致力于将理性选择和制度分析予以结合，但由于理性选择理论和有限理性理论难以调和且无法消解的内在矛盾，集体理性和个体选择的张力持续存在；② 有限理性的中间立场具有引入政治学与社会学相关分析视角和研究内容的可能，由此增加理性选择制度分析的复杂性。③ 在选择方面，理性选择制度主义的均衡制度和制度均衡观点，涉及制度背景下的最优化选择以及制度背景的内生化，这要求对行动者就制度变迁的预见能力和推动活动做出分析，并考察制度如何对行动者选择范围加以限制。④ 在制度方面，理性选择制度主义对制度的理解有贝茨和卡尔弗特所代表的均衡主义和诺思所代表的规则主义两种形式。前者倾向于将制度界定为某种策略均衡状态，后者倾向于将制度界定为可对行动者进行监督和奖惩的正式或非正式规则。⑤ 在理性选择制度主义的发展历程中，博弈理论及其方法受到更多重视，制度往往被定义为博弈规则或博弈的均衡结果以及博弈的参与者。

其次，就结构诱致均衡分析而言，前述理性选择制度分析的内在张力促使部分学者调整理性选择理论的核心假设并更加重视结构要素，推进结构诱致均衡的理论观点愈益精致。结构诱致均衡分析反对国家主义和功能主义的研究取向，认为个体行动者在集体选择

---

① Daniel Beland, *How Ideas and Institutions Shape the Politics of Public Policy*, Cambridge: Cambridge University Press, 2019, p. 6.

② Ove K. Pedersen, "Nine Questions to a Neo – institutional Theory in Political Science", *Scandinavian Political Studies*, Vol. 14, No. 2, 1991, pp. 125 – 148.

③ Junko Kato, "Institutions and Rationality in Politics: Three Varieties of Neo – institutionalists", *British Journal of Political Study*, Vol. 26, No. 4, 1996, pp. 553 – 582.

④ James E. Alt and Kenneth A. Shepsle, eds., *Perspectives on Positive Political Economy*, New York: Cambridge University Press, 1990, pp. 1 – 2.

⑤ John L. Campbell, *Institutional Change and Globalization*, Princeton: Princeton University Press, 2004, pp. 3 – 4.

的微观层面上扮演重要角色,并强调结构对选择活动发挥关键作用。① 与新制度主义政治学其他流派相比,理性选择制度主义善于以博弈理论考察约束个体决策的环境,将制度结构纳入决策制定者的策略集从而更新博弈理论。与此同时,理性选择制度主义将选择置于人际互动之中,这种对制度结构予以扩展的认识方式,有助于进一步理解制度结构的文化维度和理性选择的因果分析。② 在构建理性选择制度主义的一般分析框架时,奈特指出社会制度是互动当中的某些人对其他人施加限制的产物,不应忽视利益分配和制度约束之间的紧张关系。③ 埃莉诺·奥斯特罗姆也在相近意义上认为制度理论除了强调人类能动性,还应重视对人类选择形成约束的组织因素和物质因素,微观和宏观现象对不同实证理论与方法各有所需,应根据具体时空背景关注能动性与结构性的交互过程。④

最后,就内生制度变迁而言,前述理性选择制度分析的内在张力促使部分学者考察演化变迁和策略均衡的深层问题,进一步探讨制度如何内在地发生变迁。理性选择理论强调决策行动的算计特征和历史过程的效率取向,这种功利主义和功能主义的外生倾向为制度变迁的内生视角设下障碍。⑤ 温加斯特较早关注内生型制度,却不无狭隘地将其理解为制度对变迁的抵制,无意于从动态角度对制

---

① Robert H. Bates, "Comparative Politics and Rational Choice: A Review Essay", *American Political Science Review*, Vol. 91, No. 3, 1997, pp. 699–704.

② James E. Alt and Kenneth A. Shepsle, eds., *Perspectives on Positive Political Economy*, New York: Cambridge University Press, 1990, p. 24, p. 54.

③ Jack Knight, *Institutions and Social Conflict*, New York: Cambridge University Press, 1992, p. 19.

④ Elinor Ostrom, "New Horizons in Institution Analysis", *American Political Science Review*, Vol. 89, No. 1, 1995, pp. 174–178.

⑤ James G. March and Johan P. Olsen, "The New Institutionalism: Organizational Factor in Political Life", *American Political Science Review*, Vol. 78, No. 3, 1984, pp. 734–749.

度进行理解。① 理性选择制度主义的其他倡导者则重视内生制度变迁问题，认为制度变迁的推动者能够预见制度变化的影响，但这在一定程度上又重蹈功能主义旧辙。② 理性选择制度主义在内生制度变迁问题上所受到的质疑，也成为其更新理论观点和丰富理论内容的契机，由此反思制度变迁的外生起源、均衡状态的僵化路径、行为偏好的静态分析。一些学者借鉴经济史、比较政治经济学和比较历史研究，提出内生制度变迁的自我强化与叙事分析等研究路径，在吸收历史制度主义和组织分析制度主义制度变迁理论的基础上，延展分析的时间范围并重视非正式制度变迁。③ 概括来看，理性选择制度主义的制度变迁研究存在重外生变迁而轻内生变迁、重人为设计而轻自发演化、重正式制度而轻非正式制度的特点。一些理性选择制度主义学者尝试克服这些不足，更加重视内生制度变迁、制度的自发演化以及非正式制度等相关议题。

（二）理性选择制度主义的方法更新

理性选择制度主义的方法更新同理论建构和议题深化同步并进，与自身早期阶段和其他新制度主义流派相比，理性选择制度主义学者的方法工具在现实运用中形成了分析性叙述、博弈均衡的历史研究、交易成本、否决点等颇具代表性的研究模型。

首先，就分析性叙述模型而言，具有历史研究抱负的部分理性选择制度主义学者受到新制度经济学的经济史分析的启发，汲取跨学科分析工具而构建包含公共选择理论和博弈理论方法在内的研究

---

① Robert E. Goodin and Hans – Dieter Klingemann, eds., *A New Handbook of Political Science*, Oxford: Oxford University Press, 1996, p. 175.
② James E. Alt and Kenneth A. Shepsle, eds., *Perspectives on Positive Political Economy*, New York: Cambridge University Press, 1990, pp. 1 – 2.
③ Edward Anthony Koning, "The Three Institutionalisms and Institutional Dynamics: Understanding Endogenous and Exogenous Change", *Journal of Public Policy*, Vol. 36, No. 4, 2016, pp. 639 – 664.

模型。分析性叙述从经济学和政治学研究中借鉴故事讲述、事件解释和环境分析等方法工具，从历史学中吸收推演过程和深层阐释的叙述方式，并将两者结合起来对特定时期与特定环境的事件或案例展开深度分析。为了将理性选择分析更好地应用于宏观维度的国际和国内现实政治经济领域，贝茨、列维、温加斯特、戴维·赖汀等学者在具体问题的驱动下调整研究策略，对案例的外部情境和内部脉络采取过程分析以探究相关因果机制，并在契合宏观与微观、结构与能动的基础上"将产生结果的过程模型化，力图抓住故事的本质"。①

分析性叙述又称分析叙事，它把政治学和经济学的分析方法同历史学的叙事方法结合起来，与之相似的还有"历史的自然实验"方法。根据达隆·阿西莫格鲁、詹姆斯·罗宾逊等学者的观点，自然实验指的是这样一种情形："一些历史偶然因素或事件，在有些地区导致了经济、政治和社会的变化，而在对照地区却保持不变。如果不同地区经历的不同变化事实上是可以进行比较的，那么我们可以将发生变化的组作为实验中的实验组，其他组则相应地作为对照组"。② 历史片段的特殊性在于，"它可以被视为一个自然实验，给我们提供了提出一些更加精确的因果关系的可能性，而非通常而言被作为历史或社会研究中的案例。我们的文章表明，在特定背景下应用这些观念时什么是关键的，并且特别阐明了为将实际社会现象当做自然实验必须关注哪些方面。历史中充满了这样的潜在实验，只是历史学家尚未通过这种方式来思考。我们相信，系统地利用这些实验能够大大地改善我们对推动历史、社会、政治和经济变

---

① ［美］罗伯特·贝斯等：《分析性叙述》，熊美娟、李颖译，中国人民大学出版社 2008 年版，第 1—11 页。
② ［美］贾雷德·戴蒙德、詹姆斯·A.罗宾逊主编：《历史的自然实验》，李增刚译，中国人民大学出版社 2020 年版，第 291 页。

迁长期过程的重要力量的理解"。① 理性选择制度主义对历史分析的重视,不仅可以追溯到其与经济史的紧密关系,还在于许多经济学者深刻反思自身由于忘记历史而产生的局限,因此尤为注重在历史分析中为理论议题寻找丰富的素材。

其次,就博弈均衡的历史研究模型而言,部分学者针对理性选择制度主义内生制度变迁解释力不足、博弈分析过于静态化、时间范围较为有限等问题,在博弈均衡框架下考察历史进程中制度变迁的内生起源。博弈均衡分析的历史研究模型表明了理性选择制度主义历史转向的可能性,理性选择制度主义关于历史的研究超出了历史制度主义的范畴,历史不再只是一个形容词。理性选择理论难以解释均衡的动力机制和实现路径,比较静态分析使其更关注制度变迁的外部因素而忽略内生变迁议题。以格雷夫和赖汀为代表的理性选择制度主义学者,运用博弈均衡方法,将变迁的内生起源概括为制度的自我实施机制。② 他们将制度强化和准参数这两个操作性概念带入历史过程分析,提出特定情境下的制度通过准参数,对外生于制度的相关因素产生影响,准参数反过来也会影响制度的维系,这在客观上发挥了制度的自我强化效果。

再次,就交易成本模型而言,新制度经济学对交易成本和有限理性的应用研究,影响理性选择制度主义对理性基石、选择理论和制度演化的认识,具有经济学背景的理性选择理论学者的制度分析,尤为重视交易活动的制度结构与合约形式。温加斯特、莫伊、威廉·马歇尔探寻交易活动中各方承担成本、协议制定、预期意外情况、新环境下协议解释机制设计,留意对承诺的强制执行以及对违反协议情况的处理,将其视为涉及政治权力和治理手段的制度结

---

① [美]贾雷德·戴蒙德、詹姆斯·A.罗宾逊主编:《历史的自然实验》,李增刚译,中国人民大学出版社2020年版,第319—320页。

② Avner Greif and David D. Laitin, "A Theory of Endogenous Institutional Change", American Political Science Review, Vol. 98, No. 4, 2004, pp. 633–652.

构议题。① 理性选择制度主义的交易成本模型在行为经济学的启发下，关注内在利他性偏好、特定参照系统、道德伦理规范和普遍认知偏差，由此容纳文化研究和认知研究的诸多成果。理性选择制度主义不仅从新古典经济学和新制度经济学中获益良多，吸收众多基础理论和研究方法，还与行为经济学具有耦合关系，后者对有限理性、感性选择、制度关怀等议题的探索，为理性选择制度主义提供了新的理论资源。

最后，就否决点模型而言，新制度主义政治学者兼容理性选择制度主义和历史制度主义的研究方法和分析工具，将理性选择、策略行动、制度约束和政治后果等要素构筑为否决点理论框架。这一模型的提出者是博弈理论取向的理性选择制度主义学者乔治·泽比利斯，以及比较政策分析取向的历史制度主义学者伊梅古特。② 否决点模型区分了政治行动者及其策略与策略行为得以发生的制度框架，认为制度构成政治行动者策略行为的脉络和背景，能够改变政策领域中冲突所造成的结果。③ 否决点模型采用理性选择和最相似系统设计方法，考察利益集团如何在自利动机驱使下将政策议题转移至其可以进入的领域，借助制度性否决权阻挠反对者的立法提案，从基本概念和理论假设入手对现实政策案例展开分析。④

（三）理性选择制度主义的议题深化

理性选择制度主义的议题深化反映了在理论建构和方法更新的

---

① R. A. W. Rhodes, Sarah A. Binder, and Bert A. Rockman, eds., *The Oxford Handbook of Political Institutions*, Oxford: Oxford University Press, 2006, p. 34.

② Jon Pierre, B. Guy Peters, and Gerry Stoker, eds., *Debating Institutionalism*, Manchester: Manchester University Press, 2008, p. 7.

③ Sven Steinmo, Kathleen Thelen, and Frank Longstreth, eds., *Structuring Politics: Historical Institutionalism in Comparative Analysis*, Cambridge: Cambridge University Press, 1992, p. 22.

④ ［美］尼考劳斯·扎哈里亚迪斯主编：《比较政治学：理论、案例与方法》，宁骚、欧阳景根等译，北京大学出版社2008年版，第199页。

驱动下，理性选择的制度分析对制度概念及特征、制度功能及其作用方式、制度变迁类型及其机制的认识愈加深入，特别是针对制度的生成机理、维系路径和变迁逻辑，形成了同其他新制度主义政治学流派有所差异却又彼此借鉴的研究成果。

首先，就制度生成而言，理性选择制度主义早期阶段较多从设计论、选择论、演化论的角度看待制度的起源和产生问题，其后在运用组织、均衡、权力、演化等制度分析视角的过程中，提出更具自身特点的主张。理性选择制度主义中具有设计论倾向的规则分析、委托代理分析和博弈论分析，在制度生成议题上不同程度地认为制度功能和行动者有意设计存在联系。[1] 理性选择制度主义中有着选择论倾向的政策分析路径认为，具有理性能力的个体为了治理自身事务，能够对规则和相关成本收益情况进行前瞻把握，据此在文化历史背景和资源脉络中选择制度。[2] 理性选择制度主义中有着演化论倾向的制度生成观认为，包括制度在内的社会规则是"处于均衡状态的行为标准或行为惯例，其从社会规则所描述的博弈中衍生而来"。[3] 理性选择制度主义在公共政策方面的成果重点关注政治生活的权力因素和冲突关系，主张制度起源不仅是个体行动者追求集体利益的结果，更是政治背景下权力冲突的产物。这表明理性选择制度主义虽然强调理性基础与利益算计，但是在制度生成议题上同历史制度主义和组织分析制度主义并非不可兼容。[4]

其次，就制度维系而言，理性选择制度主义早期阶段便将制度

---

[1] B. Guy Peters, *Institutional Theory in Political Science: The New Institutionalism*, Cheltenham: Edward Elgar Publishing, 2019, p. 26.

[2] Elinor Ostrom, "Rational Choice Theory and Institutional Analysis: Toward Complement", *American Political Science Review*, Vol. 85, No. 1, 1991, pp. 237–243.

[3] ［美］安德鲁·肖特：《社会制度的经济理论》，陆铭、陈钊译，上海财经大学出版社2003年版，第216页。

[4] Junko Kato, "Institutions and Rationality in Politics: Three Varieties of Neo-institutionalists", *British Journal of Political Study*, Vol. 26, No. 1, 1996, pp. 553–582.

长期演变和生存作为研究重点,考察制度如何通过自我实施以抵制变迁。① 制度的自我实施有一个非常明显的优势,就是极大地降低了制度实施的成本,因此从成本收益分析来看,能够自我实施的制度创新更容易取得成功。理性选择制度主义学者进一步提出"特定制度所产生的内生性选择包含其自身的长久稳定和持续生存",并从制度的自我实施与非连续变迁两个方面深化了制度何以维系的问题。② 但是对主张制度源于权力格局和社会地位的理性选择制度主义学者来说,制度起源和制度维系的逻辑并不相同,后者并非单纯基于行动者的理性选择,而是主要依赖于行动者对制度的理解以及制度被执行的方式。③ 与之相近的观点认为,处在结构背景下的不同个体虽然数量变化且发生流动,但是理性选择制度主义对制度维系的看法同历史制度主义能够相容。④ 以列维为代表的理性选择制度主义学者拓展了制度维系的研究视域,提出制度确立以后总是不同于起始阶段,偏好和偏好次序并非不可改变,但具有一定黏性,因其易于受到操纵而可能转化为其他形式。历史制度主义学者指出,理性选择制度主义意义上的制度维系主要是基于自我利益,这种观点明显有别于比较历史分析对国家制度作用的侧重。⑤

最后,就制度变迁而言,理性选择制度主义早期阶段往往忽视制度变迁,或者倾向于将其理解为不连续的事变过程。以制度变迁

---

① Robert E. Goodin and Hans-Dieter Klingemann, eds., *A New Handbook of Political Science*, Oxford: Oxford University Press, 1996, p. 168, p. 175.

② Ira Katznelson and Helen V. Milner, eds., *Political Science: State of the Discipline*, New York: W. W. Norton and Company, 2002, pp. 660-661, pp. 689-692.

③ Elinor Ostrom, "New Horizons in Institution Analysis", *American Political Science Review*, Vol. 89, No. 1, 1995, pp. 174-178.

④ Jon Pierre, B. Guy Peters, and Gerry Stoker, eds., *Debating Institutionalism*, Manchester: Manchester University Press, 2008, p. 6.

⑤ Ira Katznelson and Barry R. Weingast, eds., *Preferences and Situations: Points of Intersection Between Historical and Rational Choice Institutionalism*, New York: Russel Sage Foundation, 2005, pp. 240-242, p. 325.

的内外来源为例，部分研究者将经济人假设和制度主义观点结合起来，主张个体主要由满足自身利益最大化的利己主义愿望驱动，制度则对个体选择活动加以限制。① 以变迁的本质特征为例，一些学者指出理性主义路径将制度的实质理解为均衡，难以从动态角度考察制度变迁。② 理性选择制度主义在制度变迁议题上的外生性、功能性、静态性特征，受到很多研究者的批评。例如，西伦提出，将制度视作均衡不利于对制度设计和制度中的行动做出区分，内生变迁的可能性也因此降低；③ 彼得斯认为，过于强调行动者的合意动机与策略手段，导致此类研究可能无意于区别制度设计与制度变迁，或者将制度变迁看得易如反掌。④ 针对上述批评，结构诱致均衡取向的谢普斯勒通过分析修改程序、解释性裁断、免责规则、宣布无效、搁置规则和紧急权力，概括了制度变迁内生机制的若干形式。⑤ 新制度经济学取向的诺思则在制度变迁研究中不断强调信念与信念体系所发挥的内生作用。⑥ 理性选择制度主义关于信念的研究较为成熟，青木昌彦将人们头脑中的信念视为特定形式的制度，认为制度是"关于博弈如何进行的共有信念的一个自我维持系统"。⑦ 格雷夫将信念视为制度的重要组成部分，"强调制度是规

---

① Edward Anthony Koning, "The Three Institutionalisms and Institutional Dynamics: Understanding Endogenous and Exogenous Change", *Journal of Public Policy*, Vol. 36, No. 4, 2016, pp. 639–664.

② James Mahoney and Kathleen Thelen, eds., *Explaining Institutional Change: Ambiguity, Agency, and Power*, New York: Cambridge University Press, 2010, p. 6.

③ Orfeo Fioretos, Tulia G. Falleti, and Adam Sheingate, eds., *The Oxford Handbook of Historical Institutionalism*, Oxford: Oxford University Press, 2016, p. 57.

④ Jon Pierre, B. Guy Peters, and Gerry Stoker, eds., *Debating Institutionalism*, Manchester: Manchester University Press, 2008, p. 7.

⑤ Barry R. Weingast and Donald A. Wittman, eds., *The Oxford Handbook of Political Economy*, Oxford: Oxford University Press, 2006, pp. 1030–1048.

⑥ [美]道格拉斯·诺思：《理解经济变迁过程》，钟正生等译，中国人民大学出版社2013年版，第4页。

⑦ Masahiko Aoki, *Toward a Comparative Institutional Analysis*, Cambridge: MIT Press, 2001, p. 5, p. 26.

则、信念、规范和组织共同作用并产生行为秩序的一个系统"。①格雷夫以新的制度概念考察新的行为选择方式，很大程度上重构了理性选择制度主义的基本内涵。"对于个人的行为选择来说，他需要有适当的信息，一个认知模式，以及预见他人行为的能力。人们还寻求道德上合适的、社会上认可的行为指南。制度要素为个人的行为选择提供了认知、协调、规范及信息等方面的微观基础。与此同时，能够回顾过去、展望未来但有限理性的个人又会根据他们拥有的个人信息、知识和先天偏好，对制度要素提供规范化行为准则。在制度产生行为的情况下，制度要素构成了均衡现象，这些均衡现象综合了当时的各种特征。"②

三 理性选择制度主义的意义评析

作为新制度主义政治学的重要理论流派和分析路径，理性选择制度主义从理性选择理论和政治制度研究中脱颖而出，并在多重学科背景和研究脉络下积累丰富成果，反映了该流派具有不可低估的学术价值。理性选择制度主义的意义评析应涵括其突出贡献、主要不足和未来展望，对此可从理性选择理论的制度分析途径、新制度经济学的纽带作用、新制度主义政治学的内部沟通、政治学和社会科学的发展趋势四个方面加以认识。

（一）理性选择制度主义的突出贡献

理性选择制度主义在为宏观政治现象提供微观基础的同时，还为政治制度演进提供较为系统的理论框架和方法工具，其主要贡献

---

① Avner Greif, *Institutions and the Path to the Modern Economy: Lessons from Medieval Trade*, New York: Cambridge University Press, 2006, p. 30.
② ［美］阿夫纳·格雷夫：《大裂变：中世纪贸易制度比较和西方世界的兴起》，郑江淮等译，中信出版社2008年版，第11页。

集中体现于施展实证政治理论抱负并主动吸取新制度经济学研究成果，以及在新制度主义政治学中发挥独特作用并不断丰富政治学研究内容。

首先，理性选择制度主义通过保留理性选择的理论内核，施展其实证政治理论的科学化研究抱负。针对理性选择理论在立法机关、国际竞争、市场环境研究中的集体行动难题，理性选择制度主义更加强调博弈规则和策略均衡的制度结构，在制度稳定和制度起源方面扩展了理性选择分析的应用范围。① 在新古典经济学和实证主义政治学的科学化抱负的驱动下，理性选择制度主义呈现出鲜明的实证政治理论色彩。与政治学的其他研究途径相比，理性选择制度主义以明确的系统性方法论研究制度功能问题，采取均衡分析对制度约束下的行为及其后果进行预测，运用精致的制度变迁模型为宏观政治现象提供微观基础和分析范例。②

其次，理性选择制度主义通过强调自身经济学渊源，主动吸取新制度经济学的新近研究成果。理性选择理论取向的新制度主义学者不仅采取策略均衡分析，还在新制度经济学的影响下注重交易成本分析，其中以华盛顿大学为学术纽带的一批新政治经济学者致力于考察制度执行与制度演化问题。③ 与新制度主义政治学其他流派相比，理性选择制度主义在沟通政治学与经济学领域方面更为出色，并在一定程度上修正了新制度经济学关于个体理性和制度结构的相关假设，使历史分析和路径依赖方法得以兼容，尤其在政治经济制度框架导致企业策略存在系统差异这个论题上，其推动了公共

---

① Patrick Baert and Filipe Carreira da Silva, *Social Theory in the Twentieth Century and Beyond*, Cambridge: Polity Press, 2010, pp. 139–140.
② Robert E. Goodin and Hans-Dieter Klingemann, eds., *A New Handbook of Political Science*, Oxford: Oxford University Press, 1996, p. 168.
③ James E. Alt and Kenneth A. Shepsle, eds., *Perspectives on Positive Political Economy*, New York: Cambridge University Press, 1990, p. 242.

政策研究的发展。①

再次，理性选择制度主义通过占据新制度主义政治学一席之地，在同历史制度主义、组织分析制度主义和建构制度主义并驾齐驱中相互借鉴。新制度主义政治学诞生的背景是政治学者在组织社会学和制度经济学成果影响下，日益重视制度分析并探索新的研究取向。理性选择理论的新制度主义转向促使历史社会学、新国家主义和美国政治发展领域学者汇聚在历史制度主义阵营，并对组织分析的新制度主义予以关注。② 理性选择制度主义作为新制度主义政治学中最早形成身份认同的流派，为政治学与经济学的制度分析提供联结渠道和对话平台，不同流派由于关键学者的观点争鸣和核心议题的发展演进相互启发。

最后，理性选择制度主义通过坚持现实主义、实证主义和个体主义立场，在政治学的制度分析中深化结构性与能动性的关系问题。政治学受到社会科学中理性与经验、解释与诠释、结构与功能内在张力的影响，相比早期阶段更多具有现实主义、实证主义和个体主义取向。理性选择制度主义对真实政治世界的关注以实证理论和方法为基本依据，以程度不同的个体主义方法论为研究特色，同其他强调结构性因素的政治分析路径存在分歧。理性选择制度主义在理性选择分析基础上探讨权力运行、社会架构、文化体系、认知框架，实际上有助于增进政治学在结构与能动关系方面的认识。③

---

① Peter A. Hall and David Soskice, eds., *Varieties of Capitalism: The Institutional Foundations of Comparative Advantage*, Oxford: Oxford University Press, 2001, pp. 14 – 16.

② Robert Adcock, Mark Bevir, and Shannon C. Stimson, eds., *Modern Political Science: Anglo – American Exchanges Since 1880*, Princeton: Princeton University Press, 2007, pp. 280 – 281.

③ Ira Katznelson and Barry R. Weingast, eds., *Preferences and Situations: Points of Intersection between Historical and Rational Choice Institutionalism*, New York: Russel Sage Foundation, 2005, pp. 15 – 16.

（二）理性选择制度主义的研究不足

在肯定理性选择制度主义相比此前发展阶段与其他制度分析路径具有优长的同时，还应注意到从前述理性选择理论、新制度经济学、新制度主义政治学、政治科学四个层面来看，理性选择制度主义同样有着不容忽视的局限因素。

首先，理性选择制度主义由于一定程度上承袭理性选择理论，部分学者认为其分析视角和研究倾向存在若干学理难题。在一些政治学者看来，理性选择制度主义看待人类动机的方式过于简单化，并未克服此前理性选择理论在功能主义、意图主义和志愿主义方面的内在缺陷。[1] 在一些社会学者看来，理性选择制度主义不仅保留理性选择理论的逆向推演逻辑，将先于后者存在的因素或发生的事件误判为造成后者的原因；还往往忽视政治生活中文化多样性的重要作用，在运用历史分析时对其施加太多限制条件。将分析模型和社会现实直接等同起来的做法，很可能使理性选择的行动表象和认知机理被混为一谈。[2]

其次，理性选择制度主义在借鉴新制度经济学研究成果时，并未充分吸纳其中更具价值的理论主张。理性选择制度主义从新政治经济学的华盛顿学派那里引入交易成本和制度变迁分析工具，并通过新制度经济学的斯坦福学派特别是青木昌彦的研究成果而强调制度是信念的自我维持系统。但是由于有限理性与经济理性的内在差异，以及理性选择理论和组织分析对信念和文化的不同认识，新制度经济学所主张的文化信念与公共知识，没有得到理性选择制度主义的应有重视，相比之下其他政治学者更认可"文化预期作为历

---

[1] Peter A. Hall and Rosemary C. R. Taylor, "Political Science and the Three New Institutionalisms", *Political Studies*, Vol. 44, No. 5, 1996, pp. 936 – 957.

[2] Patrick Baert and Filipe Carreira da Silva, *Social Theory in the Twentieth Century and Beyond*, Cambridge: Polity Press, 2010, pp. 145 – 151.

史继承的博弈结构特征的共有知识"对制度过程所发挥的稳定作用。①

再次,理性选择制度主义同新制度主义政治学其他流派存在深层分歧,由此受到颇多尖锐质疑。新制度主义政治学中较早崭露头角的历史制度主义和作为后起之秀的话语制度主义,均对理性选择制度主义提出批评。历史制度主义从历史延续和时间演进的角度,指出理性选择理论看重自我实施均衡机制的内生性,致使非连续性制度变迁模型对理性选择制度主义来说更具吸引力。② 建构制度主义基于利益的主观性和建构性,认为理性选择制度主义愈发重视观念研究路径,但它的工具理性假定自始至终强调客观性和物质性的利益并与观念保持分离,因而狭隘地把利益视为理性行动的激励结构的某种反映。③

最后,理性选择制度主义在政治科学中的运用和作用,同样受到自身流派和政治学者的质疑。理性选择制度主义在比较政治学特别是比较历史分析中的局限体现在,数理化和形式化的研究取向往往偏爱那些程式化的事实,而非具体观察和详尽细节,因此难以从叙事角度把握事件的来龙去脉并对其做出可信说明,而作为政治科学核心概念的权力,通常无法在理性主义分析框架下充分运用。④ 不具理性选择理论立场的政治学者也在近似意义上认为,理性选择制度主义往往以理性化的方式看待社会科学,这使其过多强调自身有别于组织分析制度主义和历史制度主义,而且在重视预测能力和

---

① [日]青木昌彦:《制度经济学入门》,彭金辉、雷艳红译,中信出版社2017年版,第166—167页。
② Wolfgang Streeck and Kathleen Thelen, eds., *Beyond Continuity: Institutional Change in Advanced Political Economies*, Oxford: Oxford University Press, 2005, p. 7.
③ Vivien A. Schmidt, "Discursive Institutionalism: The Explanatory Power of Ideas and Discourse", *Annual Review of Political Science*, Vol. 11, 2008, pp. 303–326.
④ Mark Ivring Lichbach and Alan S. Zuckerman, eds., *Comparative Politics: Rationality, Culture, and Structure*, Cambridge: Cambridge University Press, 2009, p. 130.

经验证据方面倾向于政治科学的实证经验主义传统。①

（三）理性选择制度主义的发展前景

理性选择制度主义的产生和演变始终受到社会科学多个学科的深刻影响，它在政治科学新制度主义运动中的重要角色以及沟通政治学与经济学方面的突出作用，使其不仅能够获取持续发挥优势并逐步克服缺点的有利条件，还可通过自身调整、应用研究、追踪前沿和开放边界实现更好的发展。

首先，理性选择制度主义发展的前景反映在其对政治学其他研究领域的影响，还表现为在经受质疑当中修正自身假设并调整分析工具。作为政治学中具有实证主义取向的研究途径，理性选择制度主义尤为看重个体行动者能动性汇聚与政治生活中结构性因素的影响，这使其居于社会科学现代主义理论和方法论的核心地带，契合社会科学所强调的能动与结构这一根本议题。在运用于比较政治学、比较政治经济学等研究领域的过程中，理性选择制度主义从理性主义、结构主义、文化主义研究取向的张力，以及后现代主义和诠释主义的彼此争锋中获得动力。列维在此意义上认为理性选择制度主义步入迅速成长阶段，并对其今后发展怀有信心。②

其次，理性选择制度主义发展的契机蕴含于其广泛的应用中，理性选择理论学者在新政治经济学、新制度经济学、比较政治分析、公共政策分析当中积累制度研究成果并拓展新的方向。许多理性选择制度主义学者的研究取向难以简单通约，但是他们在特定问题导向下针对相关案例而使用分析工具时，分别侧重关键行动者的策略选择、政治经济制度结构的影响、利益分配及权力冲突的约束

---

① Vivien Lowndes and Mark Roberts, *Why Institutions Matter: The New Institutionalism in Political Science*, London: Palgrave Macmillan, 2013, p. 35.

② Mark Ivring Lichbach and Alan S. Zuckerman, eds., *Comparative Politics: Rationality, Culture, and Structure*, Cambridge: Cambridge University Press, 2009, p. 133.

后果、分析叙事对重要变量和因果机制的揭示等方面。多样化的理论主张和分析工具一定程度上消除了早期理性选择制度主义学者的顾虑，即实证政治理论可能对其他学者看重的国家、公共官僚、自主性、国家社会关联等议题漠不关心。①

再次，理性选择制度主义发展的背景是多样的，包括社会科学的前沿领域，以及各学科板块构造下的研究转向，其中观念研究、认知研究和行为经济学的相关成果尤为重要。理性选择制度主义是实证主义政治理论的主体内容，更为政治学与经济学的双向互动提供条件，但是实证主义立场及其对客观性和物质性利益的重视，使理性选择制度主义对建构主义的主观性和意义性利益分析存在明显拒斥，那些难以观察和测度的观念性和认知性因素被有意或无意地忽视。值得注意的是，理性选择制度主义在新制度经济学，特别是其中强调认知分析的学者的影响下，有可能继续吸收心理学和认知科学的前沿成果，在这种学理渊源和学科脉络中同行为经济学发生耦合。

最后，理性选择制度主义发展的动力来自新制度主义政治学各流派彼此交融的趋势，其中与历史制度主义和建构制度主义的互动最为重要。理性选择制度主义立足微观面向宏观，历史制度主义立足宏观面向微观，凭借理论和经验的共同检验、偏好的内生和外生特性、微观基础和宏观历史的结合、功能主义和制度主义的调适四个切入点实现整合，两个流派有望构建更有解释力的制度理论。②建构制度主义有助于启示理性选择制度主义，运用话语的交互性视角说明行动者的内在偏好和行动策略，促使其突破路径依赖的藩篱，并从动态的视角将制度变迁理解为内在于行动者的构造物，从

---

① Terry M. Moe, "Political Institutions: The Neglected Side of the Story", *Journal of Law, Economics and Organization*, Vol. 6, No. 1, 1990, pp. 213–253.

② Kathleen Thelen, "Historical Institutionalism in Comparative Politics", *Annual Reviews of Political Science*, Vol. 2, 1999, pp. 369–404.

而为制度变迁分析提供有别于固定偏好和物质利益的解释逻辑。①

拓展阅读

1. [韩] 河连燮：《制度分析：理论与争议》，李秀峰、柴宝勇译，中国人民大学出版社 2014 年版。

2. [美] 道格拉斯·诺思：《理解经济变迁过程》，钟正生等译，中国人民大学出版社 2013 年版。

3. Mark Ivring Lichbach and Alan S. Zuckerman, eds., *Comparative Politics: Rationality, Culture, and Structure*, Cambridge: Cambridge University Press, 2009.

4. Robert E. Goodin and Hans-Dieter Klingemann, eds., *A New Handbook of Political Science*, Oxford: Oxford University Press, 1996.

---

① Vivien A. Schmidt, "Taking Ideas and Discourse Seriously: Explaining Change Through Discursive Institutionalism as the Fourth 'New Institutionalism'", *European Political Science Review*, Vol. 2, No. 1, 2010, pp. 1–25.

第四讲
历史制度主义

历史制度主义的发生路径
历史制度主义的内在逻辑
历史制度主义的意义评析

历史制度主义

　　历史制度主义是新制度主义政治学的重要派别之一，其研究旨趣集中在探究历史过程和时间序列如何影响制度的存续和变迁，并注重分析制度如何影响政治结果。历史制度主义的产生和演进得益于传统政治研究的资源供给和理论滋养，发端于政治学者对制度议题的重新思考和深入探索。20世纪五六十年代，社会科学研究面临范式转换，历史制度主义的先驱学者为应对行为主义和理性选择理论的冲击，提出了兼顾结构主义、历史取向和现实关怀的分析路径，并于20世纪90年代初期以历史制度主义来命名自身。历史制度主义擅长对长时段、结构性、跨领域的政治、经济和社会问题作出阐释，构建了路径依赖、正向反馈、关键节点等理论模型，持续关注制度的起源和特点、制度对政治行为的作用方式、制度变迁类型和动力机制等理论和现实议题。三十多年来，历史制度主义借鉴新制度经济学、历史社会学、组织社会学的理论主张和方法工具，在政治制度的存续变革、结构变量的因果机制、权力关系的效用分析等方面取得丰硕成果。本讲对历史制度主义的学术背景、演进历程和内在机理进行多线索的检视，首先从理论渊源、诞生背景、推动力量和发展演进四个维度考察历史制度主义的发生路径，其次从制度定义、理论模型、方法更新和议题深化四个方面梳理历史制度主义的内在逻辑，最后在整体审视历史制度主义的基础上把握其未来走向。

一 历史制度主义的发生路径

历史制度主义在历史社会学和比较政治经济学的互动融合中取得发展，其实质是制度主义与宏观历史分析及定量分析的结合，同传统制度研究以及行为主义的制度分析联系密切。20 世纪 70 年代，比较政治经济学、组织社会学的制度主义研究和美国政治发展领域的新国家主义研究崭露头角，比较历史分析、经验归纳法、新实证主义得到广泛应用，许多从事制度研究的政治学者形成了历史制度主义的流派意识，对权力关系、时间序列、制度变迁和观念机制展开深入分析。

（一）历史制度主义的理论渊源

历史制度主义在政治科学、历史社会学、比较政治经济学的交织脉络中发展壮大，不仅吸纳历史社会学的历史性和结构性要素，还从比较政治经济学的政治、经济、社会关系研究中获得理论启发。

20 世纪 50 年代以及 60 年代初期，政治科学经历了拒斥旧制度主义的行为主义革命。秉持现实主义、多元主义和精英主义立场的行为主义政治学者，借助宏大理论和实证方法，质疑传统政治学研究的国家主义、历史主义和规范主义取向。[1] 20 世纪六七十年代，历史社会学以蓬勃之势向行为主义发起挑战，许多学者指出行为主义忽略了各国长期存在的社会经济和政治结构及其塑造行为的独特方式，并以此为契机重新考察制度。被历史制度主义学者奉为先驱

---

[1] ［美］特伦斯·鲍尔、［英］理查德·贝拉米主编：《剑桥二十世纪政治思想史》，任军锋、徐卫翔译，商务印书馆2016年版，第371—380页。

学者的巴林顿·摩尔，强调历史情境和长时段社会结构的时间序列和因果机制，批评行为主义忽视制度、观念和文化因素的作用，指责结构功能主义对社会转型及其演化方式漠不关心。① 20世纪70年代错综复杂的国际政治形势和国内政治变局，促使政治学者寻找可以说明上述动荡环境和剧变时刻为何出现的解释因素，而国家层面的制度因素在解答问题的过程中表现突出。历史社会学者与比较政治经济学者反思政治科学对于结构和历史的长期忽视，进而探讨国家与社会主体、历史与社会分层、资本与社会发展等具有长期性和互动性的问题，从近代国家构建的历程中探寻当前政治体制的历史起源。这在一定程度上孕育了历史制度主义的理论取向和现实关怀。

在摩尔开辟的历史社会学领域，斯考切波等新国家主义学者的研究成果广泛运用比较历史分析方法，揭示了制度变迁的发生机理与历史发展的多样形态。斯考切波在1979年出版的《国家与社会革命》一书中指出，比较历史分析的使命是"发现涵盖各种历史场景的因果规律的一般性论点"，"只有通过观察阶级与国家结构的特定互动关系，观察国内和国际形势的长期复杂的相互作用，才能理解革命的成因"。② 在1984年出版的《历史社会学的视野与方法》的序言中，斯考切波概括了历史社会学研究的四个特征，分别是基于时空思考社会结构和过程问题，强调过程并在时序性场景下解释结果，侧重有意义的行动与结构背景的交互作用，关注特殊类型的社会结构及其变迁模式。③ 而在逐渐消除行为主义印迹的比较政治经济学领域，许多学者关注制度结构和历史传统对国家进程与政策模式的深刻影响。卡赞斯坦指出脱胎于历史进程的国家社会

---

① [美]巴林顿·摩尔：《专制与民主的社会起源：现代世界形成过程中的地主和农民》，王茁、顾洁译，上海译文出版社2014年版，第501—502页。
② [美]西达·斯考切波：《国家与社会革命：对法国、俄国与中国的比较分析》，何俊志、王学东译，上海人民出版社2007年版，第18—19页。
③ [美]西达·斯考切波编：《历史社会学的视野与方法》，封积文等译，上海人民出版社2007年版，第2页。

关系导致当前各国经济政策有所差异,以此解释相同的经济冲击何以导致不同的政策反应。① 克拉斯纳论述了制度在历史影响下对个体发挥的约束作用,并从生物学进化论中提炼出断续均衡模型这一历史模式。② 这个时期的历史社会学与比较政治经济学对国家与社会的长期性变革和结构性关系怀有浓厚兴趣,一些侧重历史分析的学者把制度看作国家权力网络延伸至社会经济领域的变量,他们的研究成果也成为历史制度主义理论和方法的主要渊源。

(二) 历史制度主义的诞生背景

历史制度主义产生于社会科学的学科交叉地带和政治科学的范式新旧嬗变,行为主义政治学的合理成分以及新制度经济学和组织社会学的有益成果,促使比较历史分析在政治科学领域占据重要地位。

20世纪五六十年代的行为主义革命促进了统计分析、心理学实验等科学方法与政治研究的融合。在这一学术背景下,具有不同学术旨趣的学者试图寻找政治行动与现实社会问题的实质性联系,由此形成了集团理论和结构功能主义理论,开拓了介于旧制度主义整体视角和行为主义取向之间"以社会解释政治"的第三条道路。这些研究者主要考察社会层面不同政治主体或组织的利益竞争行为及其政治后果,并对制度的内涵和作用等议题予以扩展。集团理论的代表人物戴维·杜鲁门关注利益集团的实际运作过程,分析国家与社会内部组织结构在民主决策过程中对正式政治制度的补充作用。③ 结构功能主义的代表人物阿尔蒙德和宾厄姆·鲍威尔主张从

---

① Peter J. Katzenstein, *Between Power and Plenty: Foreign Economic Policies of Advanced Industrial States*, Madison: University of Wisconsin Press, 1978, p. 1.

② Stephen D. Krasner, "Approaches to the State: Alternative Conceptions and Historical Dynamics", *Comparative Politics*, Vol. 16, No. 2, 1984, pp. 223–246.

③ David B. Truman, *The Governmental Process: Political Interests and Public Opinion*, New York: Alfred A. Knopf, 1951, p. 26.

维持社会体系正常运转的角度理解制度和规则的功能，论证了政治制度对国家与社会的重要影响。① 但集团理论和结构功能主义偏重对社会结构和社会过程的静态描述，在一定程度上忽视了国家的起源和演化，这种非历史化的立场受到了重视时序过程和中观研究的比较历史学者的批评。② 20世纪60年代以后，行为主义步入方法论多元化的后行为主义时代，后行为主义政治学者认识到比较历史分析的价值，但是他们并不打算仅仅回归传统政治制度研究，而是从"现代主义基础上的经验主义和新实证主义"角度思索政治生活的结构性要素。③

20世纪六七十年代，新制度经济学和组织社会学的早期成果启发政治学者重视制度范畴并更新制度理论。新制度经济学以交易成本分析为内核提出的一般性制度理论，超越了新古典经济学的集体决策和静态均衡研究。④ 后行为主义政治学的公共选择学派以实证政治理论为抱负，在新制度经济学影响下解释科层组织、利益集团、政治决策的偏好分布、策略选项和行为取向。与此同时，组织理论的制度研究成果认为人们经常遵循约定俗成的惯例，而非总是出于利益优先的考量，制度情境对人类行动和组织变迁的影响不容忽视，这也意味着组织社会学为后行为主义政治学提供了可与后果逻辑分庭抗礼的适宜逻辑。经济学和社会学的制度转向推动政治学者更加重视制度研究，一些并不认同新制度经济学和组织社会学的政治学者尝试建构具有政治学特色的制度理论，以霍尔和斯考切波

---

① Gabriel A. Almond and G. Bingham Powell, *Comparative Politics: A Developmental Approach*, Boston: Little Brown, 1966, pp. 84–85.

② [美]罗纳德·H.奇尔科特：《比较政治学理论：新范式的探索》，高铦、潘世强译，社会科学文献出版社1998年版，第76页。

③ Robert Adcock, Mark Bevir, and Shannon C. Stimson, eds., *Modern Political Science: Anglo-American Exchanges Since 1880*, Princeton: Princeton University Press, 2007, p. 259.

④ [英]马尔科姆·卢瑟福：《经济学中的制度：老制度主义与新制度主义》，陈建波、郁仲莉译，中国社会科学出版社1999年版，第4—5页。

为代表的比较政治经济学者和比较历史学者在政治学立场上运用比较历史分析，论证制度要素和权力关系在政治经济格局和历史发展进程中如何影响决策制定和人际互动。[1] 伊梅古特在此意义上指出，"在与理性选择和组织理论的比较中，历史制度主义的先驱学者倾向于采取更为宏观的社会学和权力取向的研究路径，主要考察各国和不同历史时段下政治、国家与社会之间的关系"。[2] 历史制度主义接纳了行为主义的实证方法，也继承了行为主义将政治学研究传统与旧制度主义研究基本等同的观点，其诞生背景表明新制度主义并非全新的理论范式，而是与传统制度研究和行为主义存在密切关联。[3]

（三）历史制度主义的推动力量

历史制度主义能够成为新制度主义政治学的重要派别，得益于新国家主义和比较政治经济学对国家与社会互动过程的研究，以及新制度经济学和历史社会学在经验主义和历史分析取向上重构制度研究的努力。

20世纪八九十年代，关注宏观历史变革和社会问题的社会科学研究者推动国家理论、制度分析和历史研究走向融合。政治学中的新国家主义学者通过批判社会中心主义，将微观层面的政治行为和利益关系与宏观层面的制度架构和历史进程纳入国家理论。社会科学的新制度主义学者重视现代主义的历史比较法与经验主义的分析归纳法，在历史社会学、比较政治经济学、新制度经济学、组织

---

[1] Theda Skocpol, "Why I am an Historical Institutionalist", *Polity*, Vol. 28, No. 1, 1995, pp. 103-106.

[2] Ellen M. Immergut, "The Theoretical Core of the New Institutionalism", *Politics & Society*, Vol. 26, No. 1, 1998, pp. 5-34.

[3] Robert Adcock, Mark Bevir, and Shannon C. Stimson, eds., *Modern Political Science: Anglo-American Exchanges Since 1880*, Princeton: Princeton University Press, 2007, p. 275.

社会学领域产生了富有启发意义的制度理论成果。在20世纪80年代中期的政治学版图中，新古典经济学影响下的理性选择理论与历史社会学影响下的新国家主义，均意识到历史和制度的重要性，集中探讨国家与社会革命、美国政治与法团主义等现实议题。就新国家主义研究而言，斯考切波倡导社会科学研究应"找回国家"，从中观角度探讨国家在制度格局中对经济社会过程施加的影响。在1985年出版的《找回国家》中，斯考切波强调国家制定的政策以及国家与社会集团的模式化关系会影响政治和社会过程，但是较为宏观的社会科学视角无益于推进国家研究，只有比较历史分析才能对处于不同社会背景和跨国环境中的国家结构和行为提供理想的研究工具。[1] 霍尔解释了制度的结构化影响力如何让不同国家的政策表现出某种连贯性，他也因此主张"构建一种关于政治的制度主义分析路径，来说明政策的历史连续性和跨国差异性"[2]。在霍尔看来，早期制度主义路径侧重同宪法或正式政治实践相关的制度，因而不利于开展跨国比较研究，但他所使用的制度主义方法可以涵盖经济社会中对政策施加影响的制度因素，以及正式程度不高的组织网络，还能够通过跨国比较分析辨识出显著影响政策的制度变量。当霍尔在2007年为自己著作的中文版写作序言时，他已经熟稔地运用新制度主义的一套语汇对行为主义和集团理论展开批判，并在回顾自己早期成果的过程中，给历史制度主义和理性选择制度主义划下了清晰的界限。

随着历史社会学、新国家主义、比较历史分析、比较政治经济学愈加重视制度研究，新制度经济学对理性选择理论的渗透日益深化，建构主义思潮也让一部分政治学者偏离新国家主义分析路径，

---

[1] Peter B. Evans, Dietrich Rueschemeyer, and Theda Skocpol, eds., *Bringing the State Back In*, New York: Cambridge University Press, 1985, p. 323.

[2] Peter A. Hall, *Governing the Economy: The Politics of the State Intervention in Britain and France*, New York: Oxford University Press, 1986, p. 19.

在此背景下关注历史情境和制度要素的政治学者倾向于提炼共同的理论议题并巩固稳定的方法基石。1987 年，美国中西部政治学协会政治经济学分会举办主题为"历史与制度变迁理论"的圆桌研讨会，与会者探讨结构主义与方法论个体主义、比较案例分析与新实证主义的张力，主张政治科学需要一种有别于以往的新制度主义研究路径。[1] 1990 年，比较政治学、比较政治经济学、历史社会学、比较历史分析、新国家主义等领域的政治学者在科罗拉多大学博尔德分校召开学术研讨会，斯考切波与霍尔在会上提出"历史制度主义"这一概念，两年后出版的会议论文集《结构化的政治：比较分析中的历史制度主义》正式宣告了历史制度主义的诞生。在这部具有奠基性意义的论文集中，西伦和斯坦莫共同执笔的全书序章阐述了历史制度主义的基本内涵、流派特征和前沿进展，指出历史制度主义在制度研究的中观层面开创新的理论空间，而中层制度分析的显著优势在于把政治进程的一般规律与偶然事件统合起来。[2] 历史制度主义在确立之初就注重将自身同理性选择理论、行为主义进行区别，重视新制度主义与旧制度主义的差异。西伦和斯坦莫认为历史制度主义具有三个核心特征，分别是强调中介性制度对政治策略的影响，重视制度对社会中竞争性集团权力关系的构造，以及特别关注既定制度因素中的政治过程和决策过程。[3] 皮尔逊和斯考切波也指出，历史制度主义集中关注的是一些重大结果或重要且复杂的议题，倾向于以宏观背景来分析社会或政治过程得以

---

[1] Margaret Levi, "Theories of Historical and Institutional Change", *Political Science*, Vol. 20, No. 3, 1987, pp. 684 – 688.

[2] Sven Steinmo, Kathleen Thelen, and Frank Longstreth, eds., *Structuring Politics: Historical Institutionalism in Comparative Analysis*, Cambridge: Cambridge University Press, 1992, p. 6.

[3] Sven Steinmo, Kathleen Thelen, and Frank Longstreth, eds., *Structuring Politics: Historical Institutionalism in Comparative Analysis*, Cambridge: Cambridge University Press, 1992, p. 7.

展开的中观或微观的制度构造，追踪社会或政治过程的历时性轨迹。①

（四）历史制度主义的发展演进

作为新制度主义政治学的基础性流派，历史制度主义持续关注政治生活蕴含的结构特性、历史情境和因果机制，尤其从权力关系、时序要素、制度变迁、观念分析四重路径进行理论建构和方法创新。

20世纪90年代至今，历史制度主义的研究内容日渐充实，在探讨国内政治经济制度和政策的历史变革进程的同时，运用比较视野分析国际政治议题。② 若要充分理解以卡岑斯坦、斯考切波和霍尔为代表的历史制度主义派别的新颖性和振奋性，应勾勒出多位历史制度主义学者的理论纲领，并在新制度主义政治学的理论视野中将其与先前理论和当前竞争性观点加以区分。霍尔和泰勒对历史制度主义展开较为全面的审视，归纳了历史制度主义相比于理性选择制度主义、社会学制度主义的主要特征。他们认为，历史制度主义往往从较为广泛的意义上理解制度与行为的相互关系，侧重制度诞生和变迁过程中权力的非对称性，关注制度生成和演变中的路径依赖和意外后果，在制度分析中兼顾其他影响因素的作用。③ 霍尔强调关系特征在制度分析中的重要作用，这一理论关切在其他历史制度主义学者那里也得到回应。西伦和斯坦莫认为，历史制度主义所强调的关系特征不同于旧制度主义的正式特征，而是聚焦于既定制度如何构造政治互动关系的方式。从这个角度出发，对"关系"

---

① Ira Katznelson and Helen V. Milner, eds., *Political Science: State of the Discipline*, New York: W. W. Norton and Company, 2002, pp. 693–721.

② Ira Katznelson and Helen V. Milner, eds., *Political Science: State of the Discipline*, New York: W. W. Norton and Company, 2002, pp. 693–721.

③ Peter A. Hall and Rosemary C. R. Taylor, "Political Science and the Three New Institutionalisms", *Political Studies*, Vol. 44, No. 5, 1996, pp. 936–957.

与"互动"的认识有助于更好地理解历史制度主义的特征。其一，由于历史制度主义并不局限于关注某一具体或特定的制度，而是分析制度与个体及更为宏大的背景因素之间的关联，重视构造国家与社会关系的制度安排，把国家中心分析和社会中心分析衔接起来。其二，由于历史制度主义强调制度约束以及政治生活中的互动关系，因此需要思考现实政治中的个体行动与国家层面的政策产出的关系。从这个意义来看，历史制度主义建立了从跨国分析的宏大理论通向一国之内案例分析的微观理论的桥梁。其三，历史制度主义注意到个体与制度互动中权力关系的非对称性特征，运用权力分析对制度进行本质层面的理解。

整体来看，历史制度主义多焦点的理论源流构成其扩展学理资源、推动理论创新的重要动力，许多学者围绕权力关系、时间要素、制度变迁、观念分析等议题开展研究。就权力关系研究而言，马克斯·韦伯、帕森斯、西奥多·洛伊等注重结构和权力的学者，为历史制度主义的产生奠定了重要基础。历史制度主义学者认为制度研究同权力有着直接关系，基于这样的认识进一步揭示了制度的起源和变迁同政治权力斗争有着密切联系。伊梅古特对法国、瑞士、瑞典的医疗政策进行比较，认为特定团体或行动者的政治权力并非静态的，应该重视制度对社会中彼此竞争的团体权力关系的构造方式。"制度的起源在历时性上独立于行动者及其策略。这意味着，我们可以十分确定制度是被那些围绕着政治权力展开斗争的行动者创立的"，"通过塑造政治权力的实践意义，以及为政治策略的根本原则提供基础，制度有助于界定政治冲突"。[1] 就时间要素研究而言，时间观是历史制度主义宏大历史视野的分析基础。随着

---

[1] Sven Steinmo, Kathleen Thelen, and Frank Longstreth, eds., *Structuring Politics: Historical Institutionalism in Comparative Analysis*, New York: Cambridge University Press, 1992, p. 85.

制度研究的深入，许多历史制度主义学者的研究重心由制度功能转向制度生成、维系、变迁的历时性过程，重视时间要素对制度起源与发展施加的影响。历史制度主义学者从权力关系和收益计算的角度调适了源自经济学的路径依赖理论，在政治学语境中提出关键节点和否决点等理论模型。就制度变迁研究而言，早期的历史制度主义学者较多探讨国家建设和公共政策过程中制度结构的规制作用和制度要素的实际效用，之后则由静态的制度功能研究转向动态的制度生成和变迁研究，从多个层次探究制度起源和变迁的初始动力。这些学者不仅以变动中的否决点解释制度稳定和政策变迁的关系，也在探讨特殊时期、外生性、突发性制度变迁的基础上，分析稳定时期、内生性、渐进性的制度变迁。就观念分析路径而言，历史制度主义强调结构性因素对政治结果的塑造，初期的研究成果大多侧重制度因素在公共政策过程以及社会运动中的作用，其后的研究成果愈加重视规范、观念、认知、文化等因素。斯考切波和斯科伦内克探寻制度与道德、宗教和文化的内在关联，在此意义上主张"观念与制度在特定情境下呈现出某种共生关系"。[1]

二　历史制度主义的内在逻辑

历史制度主义从历史社会学、比较历史分析、新国家主义的交界地带获得了发展动力，在概念界定、理论建构、方法更新和议题深化的过程中凝练出独具特色的制度分析逻辑，这尤其表现在其运用路径依赖、正向反馈、关键节点等时序性理论模型考察制度的生成、维系和变迁，并通过比较历史分析强化对重大事件和重要过程的解释力。

---

[1] James T. Kloppenberg, "Institutionalism, Rational Choice, and Historical Analysis", *Polity*, Vol. 28, No. 1, 1995, pp. 125 – 128.

（一）历史制度主义的制度定义

历史制度主义学者往往对国家和社会制度的总体方面更感兴趣，这些制度塑造政治行动者对自身利益的界定方式，并构造他们与其他群体的权力关系。历史制度主义学者呈现了制度概念的背景特征，相关研究文献涉及竞争选举的规则、政党体系的结构、政府分支部门的关系、行业联合会这类经济行动主体的结构及组织。

历史制度主义从较为宽泛的角度理解制度，认为制度是对行为产生构造作用的正式组织与非正式规则及程序。霍尔考虑了如何将制度纳入政策制定和政治生活的相关分析，他着重强调政治行动者实现目标和构建权力关系的方式是由制度塑造的，在此过程中一部分人处于优势，而另一部分人处于劣势。正如霍尔所言，"制度因素在这一分析模型中扮演两个主要角色。一方面，政策制定的组织形态让某些行动者握有影响政策后果的权力；另一方面，行动者在组织中的地位确立了行动者的制度性职责规范和人际关系，这会影响他们对自身利益的界定。通过这种方式，组织因素既影响行动者对政策施加压力的程度，还影响所施压力可能的方向"。[1] 另外，多数历史制度主义学者还把包含规范和阶级结构在内的其他要素看作制度。斯考切波将制度视为各种规范和各种组织之间的交流联络和行动的实际类型。[2] 埃文·利伯曼将制度定义为正式的组织和政治过程中非正式但被广泛接受的行为准则或行动规范。[3] 约翰·伊

---

[1] Sven Steinmo, Kathleen Thelen, and Frank Longstreth, eds., *Structuring Politics: Historical Institutionalism in Comparative Analysis*, Cambridge: Cambridge University Press, 1992, pp. 2-3.

[2] Theda Skocpol, "Why I am an Historical Institutionalist", *Polity*, Vol. 28, No. 1, 1995, pp. 103-106.

[3] Evan Lieberman, "Causal Inference in Historical Institutional Analysis: A Specification of Periodization Strategies", *Comparative Political Studies*, Vol. 34, No. 9, 2001, pp. 1011-1035.

肯伯里把霍尔意义上的制度细分为三个层次,"涉及政府制度的具体特征、更为广泛的国家结构以及国家中发挥规范作用的社会秩序"。① 霍尔和多数历史制度主义学者认为制度是政治生活的约束力量,对政治生活发挥折射(refract)作用,但制度从来不是导致后果的唯一原因,因而他们倾向于在狭义上界定制度,关注制度与其他因果变量的相互联系。制度分析并未否定政治理论当中富有活力的各类政治变量,许多学者对马克思主义的阶级结构和多元主义提出的集团动力十分重视。历史制度主义学者主张制度塑造了阶级和集团的斗争方式,这种塑造作用将影响其斗争的结果。

(二) 历史制度主义的理论建构

历史制度主义主要关注制度结构、行动主体和权力关系的互动,凭借路径依赖、正向反馈、关键节点等理论模型来分析制度发展的结构动因与变化路径,在制度的起源、维系和演化方面构建了彰显结构主义与历史取向的理论体系。

首先,历史制度主义在探究制度维系机理的过程中发展了路径依赖理论,据此阐明制度安排会随着时间推移而不断自我强化且趋于稳定。路径依赖这一概念是经济学者从通用键盘的特点中提炼的,他们注意到初始的字母排序决定了之后键盘设计样式的基本布局,因而强调若干微小事件经由偶然机会可能导致重要后果,甚至衍生出未曾预料和难以逆转的演化轨迹。路径依赖有广义和狭义之分,广义的路径依赖重视时间序列,强调事件的后续发展与前期的选择密切相关。狭义的路径依赖指按照预先的决策方案进行制度安排,在运行一段时期后扭转原本发展路径的成本和难度将会增大,

---

① Sven Steinmo, Kathleen Thelen, and Frank Longstreth, eds., *Structuring Politics: Historical Institutionalism in Comparative Analysis*, Cambridge: Cambridge University Press, 1992, p. 2.

尽管在此过程中会有其他选择出现,但行动者依然倾向于延续先前选定的发展路径。相较于理性选择制度主义和公共选择理论对路径依赖理论的直接采纳,历史制度主义在接受路径依赖理论基本框架的基础上提出若干创新性主张。詹姆斯·马洪尼采取历史社会学的时序分析观点,认为识别路径依赖等同于追溯一组特定历史事件,偶然事件的时间序列、制度根源、演化链条均可影响制度的发展过程,因而路径依赖理论除了遵循经济学的收益递增和自我强化逻辑,还区分了自我强化序列和反应序列两种类型的路径依赖。[1] 通过探究历史过程的作用,历史制度主义揭示了历史时机和时间次序对后续事件和重要结果的塑造作用,提出制度演化与政治发展因果链条的触发机制具有高度的随机性和偶发性。尽管如此,路径依赖研究本身仍面临一些难题。其一,路径依赖研究在方法论上存在"变量多而案例少"的问题。其二,收益递增的概念可能导致对社会生活的静态化和片面化理解。其三,以路径依赖的自我强化方式维系的政治制度可能表现出效率低下,"关于路径依赖的讨论说明,那些持续存在的制度安排并不一定就是最优的制度安排"。[2]

其次,历史制度主义注重制度均衡的生成机制和维系条件,运用正向反馈理论来考察制度稳定的生成。经济学者和政治学者在路径依赖分析中注意到,制度演化初始路径中潜藏的某些因素,会在特定机制的触发和巩固下增加制度在既有路径上的运行惯性和调整成本,甚至会把制度牢牢锁入特定路径。[3] 这是由于权力关系的非对称性在初始阶段尽管表现得并不显著,但占据权力主导地位的一方会利用自身优势不断集聚资源,形成收益递增或正向反馈效应,

---

[1] James Mahoney, "Path Dependence in Historical Sociology", *Theory and Society*, Vol. 29, No. 4, 2000, pp. 507–548.

[2] 沃尔特·W. 鲍威尔、保罗·J. 迪马吉奥主编:《组织分析的新制度主义》,姚伟译,上海人民出版社2008年版,第210—211页。

[3] Ira Katznelson and Helen V. Milner, eds., *Political Science: State of the Discipline*, New York: W. W. Norton and Company, 2002, pp. 693–721.

这种非对称性的权力关系随着时间不断强化并深深植入组织和制度之中。历史制度主义主张正向反馈理论有助于理解制度何以长期保持稳定而不易发生变迁，着重从政治生活的组织化活动和制度化过程的角度探讨正向反馈的基本成因和内在机理。皮尔逊从四个方面归纳了政治过程高度遵从正向反馈效应的原因：一是政治生活的集体性往往通过组织的制度化实现合作共赢，因此制度在运行中能够得到多方力量的支持和认同，这会使组织内部维持既有秩序的意愿十分强烈；二是政治系统中多元制度结构之间具有密集关联，因此很难单独调整其中的具体制度；三是权力的不对称性使掌握权力的行动者运用政治权威创设维护自身利益的规则，巩固已获得的优势地位；四是政治生活的复杂性和模糊性使重大制度改革难以启动。[1] 皮尔逊认为普遍存在的正向反馈能够增强行动者主动配合制度运行过程的意愿，也可能产生因维护特定政治权力安排而使部分群体诉求边缘化的负面效应。[2]

最后，历史制度主义学者运用关键节点理论，探究路径依赖效应下制度变迁的特定时刻及其触发机制。既然制度的稳定和复制会经历相对较长的路径依赖时期，那么又该如何解释制度的变迁？针对这个问题，历史制度主义借鉴了生物进化的间断均衡学说，将制度演变分成了制度存续的正常时期和制度断裂的关键节点两个阶段，主张制度在经历长期的稳定之后，可能会在某一时段被危机打断，即在关键节点出现断裂变迁或断续均衡，从而导致突发性制度变迁，随后制度会再次进入稳定的均衡时期。由此可见，关键节点在制度演化过程中对制度变迁具有持续影响与特殊意义，汇集了制度安排和众多要素的动态关系，能够重塑制度发展轨迹。在路径依

---

[1] Paul Pierson, *Politics in Time: History, Institutions, and Social Analysis*, Princeton: Princeton University Press, 2004, p. 31.

[2] Paul Pierson, "When Effect Becomes Cause: Policy Feedback and Political Change", *World Politics*, Vol. 45, No. 4, 1993, pp. 595–628.

赖模型中，制度的稳定性源于其能够影响行动者的资源和动机以及技能、特权、程序性知识、人际网络的形成。历史制度主义将关键节点定义为时间轴中相对较短的时期，在该时期内，行动者做出重要决策影响最终结果的可能性大幅提高。对于历史制度主义来说，关键节点理论不仅强调政治过程的时间维度，还强调某些事件或过程的时间顺序的重要性，这体现在某一具体时刻之下具有某种顺序的因果变量通过相互影响，而在这个节点上结合起来。遵循宏观历史分析传统的学者将关键节点视为事件发展进程中短暂且关键的时期，通过划分事件发展的起点、拐点、非预期事件、诱发性事件来判定关键节点的区间范围。① 一些研究者强调行动者在结构约束下的能动作用，认为结构性因素的改变可促使组织成员摆脱制度发展的长期束缚，在偶然间触发关键节点，使制度偏离既有轨迹并产生分叉路径。在这一过程中，掌握权力的政治领导人更有可能在某一特定时刻，运用强制性力量开启制度变迁的关键节点，例如利用危机所提供的机遇为实现新计划创造条件。

（三）历史制度主义的方法更新

历史制度主义使用比较历史分析工具考察历史与当前政治生活中的重大议题，其兼顾史料辨析和因果分析的研究路径，在交叉学科视角与宏大问题视域中得到强化，更为深入地追溯历史发展进程和政治制度的变迁逻辑，并对特定案例加以历史性因果叙述。

比较历史分析作为历史社会学和比较政治学交叉领域的前沿工具，继承了历史社会学的宏观历史研究旨趣和实证材料佐证方法，在比较政治学的理论视野中综合采用求同法和求异法选取案例。②

---

① Ronald Aminzade, "Historical Sociology and Time", *Sociological Methods and Research*, Vol. 20, No. 4, 1992, pp. 456–480.

② Theda Skocpol and Margaret Somers, "The Uses of Comparative History in Macrosocial Inquiry", *Comparative Studies in Society and History*, Vol. 22, No. 2, 1980, pp. 174–197.

历史制度主义的比较历史分析从结构化、动态化、历史化的视角探究中层制度的演进过程，在政治世界的复杂性和政治发展的规律性中寻找相对平衡，从时间维度和事件维度对制度和情境进行详尽的对比分析与合理的逻辑推理。① 就时间维度而言，相比于早期案例研究的情境归纳与案例描述模式，历史制度主义致力于探求复杂现象的生成机理，揭示历史脉络中多重变量的因果联系。一些学者使用路径依赖、时间序列和关键节点等时间性分析工具，将政治事件或具体制度置于更广阔的历史与结构情境当中，定位其发生改变的时间节点和序列位置，最大限度地还原事件逻辑、追溯历史根源。在此基础上，历史制度主义分析了特定时空背景下关键事件的发生时机、演化次序、发展进程和持续时间。就事件维度而言，比较历史分析通常选取一系列具有可比性的小样本案例，大量补充能够凸显个案独特性的历史细节，通过比较案例研究与因果机制分析相结合的方式归纳出一般性结论。历史制度主义学者采取的比较历史分析包含国内政治研究与跨国政治分析两大类型。早期的比较历史分析主要侧重国家兴衰、革命与战争、经济危机等国内重大议题，此后随着自身研究的深入以及社会科学各学科的推动，比较历史分析的研究范畴拓展至现代国家、资本主义、政治体系等宏观结构研究与利益偏好、集体行动、个体决策等微观现象分析。

比较历史分析的方法更新集中体现为过程追踪与时序分析两个方面。一方面，过程追踪主张从长时段视角考察典型个案中具有重大意义的制度演化历程或政治过程，采取系统化和脉络化的分析方法追溯与政治结果相关的完整事件链条，把握历史事件的延续性和偶发性在制度变迁与政治发展中的关键价值。历史制度主义学者探索结构性变量与后续制度结果的关联，使用政体类型、地域和文化

---

① 朱天飚：《比较政治经济学》，北京大学出版社2006年版，第150页。

等宏观因素解释历史的演化。① 在乔万尼·卡波齐亚看来，由于权力运行的自我强化机制，结构对个体的认知、策略与倾向的建构随着时间的推移而愈发深刻，从而呈现出制度稳定的持久趋势。② 过程追踪的分析对象包括微观层面的运作过程与行为动机，追踪历史转折点上个体的权变性选择。一些研究者在探讨美国公共政策的变迁过程时，强调精英群体的观念与行动的主导性作用，尤其看重社会团体或民间组织对政府行动施加的影响，从国家与社会分析的角度把握社会成员和制度因素的互构关系。③ 另一方面，时序分析方法关注具有因果联系的各个变量在历史脉络中的特定位置，以及相关变量对特定政治结果的塑造作用。④ 历史制度主义在对特定事件的特定结果进行分析时，高度重视时序变化。"当人们希望通过量化数据，对大量案例的一般状况加以总结时，他们也许无法理解在个别案例的层面上，时机和顺序问题至高无上的重要性。因此，当某位历史研究者假设'X 与 Y 有因果联系'时，很可能变量 X 的定义中就有一部分与时间维度相关，例如它的持续性，或其相对于其他变量所处的时间位置。"从这个意义上来讲，三个重要的制度理论成果即路径依赖、持续时间和关键时刻构成了历史制度主义时序分析的基本内容。⑤ 例如，一些研究者揭示了历史进程中自然、文化、环境与政治等多重变量的排序方式和所处时间节点对英国工

---

① Ira Katznelson and Helen V. Milner, eds., *Political Science: State of the Discipline*, New York: W. W. Norton and Company, 2002, pp. 693–721.

② Giovanni Capoccia, "When Do Institutions 'Bite': Historical Institutionalism and the Politics of Institutional Change", *Comparative Political Studies*, Vol. 49, No. 8, 2016, pp. 1095–1127.

③ R. A. W. Rhodes, Sarah A. Binder, and Bert A. Rockman, eds., *The Oxford Handbook of Political Institutions*, Oxford: Oxford University Press, 2006, pp. 310–311.

④ Paul Pierson, *Politics in Time: History, Institutions, and Social Analysis*, Princeton: Princeton University Press, 2004, pp. 5–6.

⑤ [美]罗伯特·E. 戈定主编，卡尔斯·波瓦克斯、苏珊·C. 斯托克斯编：《牛津比较政治学手册》，唐士其等译，人民出版社2016年版，第76—77页。

业革命的影响。① 历史制度主义学者不断完善其定性研究的分析方法，在时序分析中充实案例细节，在检验相关理论解释力的基础上从不同角度改进现有模型。马洪尼、艾琳·金博尔和肯德拉·科伊武在政治过程研究中采用序列细化方法，将众多潜在原因组合置于不同的时间脉络和历史序列，甄别何种关键原因或复合路径引发了特定事件，为历史制度主义准确识别关键节点提供有益参考。②

（四）历史制度主义的议题深化

历史制度主义以理论模型和方法工具作为重要支撑，聚焦制度变迁议题并探讨制度变迁的发生条件、动力机制和持续过程，拓展了变迁类型分析与作用机制研究的广度和深度。

首先，就制度变迁的发生条件而言，历史制度主义重新认识制度变迁的多重动因，修正了制度变迁源自外部偶然冲击的观点。早期阶段的历史制度主义学者运用间断均衡模型指出平稳运行的制度具有黏性，只有战争或革命等偶然且剧烈的外部冲击才会引发制度变迁。通过观测并阐释相关案例，历史制度主义学者注意到某些细微而连续的社会变革累积至一定程度时，可能促使制度在均衡状态中实现变迁。一方面，制度变迁不仅涉及外部冲击或外在压力，还取决于试图改进制度并积极付诸实践的行动者，因此制度变迁的发生条件包括宏观的历时性因素与微观的个体性因素。卡波齐亚认为制度发生变迁是重大事件与行动者综合作用的结果，在重大事件引发制度发展的关键节点，行动者的能动性得以迅速强化并可能诱发

---

① James Mahoney and Kathleen Thelen, eds., *Advances in Comparative – Historical Analysis*, New York: Cambridge University Press, 2015, p. 224.
② James Mahoney, Erin Kimball, and Kendra L. Koivu, "The Logic of Historical Explanation in the Social Sciences", *Comparative Political Studies*, Vol. 42, No. 1, 2009, pp. 114–146.

制度变迁。① 另一方面，部分学者发现在稳定的政治体系中，制度架构与公共政策的运作并非始终协调一致，二者的矛盾可能致使制度发生结构性调整。高度密集且形式各异的制度构成错综复杂、叠交互的制度生态环境，产生于不同时段的制度和政策具有迥异的发展路径，且不可避免地存在某些矛盾乃至冲突，这种结构性互动的累积带来制度变迁的压力与需求。历史制度主义反思了路径依赖、关键节点、正向反馈等理论模型割裂看待制度维系和变迁阶段的解释方式，在制度变迁的临界状态与随后的变迁过程之间建立了紧密联系。

其次，就制度变迁的动力机制而言，早期阶段的历史制度主义学者倾向于在制度所处的政治经济环境中寻找变迁的根源，一些学者随后认识到制度结构、个体行动、政策观念与制度环境存在复杂交互作用，制度作为不同因素组合而成的复合体，其变迁过程通常涉及多重动力机制。② 只有对制度变迁的动力机制进行深入探究，才能合理地从时间演进的过程中获得关于制度变迁的现实性和连续性的具体认识。历史制度主义认为，制度研究的一个缺陷是其机械的静态解释方式掩盖了变迁问题，从而滑向制度决定论的误区。因此，探究制度性动力机制不仅将制度本身同对其发挥调节作用的制度背景结合起来，也为制度变迁的理论研究提供了坚实基础。历史制度主义学者将制度变迁的动力来源分为三种：一是制度自身形式随时间发展而变迁，即由于制度的属性特征、执行理念、行动目标、政策输出总是处在动态调整之中，从长期来看政治制度必然会发生某种结构性变化；二是行动者的权力资源和

---

① Giovanni Capoccia and R. Daniel Kelemen, "The Study of Critical Junctures: Theory, Narrative, and Counterfactuals in Historical Institutionalism", *World Politics*, Vol. 59, No. 3, 2007, pp. 341 – 369.

② R. A. W. Rhodes, Sarah A. Binder, and Bert A. Rockman, eds., *The Oxford Handbook of Political Institutions*, Oxford: Oxford University Press, 2006, p. 26.

行动能力可以对制度施加作用，即制度反映了特定的权力关系和利益格局，行动者的权力资源和行动能力的改变势必引发制度变迁；三是观念与制度的互动可以影响制度变迁，即制度对政策观念具有筛选与塑造作用，当政策性观念先于制度发生转变时，旧制度与新观念的摩擦将推动制度变迁。[①] 历史制度主义以整体性、动态化的视角看待多重因素在制度变迁中的作用方式和影响程度，构建了包含宏观环境、制度结构、行动者、观念、历史过程的复合式分析框架。

最后，就制度变迁的持续过程而言，历史制度主义近期更加关注在较长时段中以缓慢过程和增量方式发生的制度变迁，研究焦点从特殊时刻、外生性、突发的制度变迁，转向稳定时期、内生性、渐进的制度变迁。随着制度变迁发生条件和动力机制相关理论和现实议题的更新，历史制度主义认为激进式、革命性的制度突变不可能经常发生，渐进式、衍变性的制度变迁才是历史进程中制度功能变化和模式转换的常态。许多学者从权力、能动性与制度模糊性的角度探讨渐进制度变迁的因果逻辑，认为掌权者可能会利用制度内在的模糊性，微调制度的解释方式和运行方式，使其在维持现有形式的前提下产生更为有利的制度功能或结果。[②] 在这些研究的基础上，马洪尼和西伦提出了制度的渐进转型理论，划分出层叠、漂移、转换、衰竭四种类型。其中，层叠是指新的正式规则叠加在旧规则之上，以补充或替换先前规则；漂移是指旧规则为了逐渐改变其效果，而有意依据不断变化的社会条件作出改变；转换是指现有规则经由重新阐释而服务于新的目的；衰竭是指制度由于扩展过度

---

① Sven Steinmo, Kathleen Thelen, and Frank Longstreth, eds., *Structuring Politics: Historical Institutionalism in Comparative Analysis*, Cambridge: Cambridge University Press, 1992, pp. 217–250.

② Wolfgang Streeck and Kathleen Thelen, eds., *Beyond Continuity: Institutional Change in Advanced Political Economies*, Oxford: Oxford University Press, 2005, pp. 19–31.

而造成能力消减,从而无法实现预期目标的过程。① 奥莱恩·路易斯和斯坦莫认为渐进制度变迁遵循演化逻辑,将其理解为一种类似生物进化的迭代过程,包含认知与偏好的变异、多层选择、有意识的复制三个主要环节。② 历史制度主义从多重维度提供了制度内生性、渐进性变迁的经验证据,为此后的制度变迁研究提供了微观分析基础和历时性考察方式。

三 历史制度主义的意义评析

历史制度主义作为兼顾历史向度和结构特征的制度研究路径,借鉴社会科学多个理论范式和方法模型持续完善分析框架,围绕制度议题提出了理论深厚且影响深远的学术成果,在新制度主义政治学乃至政治学领域占据显要地位。历史制度主义的意义评析应当涵括其对政治学与制度研究的贡献,分析当前研究的主要不足,以此为契机展望其发展前景。

(一) 历史制度主义的突出贡献

历史制度主义在新制度主义政治学中扮演重要角色,相关学术成果主要体现在倡导中层制度研究,复兴政治学视野中的制度与历史进程分析,提供制度与权力双向关系的因果推断,推动多个研究路径的理论整合并增进新制度主义政治学的内部凝聚力。

首先,历史制度主义关注政治生活中的重大问题与难点领域,塑造了连接宏观与微观的中层制度分析模式。面对旧制度主义的整体性分析与行为主义的原子化视角之间的张力,历史制度主义较大

---

① James Mahoney and Kathleen Thelen, eds., *Explaining Institutional Change: Ambiguity, Agency, and Power*, New York: Cambridge University Press, 2010, pp. 15-18.

② Orion A. Lewis and Sven Steinmo, "How Institutions Evolve: Evolutionary Theory and Institutional Change", *Polity*, Vol. 44, No. 3, 2012, pp. 314-339.

程度地保留了旧制度主义和行为主义的有益成分，在宏观议题与微观基础之间开拓出制度分析的中观维度。对于旧制度主义过于侧重规范性研究而相对忽视经验研究的弊端，以及行为主义由于强调价值中立而脱离现实的不足，历史制度主义更看重制度结构、公共政策、组织机制对国家与社会互动过程的影响，通过政党体系、社会组织、利益集团等中层制度要素，将宏观政治现象与人们具体的行为选择联系起来，形成更加贴近复杂政治事实的理论框架。

其次，历史制度主义运用历时性分析工具，揭示制度生成、维系和变迁的作用机制和动力来源，对关键时刻的结构背景与重大事件的时间序列进行历史性追溯，扩展了制度分析的时间厚度与理论层次。历史制度主义采用路径依赖、关键节点等时序分析工具，揭示了制度生成、维系和变迁的作用机制和动力来源。历史制度主义分析重视特定政治事件的历史背景和产生条件，从丰富的历史资料中总结出制度演化的多样模式和普遍规律。在对历史发展的研究中，历史制度主义检视事件发生次序与政治现象的因果关联，围绕现代国家起源、国际体系演变、政治发展模式、资本主义多样性、长期经济政策等议题形成诸多独特见解。

再次，历史制度主义关注制度结构与权力配置的因果性和耦合性，深入阐释权力在制度变迁中的作用方式。与新制度主义政治学其他流派相比，历史制度主义更多继承了政治学的权力研究传统，考察权力对行动者的偏好、利益和行为的塑造作用，论证权力斗争对制度变革的潜在影响。历史制度主义聚焦于掌握权力的政治精英，强调制度发展与权力运作的伴生关系，探索行动者与制度、不同层次制度之间、制度与国家、政治经济与社会之间的互动过程。历史制度主义透过历史脉络考察权力非对称性关系的结构性动因，为政治科学抽象化的权力研究提供了历史证据和经验素材。

最后，历史制度主义强调新制度主义政治学各个流派的学术对话，增进多重理论取向的交汇融合。从新制度主义政治学的三个基础性流派来看，理性选择制度主义与组织分析制度主义分别居于理性与文化两端，历史制度主义则凭借兼容理性主义与文化主义、一般理论与特殊案例、理论意识与人文关怀的独特属性，被认为具有整合其他流派乃至构建统一的新制度主义政治学的潜力。① 历史制度主义吸收了认知分析、话语分析、修辞分析的理论主张，注重观念要素对制度与制度变迁的影响，一定程度上推动了制度研究的观念转向以及具有观念取向的建构制度主义的兴起，巩固了新制度主义政治学的内部凝聚力和综合影响力。

（二）历史制度主义的研究不足

在肯定历史制度主义相比新制度主义其他流派具有显著分析优势的同时，还应从处理结构与能动关系、分析因果机制、探讨观念议题以及建构理论框架方面，考察其仍然存在的局限因素。

首先，历史制度主义在处理结构与能动关系问题上持折中立场，可能无法就制度维系与变迁议题形成一以贯之的解释逻辑。由于历史制度主义在研究制度的影响因素时，倾向于无差别地纳入多重变量，不易判定某一因素对制度结构与制度变迁的具体影响，其理论取向在结构规制性与行动者能动性之间摇摆不定。② 历史制度主义处理结构与能动双向关系的整合性分析框架尚不成熟，方法论上的举棋不定有损制度分析的准确性，削弱其作为独立研究途径的根基。海伊和温科特在此意义上指出，"除非历史制度主义能够确立一个完全有别于结构或能动的本体论，否则它所提出的有关制度形成、演化与转型的主张就难以完全成立"。③

---

① 何俊志：《结构、历史与行为：历史制度主义对政治科学的重构》，复旦大学出版社2004年版，第319—320页。
② Orfeo Fioretos, Tulia G. Falleti, and Adam Sheingate, eds., *The Oxford Handbook of Historical Institutionalism*, New York: Oxford University Press, 2016, p. 8.
③ Colin Hay and Daniel Wincott, "Structure, Agency and Historical Institutionalism", *Political Studies*, Vol. 46, No. 5, 1998, pp. 951–957.

其次，历史制度主义所坚持的制度中心路径面临陷入制度决定论的风险，没有充分关注行动者的个体认知与行为选择，亦未能建构精细化的多重因果变量解释进路。一些学者认为，历史制度主义的路径依赖理论过于强调先前路径的重要性，低估了行动者在制度约束下的能动选择；其制度变迁研究也没有充分审视关键行动者的动机，可能忽视制度演化的重要环节以及制度与其他要素的互动作用，难以揭示行动者复杂动机的形成机制及其对制度的实际影响。① 历史制度主义虽然一再强调"制度是重要的因素"，但批评者认为其隐含着"制度决定一切"的预设。布利斯指出，历史制度主义重视个体行动却没有正视个体的认知能力，将制度狭隘地理解成"一种限制性的而非使政治行为成为可能"的要素。②

再次，历史制度主义的观念研究议程存在若干理论盲点，尚未就不同类型的观念如何塑造政策后果与推动制度变迁等议题达成基本共识。长期以来，历史制度主义的分析框架更侧重结构性因素，而观念要素一度游离于该流派的理论视域边缘。直到相关学者开始在结构与能动之外寻求内生性制度变迁的合理解释，观念才与认知、规范、文化等变量一同受到重视并被纳入分析框架。但就目前的研究成果而言，历史制度主义学者针对观念分析的解释力、观念要素的作用机制、观念分析与结构路径的兼容程度依然存在较大分歧。同时，历史制度主义的理论框架由于缺少分析观念实质内容与传播途径的微观基础，限制了结构路径与观念研究的融合。

---

① Guy B. Peters, Jon Pierre, and Desmond S. King, "The Politics of Path Dependence: Political Conflict in Historical Institutionalism", *The Journal of Politics*, Vol. 67, No. 4, 2005, pp. 1275–1300.

② Stephen Bell, "Do We Really Need a New 'Constructivist Institutionalism' to Explain Institutional Change", *British Journal of Political Science*, Vol. 41, No. 4, 2011, pp. 883–906.

最后，同新制度主义政治学其他流派相比，历史制度主义的理论建构意识与框架搭建能力显得薄弱，有研究者批评其细节描述有余而理论精炼不足。历史制度主义采用的过程分析、案例比较方法具有鲜明的现实指向性，擅长运用归纳方法从大量历史材料中探寻丰富的事件细节，但这导致其难以进行充分的理论概括并构建一般化的理论解释，在平衡复杂性与规律性、理论与叙述的关系时力不从心。理性选择制度主义学者批评历史制度主义在提供普遍性理论方面鲜有作为，甚至认为这种历史取向的制度研究仅仅是在"讲故事"。[①] 在此背景下，历史制度主义学者更多反思比较历史分析难以证伪的问题，认识到需要在方法工具的更新中推动理论的系统化发展。[②]

（三）历史制度主义的发展前景

历史制度主义积极沟通政治学与社会科学其他学科，不同学者固本浚源的理论自觉、与时俱进的创新意识，推动该流派在多重研究脉络的交叉领域持续发挥既有优势并逐步突破当前局限，通过论域扩展、方法更新、视角转换、资源整合实现续航发展。

首先，历史制度主义的发展基础在于将理论融入对现实问题的分析中，持续拓展新制度主义政治学关于制度变迁、权力分析、观念分析与国别分析的新命题。历史制度主义对政治事实的重视没有局限于对特定时间、地点和事件的还原性分析，而是从蕴含诸多细节和意外后果的历史情境中揭示政治发展的规律，这种兼顾实证分析的准确性与经验材料的充分性的优势成为政治学

[①] Vivien A. Schmidt, "Taking Ideas and Discourse Seriously: Explaining Change Through Discursive Institutionalism as the Fourth 'New Institutionalism'", *European Political Science Review*, Vol. 2, No. 1, 2010, pp. 1 – 25.

[②] Ellen M. Immergut, "The Theoretical Core of the New Institutionalism", *Politics & Society*, Vol. 26, No. 1, 1998, pp. 5 – 34.

同其他学科开展对话的契机。① 历史制度主义注重理论对现实议题的回应性,从世界历史中考察国家制度与权力、观念的互动,阐述制度及制度变迁的多样化表现形式。在现实关怀与理论意识的指引下,历史制度主义能够更好理解国内政治和国际关系中深层次、多向度的制度问题,以此构建融贯国内制度分析与国别比较研究的制度研究体系。

其次,历史制度主义的发展动力源于丰富多样的分析工具与兼收并蓄的研究方法。历史制度主义在历史社会学与比较政治经济学等学科的交汇处吸收了历史分析与案例比较等方法,致力于考察长时段政治制度的生成机制、演化过程与影响后果。一些学者在社会科学视域中不断改进分析工具,在实证研究中纳入统计方法、历史叙事与因果分析,综合不同研究方法以提升理论模型的解释力。历史制度主义的分析模式与比较历史分析方法,拓宽了历史制度主义乃至新制度主义政治学的研究进路,在推断政治社会现象的确切因果关系、呈现历史事件序列中的清晰因果链条方面付出努力。

再次,历史制度主义的发展潜能蕴含在政治学历史取向与时序意识当中,通过纳入时间分析变量而延展政治学研究视野。斯坦莫认为,当前历史制度主义对历史重要性的认识主要体现在历史脉络对事件具有决定性影响,行动者从历史进程中获得有益经验,前期事件塑造了对后发事件的认识。② 在此基础上,历史制度主义在未来研究议程中可以通过扩大时间视野、细化时间测量参数,结合大量数据开展更加精确的过程追踪,更为详尽地探索制度变迁在持续

---

① Theda Skocpol, ed., *Vision and Method in Historical Sociology*, New York: Cambridge University Press, 1984, p. 374.
② Donatella Della Porta and Michael Keating, *Approaches and Methodologies in the Social Sciences: A Pluralist Perspective*, Cambridge: Cambridge University Press, 2008, pp. 118 – 138.

时间、间隔方式与推进速度方面的差异如何影响变迁结果和政治结构。①

最后，历史制度主义的发展趋势表现为新制度主义政治学各流派的交叉融合，有望通过扩充理论体系成为新制度主义内部整合的基本载体。历史制度主义汲取理性选择制度主义、组织分析制度主义、建构制度主义的新近成果，倾向于在理论交融中逐步消解流派壁垒，增进新制度主义政治学各流派的交流融汇。霍尔在分析制度变迁时指出，一方面，历史制度主义可以吸收组织分析制度主义的符号系统、自然实验、相对模糊性的有益成分，缓解既有制度变迁研究中较为刚性的结构主义取向；另一方面，历史制度主义对权力分析与观念维度的重视，能够进一步提升理性选择制度主义制度变迁模型的解释力。②

拓展阅读

1. ［美］保罗·皮尔逊：《时间中的政治：历史、制度与社会分析》，黎汉基、黄佩璇译，江苏人民出版社2014年版。

2. ［美］彼得·霍尔：《驾驭经济：英国与法国国家干预的政治学》，刘骥等译，江苏人民出版社2008年版。

3. ［美］凯瑟琳·西伦：《制度是如何演化的：德国、英国、美国和日本的技能政治经济学》，王星译，上海人民出版社2010年版。

4. Sven Steinmo, Kathleen Thelen, and Frank Longstreth, eds.,

---

① Anna Grzymala-Busse, "Time Will Tell: Temporality and the Analysis of Causal Mechanisms and Processes", *Comparative Political Studies*, Vol. 44, No. 9, 2010, pp. 1267–1297.

② James Mahoney and Kathleen Thelen, *Explaining Institutional Change: Ambiguity, Agency, and Power*, New York: Cambridge University Press, 2010, pp. 204–223.

Structuring Politics: Historical Institutionalism in Comparative Analysis, New York: Cambridge University Press, 1992.

5. Orfeo Fioretos, Tulia G. Falleti, and Adam Sheingate, eds., *The Oxford Handbook of Historical Institutionalism*, Oxford: Oxford University Press, 2016.

6. Theda Skocpol, ed., *Vision and Method in Historical Sociology*, New York: Cambridge University Press, 1984.

第五讲
组织分析制度主义

组织分析制度主义的发生路径
组织分析制度主义的内在逻辑
组织分析制度主义的意义评析

组织分析制度主义

组织分析制度主义作为新制度主义理论的重要派别，其产生和发展得益于社会学的制度研究传统与组织理论的问题意识。组织理论的一些制度研究者反对社会科学的还原论倾向，认为制度分析不应过于强调规制和规范因素，他们在此过程中汇聚在组织分析制度主义的阵营之中。组织分析制度主义揭示了文化因素的重要作用，从认知角度"重新发现"制度。20世纪60年代以后，关注组织内部互动关系的组织理论学者将组织视为开放系统，更加重视社会环境对组织运行的影响。在此背景下，组织分析制度主义的先驱学者从认知转向的社会科学中借鉴认知心理学、文化人类学、现象学社会学的相关成果，从适宜逻辑的角度展示了制度分析的文化性及认知性意涵。通过将制度理解为意义框架和文化背景，组织分析制度主义的研究焦点从内部结构转至外部环境，更多以宏观制度解释微观秩序，并在认知维度上提出了行动脚本、结构模板等范畴，这为新制度主义政治学提供了现象学的基础。组织分析制度主义在挖掘组织理论和社会学的学理资源的过程中，不断扩展自身的适用范围，但其在缺少权力分析、脱离政治生活方面受到一些政治学者的质疑。已有研究者主张将话语行动和认知过程结合起来对制度逻辑进行阐释，从而使组织分析制度主义具有更多的能动性特征。

组织分析制度主义产生于社会学领域，相关重要成果也主要由社会学研究者产出,这导致政治科学的新制度主义学者往往以"社会学制度主义"指代和概括社会学的新制度主义研究取向。但社会学存在自身的制度研究传统,与理性选择制度主义和历史制度主义相比,社会学制度主义的命名方式既没有体现"新"的含义,也没有突出社会学制度研究的新旧沿袭和范式转换的特征。因而,本讲立足于政治科学的研究本位,以"组织分析制度主义"指称社会学研究传统中的新制度主义和组织分析的制度学派。本讲在组织理论与制度研究的发展脉络中考察组织分析制度主义的理论渊源、诞生背景、推动力量、发展演进,梳理组织分析制度主义在理论构建、方法更新、议题深化方面的内在逻辑,评价组织分析制度主义的突出贡献和研究不足并展望其发展前景。

一 组织分析制度主义的发生路径

组织分析制度主义作为社会学制度研究的理论成果,在组织同形的相关研究中将制度分析和组织理论结合起来。由于技术理性逻辑难以解释科层组织的实际运行情况,许多从事组织研究的社会学者在组织分析制度主义的旗帜下产生认同意识。组织分析制度主义使组织理论的研究焦点由组织的内部结构转向外部环境、由技术环境转向文化背景,更好地揭示了宏观象征系统对组织维系的影响。组织分析制度主义从认知心理学、文化人类学、现象学社会学汲取理论资源,形成了独具特色的文化性及认知性研究路径,其实证研究持续深化,研究领域也不断扩展。

(一)组织分析制度主义的理论渊源

组织分析制度主义将组织作为基本研究对象,其理论渊源是社会学的制度研究传统和卡耐基学派的组织理论。功能主义取向的传统制度研究关注宏观文化背景对组织结构和机制运行的规范作用,卡耐基学派的组织理论则探讨组织影响成员行为方式的微观机制，二者共同构成了组织分析制度主义的渊源。

在长期的发展中，社会学者反对过于强调物质力量和工具理性逻辑的研究立场，关注社会价值和组织规则塑造行动者互动模式以及限制组织成员理性计算的方式，提出了重视规范与规制因素的制度研究路径，这为组织分析制度主义的诞生提供了理论养分。在制度环境和组织的关系方面，功能主义研究范式主张从规范框架和价值嵌入的角度，理解宏观结构对组织运行和社会行为的影响。20世纪中期，帕森斯致力于推进社会学制度研究的学科化，在综合埃米尔·涂尔干的方法论整体主义与韦伯的理解社会学思想的过程中，促成社会行动研究的主客观视角的融合。帕森斯认为，人类根据长期互动实践中"结晶化"的规范系统，理解外在事物并赋予其主观意义，行动者内化社会普遍认同的价值框架，可以保障社会规范在社会层面再生产出可预期的稳定行动模式。[1] 罗伯特·默顿从中层理论角度分析组织制度化现象，为社会结构整合个体的价值途径提供经验支持。默顿指出科层结构的象征性符号压力往往导致官员墨守成规，这也会减少组织运行的活力。[2] 菲利普·塞尔兹尼克在默顿的研究基础上，更加聚焦于具体组织的价值观嵌入机制，阐发了制度化的过程性维度。在关于田纳西河流域管理局的研究中，塞尔兹尼克发现，组织管理人员的价值观变化会改变组织的结构与目标，组织在发展中会不断被特定价值观渗透，[3] 而共同价值观所建构的集体认同赋予组织一定的价值属性，能够保障组织维系的连续性和稳定性。这种规范取向的制度研究关注组织与宏观制度

---

[1] Talcott Parsons, *The Social System*, New York: Free Press, 1951, p. 37.
[2] [美] 罗伯特·K.默顿：《社会理论和社会结构》，唐少杰、齐心等译，译林出版社2006年版，第350—352页。
[3] [美] 菲利普·塞尔兹尼克：《田纳西河流域管理局与草根组织：一个正式组织的社会学研究》，李学译，重庆大学出版社2014年版，第162—164页。

环境的关系，表明组织不是仅遵循理性设计的集体行动结构。与之相反，组织的生存维系无时无刻不在回应社会规范系统的价值要求，在此意义上，组织一定程度上可被视为体现主流价值观的中观载体。这一研究传统从规范性的角度重构了制度理论，强调价值观的作用并反对后果逻辑，成为组织分析制度主义的渊源之一。在组织和成员的关系方面，西蒙、马奇等卡耐基学派的学者关注个体的有限理性对组织决策和管理行为的影响，从认知角度分析组织内部的行为模式，巩固了组织分析制度主义的研究基础。卡耐基学派的研究重心是组织内部的运作机制和决策行为，[1] 认为传统经济学的完全信息和充分认知能力等理论假设难以解释组织的实际运作。卡耐基学派论证了个体理性有其限度，将决策者的认知局限与组织的结构特征联系起来，揭示了组织结构简化决策者的选择范围以适应复杂环境的具体机制。组织结构的支持性作用体现在，组织以规则程序、价值标准等方式塑造组织成员的行为，使行动者将组织目标和特定手段予以联结，由此形成的稳定的行动模式则简化了组织的决策过程。在此基础上，马奇与西蒙主张，组织管理活动很大程度上不遵循科层理论的因果逻辑和分析理性，决策过程的目标也不在于寻求最优的解决方案，而是在有限理性指导下作出适合组织生存的恰当选择。卡耐基学派关注个体嵌入组织的制度化与组织决策过程，从微观特征和功能运行的角度深化了社会科学研究者对组织的理解。[2] 强调组织成员受结构规则约束并根据惯例进行决策，事实上改变了行动者理性计算的内涵，确保个体理性计算结果与组织适宜行为相一致。这种从认知角度分析组织现象的研究路径聚焦于组织内部，明确了组织社会学领域制度分析的认知取向。

---

[1] Walter W. Powell and Paul J. DiMaggio, eds., *The New Institutionalism in Organizational Analysis*, Chicago: The University of Chicago Press, 1991, p. 19.

[2] W. Richard Scott, *Institutions and Organizations: Ideas, Interests, and Identities*, Los Angeles: Sage Publication Ltd., 2014, pp. 29–30.

（二）组织分析制度主义的诞生背景

组织理论分析范式的转换与研究议题的更新，推动了组织分析制度主义的诞生。早期的组织理论以技术理性逻辑解释组织运行过程，未能关注到组织的开放性及其所处的社会环境；权变理论由于忽略了制度情境中的文化要素，无法解释组织趋同现象。在此背景下，组织理论内部逐渐形成了文化性及认知性取向的制度研究路径。

20世纪60年代，主流社会学理论从目的合理性角度看待科层组织的形成发展，无法合理揭示组织运行与组织同形的逻辑。一方面，组织理论学者认识到科层组织并非严格按照技术理性逻辑运作，组织作为开放系统会受到制度环境的影响。承袭韦伯研究传统的学者提出理性组织研究假设，认为科层组织在处理日渐复杂的技术工作方面卓有成效，这使现代社会组织普遍采用科层结构，呈现高度相似的组织形式。[1] 然而，组织在日常运行中并不总是追求效率，组织的实际运作和成员的互动交往不会完全遵循组织设定的最初目标，某些组织甚至会消耗大量资源从事与生产效率无关的活动。[2] 为了解释组织运行中的非理性活动，许多学者不再简单将组织界定为"效率机器"。他们指出组织并非围绕特定技术目标建立的封闭系统，而是作为开放系统，在与社会结构的互动中调试自身的运作机制。这种观点不再关注制度结构对社会秩序的规范性保障，而是从认知构建的角度，主张组织运转需要回应社会环境在不同场域下提出的合法性要求。与侧重规范的早期制度理论相比，认知取向的组织理论尽管同样重视文化塑造个体行为的方式，但较少

---

[1] Peter A. Hall and Rosemary C. R. Taylor, "Political Science and the Three New Institutionalisms", *Political Studies*, Vol. 44, No. 5, 1996, pp. 936–957.

[2] 周雪光：《组织社会学十讲》，社会科学文献出版社2003年版，第68—69页。

关注价值观对组织的渗透过程以及组织成员对主流规范的内化过程。组织非理性运作的经验事实，启发一些学者完善认知取向的制度理论。另一方面，权变理论关注技术性而非文化性的制度环境，很难解释组织趋同现象，制度理论学者更加留意于组织嵌入的文化背景。组织理论在摆脱韦伯式的科层化框架后，更加关注组织与环境的关系。作为其中的集大成者，权变理论将组织视为仅关心投入产出的生产系统，从技术与资源交换的角度理解组织与环境的关系，揭示了市场条件、需求规模等技术环境与组织结构安排的联系。不同组织面临的外部环境及其对外部资源的依赖程度有所差异，与之相适应的组织形式存在多样性，外部环境的变化会引发组织对结构形式的调整。[1] 按照这种理解，不同时间和领域的组织应该具有多样化的形式，但实际观察到的组织结构却是普遍趋同化的。[2] 更重要的是，如果市场和技术会导致组织形式变化，那么市场化和技术扩散应该先于科层组织出现，但有关政治和经济变化的跨国分析表明，组织趋同的速度往往比经济或技术发展更快。[3] 这意味着技术理性和效率因素不是组织趋同的主要原因。在组织理论学者看来，组织不仅在市场需求、技术资源的要求下调整自身行为，还受到社会规范和文化期待的影响，普遍接受的文化象征系统制约着人们对组织形式的选择。[4] 从认知角度看待制度环境对组织结构的影响，实际上改变了组织理论研究组织运行和组织同形等议题的方式，为组织分析制度主义的诞生指明了方向。

---

[1] 周雪光：《组织社会学十讲》，社会科学文献出版社2003年版，第71页。
[2] ［韩］河连燮：《制度分析：理论与争议》，李秀峰、柴宝勇译，中国人民大学出版社2014年版，第15页。
[3] Martha Finnemore, "Norms, Culture, and World Politics: Insights from Sociology's Institutionalism", *International Organization*, Vol. 50, No. 2, 1996, pp. 325–347.
[4] Elisabeth S. Clemens and James M. Cook, "Politics and Institutionalism: Explaining Durability and Change", *Annual Review of Sociology*, Vol. 25, 1999, pp. 441–466.

（三）组织分析制度主义的推动力量

组织分析制度主义的推动力量来源于认知心理学、文化人类学、现象学社会学的理论成果。认知心理学说明了人类认知过程的结构性维度，文化人类学具体探索作为符号系统的文化如何作用于人类认知结构，现象学社会学更进一步阐明人们共享的符号系统能够生成和维系社会秩序。这些文化性及认知性的研究成果逐步推动组织分析制度主义的形成与完善。

20世纪70年代，随着认知科学的深入发展，社会科学研究者重新思考人类处理信息的方式，组织理论由重视价值内化的规范逻辑转向强调行为惯常化的认知逻辑。首先，认知心理学的研究成果表明，语言思维、因果思维、空间思维是人类与生俱来的思维能力，这使组织分析的研究重点由个体性的决策行为转变为结构性的认知机制。规范取向的组织理论认为，构建稳定的社会秩序需要社会成员在社会化过程中内化集体性规范，依据身份角色回应组织的道德期待。这种观点预设了价值认同是实现社会整合的主要模式，主要关注个体的行为表现与社会规范的契合程度。但认知科学与跨文化的研究成果表明，人类的认知能力不是完全由社会化水平决定的，[1] 不同文化环境下的成员可能采取近似手段解决特定问题，这意味着人类认知结构的"脚本"会根据具体情况引导社会行动。[2] 这些成果使组织理论聚焦于认知的结构性层面而非能动性层面，凸显了组织分析制度主义的结构分析取向。其次，文化人类学强调人类认知结构的符号性质，主张作为符号系统的文化可以塑造人类认知能力，这使组织分析学者重视文化要素和认知要素的联系。人们

---

[1] Albert J. Bergesen, "A Linguistic Model of Art History", *Poetics*, Vol. 28, No. 1, 2000, pp. 73 - 90.

[2] Roger C. Shank and Robert P. Abelson, *Scripts*, *Plans*, *Goals*, *and Understanding*: *An Inquiry into Human Knowledge Structures*, Hillsdale: Lawrence Erlbaum, 1977, p. 41.

具有先验的认知能力并从外部环境提取信息,但如何处理信息受到个体所处文化背景的思维模式的影响。文化人类学研究者聚焦于认知结构的作用机制,由共同体生活方式的宽泛文化研究转向文化符号系统的象征功能分析。[1] 人们根据符号系统开展认知和实践活动,通过符号系统激活和表达自己的意图,并以符号性价值说明社会行为的正当性,主张作为符号系统的文化可以让人们深入思考外在世界与自身行为的关系。在此意义上,文化并非传统理论所认为的束缚行动者思维的消极结构,而是帮助行动者构建行为意义的符号工具。[2] 文化人类学对认知过程和符号系统关系的理解,促使组织理论学者更加重视文化变量的影响。最后,现象学社会学认为文化具有符号系统的性质,指出社会成员对符号意义的共同信念是维持日常生活稳定秩序的必要基础。哈罗德·加芬克尔作为现象学社会学的代表人物,反对从功能主义角度阐释社会秩序的建构,认为社会秩序无法从人类对价值规范和角色模式的认同中自动生成。在一系列情境破坏实验中,加芬克尔发现同一文化环境下社会成员的认知模式基本相似,他们共享社会规则的背景性知识,能够建立稳定的合作关系并开展丰富多样的集体活动。现象学社会学者据此认为,人们共享的符号秩序可以塑造集体共识,以"脚本"的形式指导行动者的日常活动。这种观点强调行为的文化性及认知性要素而非评价性及规范性要素,进一步挑战并修正了规范取向的组织理论。通过论证微观符号互动可以产生宏观社会秩序,现象学社会学为组织分析制度主义的形成和发展提供了推动力量。

---

[1] W. Richard Scott, *Institutions and Organizations: Ideas, Interests, and Identities*, Los Angeles: Sage Publication Ltd., 2014, p. 45.
[2] Ann Swidler, "Culture in Action: Symbols and Strategies", *American Sociological Review*, Vol. 51, No. 2, 1986, pp. 273–286.

（四）组织分析制度主义的发展演进

组织分析制度主义发端于组织社会学者对组织同形问题的思考，其发展演进集中表现在探讨组织同形背后的合法性机制，根据适宜逻辑推进实证研究，并不断扩展组织研究的议题领域。

20世纪70年代末，组织理论学者从宏观制度环境的角度分析组织趋同现象。现代社会组织高度一致的结构体系和机制设置，激发了组织分析制度主义的问题意识。1977年，约翰·迈耶和布莱恩·罗恩共同发表《制度化的组织：作为神话与仪式的正式结构》一文，他们分析作为理性神话的科层制如何成为现代社会普遍接受的结构形式，明确了组织分析制度主义的核心议题和研究取向。① 迈耶和罗恩从相对宏观的层面提出，组织结构作为一种理性神话，以高度制度化的方式塑造组织行动。组织采用科层结构很大程度上并非出于效率考虑，而更多是为了满足社会成员的合法性期待并符合广为接受的社会事实，因此实际运行和目标任务的脱耦是组织发展的趋势。1983年，迪马吉奥和鲍威尔共同撰写《重新思考铁的牢笼：组织场域的制度趋同性与集体理性》一文，从中层理论的角度解释组织同形。他们强调由于组织是相互依赖的，组织趋同只会发生在特定组织场域之内，功能相近的组织为了提高自身生存的可能性，会逐渐采纳类似的组织结构。两位作者具体讨论了强制、规范、模仿三种组织趋同机制，确立了组织分析制度主义研究组织同形的基本框架。② 1991年，鲍威尔和迪马吉奥梳理了组织分析中制度研究的内在脉络，进一步关注理论范式的含混之处。他们总结

---

① John W. Meyer and Brian Rowan, "Institutionalized Organizations: Formal Structure as Myth and Ceremony", American Journal of Sociology, Vol. 83, No. 2, 1977, pp. 340 – 363.

② Paul DiMaggio and Walter W. Powell, "The Iron Cage Revisited: Institutional Isomorphism and Collective Rationality in Organizational Fields", American Sociological Review, Vol. 48, No. 2, 1983, pp. 147 – 160.

制度塑造组织结构和行为的方式，围绕反对理性行动理论和功利主义、坚持社会生成论、运用文化性及认知性解释方法，形成了组织分析制度主义的身份认同。[1] 帕梅拉·托尔伯特和林恩·朱克尔较早从实证维度考察组织趋同现象在不同时间节点出现的原因。两位作者发现，在早期阶段，组织调整自身结构是为了解决生存问题并提高运行效率，一旦组织结构被成员普遍接受，就会以合法性机制的方式限制后续组织改革的选择范围。[2] 这一研究关注组织趋同的动态演变过程，阐明合法性机制与适宜逻辑在组织分析中适用的时间节点。韩新甲（Shin-Kap Han）探索了企业规模对组织行为的影响，揭示了市场定位不同的企业面临分化的制度环境，不同环境的合法性要求对应着特定的行为方式。这项研究运用社会网络研究方法，将组织分析制度主义的研究对象从非营利性的组织拓展到经济领域的企业，扩大了组织分析制度主义的研究领域。[3] 组织分析制度主义在总体的发展演进中，表现出明显的理论建构意识和广阔的理论研究视野。

二　组织分析制度主义的内在逻辑

组织分析制度主义从文化性及认知性的角度，阐述"宏观制度环境可以解释中观层面组织现象"，提出了广泛适用于不同分析层面的制度解释逻辑。组织分析制度主义学者在制度个体主义的认识论基础上应用方法论制度主义原则，在辨析文化背景和组织形式

---

[1] Walter W. Powell and Paul J. DiMaggio, eds., *The New Institutionalism in Organizational Analysis*, Chicago: The University of Chicago Press, 1991, pp. 1-42.

[2] Pamela Tolbert and Lynn Zucker, "Institutional Sources of Change in the Formal Structure of Organizations: The Diffusion of Civil-Service Reform 1880-1935", *Administration Science Quarterly*, Vol. 28, No. 1, 1983, pp. 22-39.

[3] Shin-Kap Han, "Mimetic Isomorphism and Its Effect on the Audit Services Market", *Social Forces*, Vol. 73, No. 2, 1994, pp. 637-664.

关系的过程中更新研究议题。

(一) 组织分析制度主义的理论构建

组织分析制度主义学者认为组织决策与个体行动均派生于制度环境的合法性要求，组织现象只有置于制度框架下才能得到更好的解释。在组织理论的谱系中，组织分析制度主义通常被认为是一种中层理论，其理论构建需要在不同分析层面保持一以贯之的解释逻辑。组织分析制度主义在宏观层面将制度理解为意义框架，在中观层面强调组织行为遵循制度逻辑，在微观层面揭示适宜逻辑对个体行为的引导。

首先，组织分析制度主义侧重制度的认知维度，以文化背景界定制度概念。许多社会科学研究者经常不区分制度与组织的内涵，组织分析制度主义学者认为制度与组织是不同层面的分析单位。构成制度的一系列社会规范和文化模式不仅影响组织的运作过程，而且以组织所不能的方式塑造行动者的社会行为。[1] 通过为行动者的行为提供意义框架，制度规定了不同场域的互动模式，在此意义上，制度并非客观的物质实体，而是认知和文化层面的社会秩序。[2] 凡是被社会成员广泛接受的结构性力量，都可以纳入组织分析制度主义的制度范畴。制度不仅包括正式的规则、程序或规范，还涉及符号系统、认知脚本和道德模板。[3] 与理性选择制度主义和历史制度主义相比，组织分析制度主义通过缩小概念内涵与扩大概念外延，更加清晰地界定了制度与制度化。组织分析制度主义学者

---

[1] Jeroen Huisman, Harry de Boer, David D. Dill, and Manuel Souto-Otero, eds., *The Palgrave International Handbook of Higher Education Policy and Governance*, New York: Palgrave Macmillan, 2015, pp. 114–131.

[2] [韩] 河连燮：《制度分析：理论与争议》，李秀峰、柴宝勇译，中国人民大学出版社2014年版，第55页。

[3] Peter A. Hall and Rosemary C. R. Taylor, "Political Science and the Three New Institutionalisms", *Political Studies*, Vol. 44, No. 5, 1996, pp. 936–957.

认为，制度化的实质是特定规则和规范能够持续影响人们的思想和行动，使人们理所当然地接受某些行为选择。① 习俗和惯例可以作为背景性因素呈现组织政策的合法性，维持制度化的稳定再生产。由于制度总是以文化背景的形式限制行动者的认知过程并嵌入社会行动，在组织分析制度主义的理论建构中，制度基本等同于"制度环境"。

其次，组织在制度环境中形成并运作，其结构安排依赖于制度环境为其提供的文化脚本和行动规则。组织不是脱离文化背景而存在的先验现实，其程序规则受到制度环境的广泛影响，这主要体现在两个方面。一方面，组织的运作目标在于满足制度环境的功能性需求。随着专业化分工水平的提高，社会生活专门性的需求也不断增加，制度环境据此创设明确的术语和实例，划分相应的功能性场域，界定了与组织相关的定义、目标和衡量标准。② 这意味着组织扮演的角色往往由外部的制度环境决定，任何组织都要根据社会结构的功能需求设定任务。另一方面，组织的正式结构反映了制度环境的合法性要求。迈耶和罗恩指出，即使是十分强调效率的生产性组织，其结构安排也不必然是为了提高生产效率。③ 组织结构形式与实际工作需求之间存在一定程度的解耦，组织为了满足外部环境的合法性要求，会采用当前主导性文化模式倾向的结构形式。尽管组织遵循制度环境中的理性神话会阻碍其自主运作，但组织获取的合法性资源有益于维系自身稳定。

---

① John W. Meyer and Brain Rowan, "Institutionalized Organizations: Formal Structure as Myth and Ceremony", *American Journal of Sociology*, Vol. 83, No. 2, 1977, pp. 340 – 363.

② Patricia J. Gumport, ed., *Sociology of Higher Education: Contributions and Their Contexts*, Baltimore: The Johns Hopkins University Press, 2007, p. 188.

③ John W. Meyer and Brain Rowan, "Institutionalized Organizations: Formal Structure as Myth and Ceremony", *American Journal of Sociology*, Vol. 83, No. 2, 1977, pp. 340 – 363.

最后，组织分析制度主义强调适宜逻辑对个体行为的引导。组织分析制度主义的制度逻辑不仅体现为宏观结构对组织运行的影响，还表现在微观的行动者互动层面。组织分析制度主义学者既不赞同行动者是原子化的个体，反对以理性选择理论的博弈模型解释社会现象；也不认为社会由高度社会化的个体组成，提出不考虑文化背景的结构性作用便无法实现社会整合。与以往研究不同的是，组织分析制度主义学者认为，个体不仅是在共享价值规范的基础上扮演特定角色的社会化存在，而且是深度嵌入文化模式的制度化存在。① 行动者可以在文化背景提供的意义框架中，相互理解各自不同的情境诠释与观念表达。文化规定了行动者在不同场域所要遵守的规则或规范，提高了行动者的环境适应能力，这种将个体行为与特定情境联系起来的思维模式就是适宜逻辑。人们在日常生活中并不总是遵循效益最大化的后果逻辑或算计逻辑，而更多是在适宜逻辑的引导下依照惯例行事。适宜逻辑反映了制度约束下的个体认知特征，即人们在日常生活中大多循规蹈矩。② 组织分析制度主义学者强调，适宜逻辑塑造了行动者关于恰当行为的共同理解，同一场域的不同行动者倾向于做出相同的反应，这有助于从认知角度解释组织形式的趋同化。③

（二）组织分析制度主义的方法更新

组织分析制度主义聚焦于中观层面的组织现象，强调组织能够将抽象的程序规则转变为特定场域的行为规范，从而影响个体决策

---

① Gunnar Grendstad and Per Selle , "Cultural Theory and the New Institutionalism", *Journal of Theoretical Politics*, Vol. 7, No. 1, 1995, pp. 5 – 27.

② Jeroen Hu isman, Harry de Boer, David D. Dill, and Manuel Souto – Otero, eds., *The Palgrave International Handbook of Higher Education Policy and Governance*, New York: Palgrave Macmillan, 2015, pp. 114 – 131.

③ Joseph Berger and Morris Zelditch Jr., eds., *New Directions in Contemporary Sociological Theory*, Lanham: Rowman & Littlefield Publishers, 2002, pp. 229 – 266.

行动，这些理论贡献和组织分析制度主义的方法论原则密切相关。[1] 组织分析制度主义的方法更新主要体现在：以制度个体主义减少了还原论和整体论的张力，以方法论制度主义解释中观层面的制度安排，将定量研究范围拓展至组织成员的认知和互动过程。

首先，组织分析制度主义通过制度个体主义的认识论，减少了制度理论在不同层面的分析张力。组织分析制度主义学者质疑理性行为模型的方法论个体主义和还原论原则，反对仅以理性行为模型解释组织现象。他们认为制度结构可以维持组织体系运作，主张以制度个体主义的认识论原则理解组织和个体互动。[2] 与方法论个体主义强调社会制度是人类行为结果的观点相反，制度个体主义学者认为社会既不是由行动者行为衍生的产物，也并非个体简单加总后形成的整体系统。个体的行为不只是由其目标引导，还由构成其行为背景的制度环境所塑造。组织分析制度主义学者重视制度因素在解释社会互动及其后果方面的作用，围绕非计算行为阐述了"制度人"模型的含义和价值：只有人才是追求目标和实现利益的自为行动者，这使制度个体主义区别于涂尔干以来的方法论整体主义社会学传统；影响人与人互动的制度规则是重要的解释变量，这使其区别于理性选择理论的方法论个体主义解释模式；中观层面的制度变迁由个体或集体行为推动，但总是处于更广泛的制度框架之内，这彰显了跨层面分析组织现象的必要性。[3]

其次，方法论制度主义作为组织分析制度主义的方法论原则，

---

[1] Svetlana G. Kirdina, "Methodological Institutionalism as a New Principle of Complex Social Systems Analysis at Meso‐level", *Terra Economicus*, Vol. 14, No. 1, 2016, pp. 98 – 108.

[2] Svetlana G. Kirdina, "Methodological Individualism and Methodological Institutionalism for Interdisciplinary Research", *Montenegrin Journal of Economics*, Vol. 11, No. 1, 2015, pp. 53 – 67.

[3] Fernando Toboso, "Institutional Individualism and Institutional Change: the Search for a Middle Way Mode of Explanation", *Cambridge Journal of Economics*, Vol. 25, No. 6, 2001, pp. 765 – 783.

从宏观的制度环境角度看待组织现象，指出制度是组织分析中的独立变量。坚持方法论制度主义的学者认为，制度环境决定了组织应当遵守的规范，制度环境蕴含的制度逻辑可以影响组织形式的变化。组织分析制度主义学者运用方法论制度主义原则，在本体论层面关注包括程序、规则、习俗、规范在内的正式或非正式的结构性要素。他们在方法论层面揭示制度环境对组织行为的因果作用，考察制度环境的合法性要求如何影响组织运行机制和结构形式变化。组织分析制度主义学者主张，组织行为并非组织成员博弈的结果，而是组织遵循宏观制度逻辑的恰当选择。组织分析制度主义的分析重点是揭示制约社会行为的制度性因素，这些因素以合法性资源的形式约束组织决策，并在组织偏离制度规范时发挥纠偏作用。①

最后，组织分析制度主义围绕组织成员的认知和互动过程展开定量研究。组织分析制度主义学者认为，制度环境通过提供合法化模板而塑造组织的正式结构，这一假设以特定的认知过程为前提，即组织成员能够感知不同场域中广为接受的规则和规范，并以实际行动回应社会期待。组织分析制度主义学者将制度化视为持续的过程而非稳定的状态，以认知因素解释制度维系和组织同形。② 由于认知因素难以量化，组织分析制度主义学者在实证研究中，通常以结构网络的变化情况推断行动者的认知过程。斯科特等学者关注组织分析制度主义的概念测量问题，对组织的构成要素、合法性程度的评判标准、合法性标准的应用层次和适用场域进行归纳，构建了可适用于实证研究的经验框架，由此评估制度环境影响组织的合法

---

① Svetlana G. Kirdina, "Methodological Individualism and Methodological Institutionalism for Interdisciplinary Research", *Montenegrin Journal of Economics*, Vol. 11, No. 1, 2015, pp. 53 – 67.

② Royston Greenwood, Christine Oliver, Roy Suddaby, and Kerstin Sahlin, eds., *The Sage Handbook of Organizational Institutionalism*, London: Sage Publication Ltd., 2008, pp. 473 – 490.

性机制。① 韩新甲运用社会网络的测量方法，考察同一场域内组织相互模仿的程度，他将组织的地位高低作为衡量指标，丰富了组织趋同机制的实证研究。② 还有一些学者关注认知过程的动态变化，将时间序列纳入组织现象分析，根据具体的组织特征预测合法性机制在不同阶段的变化情况。他们指出制度环境随着时间的推移而产生不同的合法性要求，并在方法论层面指出依赖共时性数据的横截面研究设计的缺陷。③

（三）组织分析制度主义的议题深化

组织分析制度主义学者最初较为关注组织同形现象，着眼于组织外部的结构性因素，阐释制度环境与组织结构的互动关系。在后续研究中，组织分析制度主义学者主要考察了合法性机制的类型化和精确化、组织形式趋同化和多样化的发生条件、制度环境的变迁机制。

首先，组织分析制度主义区分了组织合法性的不同来源，根据合法性要求梳理组织趋同的具体机制。组织结构的变化原因及其影响机制，是组织分析制度主义学者始终关注并不断推进的议题。斯科特指出，制度通过规制性、规范性、文化性及认知性三种要素，为社会生活提供合法性理由。规制性要素是约束行动者行为的制度和程序规则，可以从法律认可的角度提供合法性；规范性要素包括价值观、习俗和角色规范，可以从道德授权的角度提供合法性；文化性及认知性要素对应行动者理解社会现实的意义框架，可以从文

---

① 张永宏主编：《组织社会学的新制度主义学派》，上海人民出版社2007年版，第102—133页。

② Shin‑Kap Han, "Mimetic Isomorphism and Its Effect on the Audit Services Market", *Social Forces*, Vol. 73, No. 2, 1994, pp. 637–664.

③ 张永宏主编：《组织社会学的新制度主义学派》，上海人民出版社2007年版，第52、61—62页。

化支持的角度提供合法性。① 迪马吉奥和鲍威尔认为同一场域的组织倾向于采用相同的结构模式，组织趋同主要包含三种机制：组织由于依赖其他组织而需要回应相应期待的强制性同形；组织为应对环境的不确定性，效仿更为成功或更具合法性的组织的模仿性同形；专业化进程促使专业人员共享组织运行相关观念的规范性同形。② 尽管上述学者对于相关概念的理解有所不同，但可以将三个合法性来源视为组织趋同机制的逻辑基础。组织分析制度主义学者在此后的研究中，更加细致地区分了组织趋同的具体机制。例如有学者基于组织之间相似程度、组织的特征、组织先前取得较好结果等理由，进一步梳理了模仿性同形的不同模式。③

其次，组织分析制度主义重视更加多样化的组织现象，探索制度环境影响组织形式的不同机制。组织分析制度主义学者调整制度逻辑的细节并扩大理论的适用范围，更为细致地考察不同类型的组织现象。其一，通过承认制度环境对正式组织的嵌入性，组织分析制度主义学者提出制度环境能够影响组织的数量、类型和结构。集权主义的制度环境倾向于构建形式简单和界限分明的组织结构，个体主义制度环境下的组织具有边界模糊和功能众多的特征。不同模式的制度化过程导致组织结构呈现差别，一些学者研究组织的跨国差异来检验和发展这些看法。④ 其二，制度环境影响机制的复杂性受到组织分析制度主义学者关注。嵌于差别化制度环境，不同组织往往根据自身定位选择相应的合法性策略。但组织制定策略的能力

---

① W. Richard Scott, *Institutions and Organizations: Ideas, Interests, and Identities*, Los Angeles: Sage Publication Ltd., 2014, pp. 59–71.
② Jeroen Huisman, Harry de Boer, David D. Dill, and Manuel Souto-Otero, eds., *The Palgrave International Handbook of Higher Education Policy and Governance*, New York: Palgrave Macmillan, 2015, pp. 114–131.
③ 张永宏主编：《组织社会学的新制度主义学派》，上海人民出版社2007年版，第67—68页。
④ Joseph Berger and Morris Zelditch Jr., eds., *New Directions in Contemporary Sociological Theory*, Lanham: Rowman & Littlefield Publishers, 2002, pp. 229–266.

与适应环境的程度不尽相同，特定组织的结构形式可能无法回应制度环境提出的所有合法性要求。① 其三，一些组织分析制度主义学者尝试越过组织同形问题，更多侧重于组织实践的多样性。他们认为组织结构之所以呈现多样性，不仅因为制度逻辑本身蕴含各不相同乃至各自冲突的要素，② 还因为不同文化背景的认知框架有所差别，行动者在改造组织形式时应用了具有本土特色的合法性规则。③

最后，组织分析制度主义为提高理论的解释力，重点阐述制度环境的变迁机制。组织分析制度主义学者认为，制度与文化框架密切相关，制度在历史与文化积淀中稳定发展，这导致制度变迁过程非常缓慢。由于制度决定论立场的制约，早期的组织分析制度主义学者没有过多留意于制度变迁。组织分析制度主义的研究成果表明，组织不仅需要应对环境改变带来的挑战，及时调整制度结构以回应新的合法性要求，还可能为了满足特定需要而主动改变或塑造制度环境的形态。组织的社会条件、文化背景以及行动者需求不断变化，这要求组织分析制度主义学者关注制度环境的变化趋势，进一步解释制度变迁的外生性方式和内生性方式。在涉及制度与环境互动的外生变迁方面，制度变迁既可能发生于特定制度化模式存在惯性且无法适应新环境的情况下；也可能出现在环境变化引起思想观念分化和社会共识消解，原有的制度无法继续提供合法性而失去规范约束力的情况下。在涉及制度与行动者互动的内生变迁方面，当制度长期支持的利益与权力分配格局很难整合社会成员时，潜在

---

① Jeroen Huisman, Harry de Boer, David D. Dill, and Manuel Souto‐Otero, eds., *The Palgrave International Handbook of Higher Education Policy and Governance*, New York: Palgrave Macmillan, 2015, pp. 114－131.

② 田凯、赵娟：《组织趋同与多样性：组织分析新制度主义的发展脉络》，《经济社会体制比较》2017 年第 3 期。

③ James D. Wright, ed., *International Encyclopedia of the Social & Behavioral Sciences*, Amsterdam: Elsevier, 2015, pp. 764－769.

的变革者很可能反思甚至质疑制度的合法性，这往往引发制度的创新和变迁。① 组织分析制度主义学者主张制度变迁不是被动回应外部压力的结果，他们从文化性及认知性角度阐释制度变迁的内生动力，这为制度变迁理论发展提供了学理灵感与经验素材。

三　组织分析制度主义的意义评析

组织分析制度主义从社会学的制度研究传统中汲取理论资源，从现代组织理论的议题领域和现象学的分析基础中获得发展动力。组织分析制度主义弱化了实证主义社会科学的工具理性前提，其独特的制度化与合法化解释逻辑愈益受到经济学、政治学、社会学等学科的重视。评价组织分析制度主义的意义，需要总结它在不同分析层面的贡献，认识其理论逻辑的内在不足，并在推进流派完善和借鉴融合中展望其发展前景。

（一）组织分析制度主义的突出贡献

组织分析制度主义反对个体主义和理性选择理论的研究取向，致力于提供非行为主义的社会科学解释模型。组织分析制度主义的主要贡献是以认知因素诠释制度逻辑，转变理性选择理论的叙事逻辑，辨别认知框架与文化背景的关系。

首先，组织分析制度主义强调制度理论的现象学基础，从认知角度揭示制度逻辑的本质。组织分析制度主义学者认为，制度背景塑造了社会行动者视为理所当然的常识性知识。这些知识支配着行动者的互动过程，使行动者处于相同的生活事实之中，能够维持稳

---

① 崔珊珊：《社会学制度主义视域下制度变迁的发生机理》，《理论月刊》2022年第10期。

定的互动秩序。① 这种现象学的理解方式不仅强调社会结构的重要性,还说明了宏观社会力量影响组织活动的具体机制。通过对意义进行编码,制度塑造行动者的认知内容和认知形式,使行动者以特定方式认识和理解现实。组织分析制度主义学者认为,制度逻辑的本质是为行动者提供具体的思考和行动框架,即在特定情况下谁可以为了什么目的以何种方式采取某种行动。制度化过程既是整合社会成员的过程,还是为行动者的认知和行为设定边界的过程,因此行动者不可避免地嵌入制度实践所织就的意义网络。行动者共享他们对意义框架的理解,他们的行为潜移默化地反映社会结构所允许和支持的习惯做法。② 与理性选择制度主义强调制度约束个体选择相比,组织分析制度主义对制度逻辑的分析可能更具理论说服力和现实解释力,它主张"不参照制度发展就不能理解组织的结构和活动"。③

其次,组织分析制度主义从文化角度重塑组织理论的理性叙事,开辟了新的研究路径。组织分析制度主义学者认识到,组织同时处在影响资源交换效率的技术环境和提供意义框架的文化背景之下,组织结构更多受到组织外部合法性要求的制约,相比之下较少受到组织内部任务需求的影响。这种解释模式没有否定理性因素对组织运行的作用,而是质疑了工具理性的价值。在重视效率的制度环境中,理性科层制的高效率会导致组织结构的趋同,但其原因不在于工具理性本身,而在于个体主义文化背景下"理性"与"效率"所具有的合法性。科层组织在现代生活中扮演"制度神话"

---

① [美]沃尔特·W. 鲍威尔、保罗·J. 迪马吉奥主编:《组织分析的新制度主义》,姚伟译,上海人民出版社2008年版,第23页。
② Sandy Edward Green Jr. and Yuan Li, "Rhetorical Institutionalism: Language, Agency, and Structure in Institutional Theory Since Alvesson 1993", *Journal of Management Studies*, Vol. 48, No. 7, 2011, pp. 1662–1697.
③ Konstanze Senge, "The 'New Institutionalism' in Organization Theory: Bringing Society and Culture Back in", *The American Sociologist*, Vol. 44, No. 1, 2013, pp. 76–95.

的角色，为组织生存提供合法性资源，即便科层结构存在文牍主义和形式主义的消极方面，仍然会被不同组织广泛采用。有别于现有组织理论对理性的狭隘解释，组织分析制度主义学者认为，如果合法性资源是组织赖以维系的前提，且牺牲效率是获取合法性资源的必要条件，那么牺牲效率同样是理性的。组织不是在理性行为和非理性行为之间进行选择，而是通过扩展理性的范围对采用何种理性加以取舍。在此意义上，组织分析制度主义促使组织分析由理性叙事转向文化叙事，这丰富了制度理论研究的内容。

最后，对于社会科学研究而言，组织分析制度主义的研究视角具有认识论意义。组织分析制度主义反对社会行动理论的利益驱动模型，认为由于组织环境的不确定性，行动者无法精准识别和充分实现利益，他们的行动更多受到制度化的习惯、仪式、脚本的影响。文化为行动者提供构建世界观和设计行动策略的"工具箱"，潜移默化地塑造行动者的认知框架，也影响了行动者对利益的感知。文化与制度并非被动反映社会现实，它构成了行动者理解实践意义的必要背景，行动者的认知框架往往限制自身的行为选择。[1]这些看法不仅表明组织分析制度主义有着解释组织现象的独特逻辑，还揭示了以往制度研究的认识论盲点。由于没有认识到制度的仪式性特点，一些组织社会学的研究议程局限于描述和分析特定文化背景的"制度神话"，忽略了制度环境的跨文化差别以及其他组织形式。组织分析制度主义解构了"制度神话"的作用机制，加深了制度研究者对文化背景重要作用的认识，为社会科学的建构主义研究取向开辟了道路。

（二）组织分析制度主义的研究不足

组织分析制度主义从宏观制度环境的角度解释组织行为，呈现

---

[1] John L. Campbell, "Institutional Analysis and the Role of Ideas in Political Economy", *Theory and Society*, Vol. 27, No. 3, 1998, pp. 377–409.

出明显的制度决定论色彩,很大程度上忽视了政治行动领域。组织分析制度主义被认为对认知过程隐含的权力因素视而不见,塑造了过度社会化的行动者形象,存在概念界定模糊、适用范围较小等问题。

首先,组织分析制度主义忽视制度结构背后的权力与利益因素。制度研究者认为权力与制度相互作用,权力影响制度的创立和变迁,制度能够巩固或削弱现有权力格局。[1] 认识制度的运行需要考察制度结构中的权力分配关系,分析特定群体是否有能力维护自身利益。组织分析制度主义学者继承了功能主义的研究传统,[2] 他们认为文化价值的合法性资源有助于规范社会运行、保障制度维系、促进组织同形,但没有对权力与冲突予以足够重视。比较政治学的经验研究表明,不同制度会改变群体权力与利益分配关系,特定权力格局下的政策安排对各类社会群体有着不同影响,[3] 维持现有分配模式往往以相对弱势一方的基本认同为前提。认知塑造作为组织分析制度主义的理论核心,与权力操纵具有密切联系。由于缺少探讨社会成员利益冲突的理论工具,组织分析制度主义在解释去制度化现象时常常力不从心,更无法说明主流价值的话语叙事难以整合特定群体的原因。[4]

其次,组织分析制度主义的社会行动理论具有结构决定论色彩,其因果分析不适用于分析微观层面的互动情况。组织分析制度

---

[1] Michael Gunder, Ali Madanipour, and Vanessa Watson, eds., *The Routledge Handbook of Planning Theory*, New York: Routledge, 2018, pp. 250 – 263.

[2] Ian Kirkpatrick and Stephen Ackroyd, "Archetype Theory and the Changing Professional Organisation: A Critique and Alternative", *Organization*, Vol. 10, No. 4, 2003, pp. 731 – 750.

[3] Jeroen Huisman, Harry de Boer, David D. Dill, and Manuel Souto – Otero, eds., *The Palgrave International Handbook of Higher Education Policy and Governance*, New York: Palgrave Macmillan, 2015, pp. 114 – 131.

[4] Maria Pietila, "The Many Faces of Research Profiling: Academic Leaders' Conceptions of Research Steering", *Higher Education*, Vol. 67, No. 3, 2014, pp. 303 – 316.

主义以宏观的文化背景解释微观的行为变化，这种解释逻辑的不足体现在两个方面。一方面，组织分析制度主义忽视行动者的能动作用。组织分析制度主义学者认为，行动者依据制度结构提供的脚本展开行动，制度环境使行动者拥有认知和解决问题的能力。但这种观点不能解释相同的制度环境何以塑造了认知方式与思维结构大相径庭的行动者。行动者的差异性既来源于文化背景本身的复杂性，即诸多层次和领域的情境为人们提供了不无抵牾的指导，还来源于行动者的反思能力，即人们会对文化背景的多个部分进行重新组合以建构自身行为的意义。① 另一方面，组织分析制度主义的因果分析适用范围较小，很难解释微观行为。文化性及认知性研究路径以文化背景解释宏观情境下的组织同形，这可以在宽泛意义上讨论制度环境对组织行为的塑造作用，却无法解释组织形式多样性与制度变迁等问题。在微观的个体行为层面，组织分析制度主义由于缺少因果分析机制以及忽略许多关键变量，而且轻率地认为行动者的行为同质性极高，造成这种结论不符合经验事实且很难进行可信验证。

最后，组织分析制度主义的核心概念界定模糊，研究模型的适用性有限。组织分析制度主义的制度概念涉及正式的规则、非正式的规范乃至整体性的符号系统，包含所有影响人类行为的认知要素，几乎等同于人类学意义的"文化"。但制度与文化的概念外延不完全重合，并非所有的程序和规则都具有文化的属性，文化也无法包含所有制度现象。组织分析制度主义从文化角度阐释制度，不仅改变了制度概念的内涵和外延，而且使实证研究难以准确应用制度逻辑。制度逻辑主要以宏观的文化背景解释较为微观的组织现

---

① Royston Greenwood, Christine Oliver, Roy Suddaby, and Kerstin Sahlin, eds., *The Sage Handbook of Organizational Institutionalism*, London: Sage Publication Ltd., 2008, pp. 473–490.

象,由于微观层面的人际互动往往不涉及制度环境的结构性影响,因此制度逻辑可能无法得到应用。① 用文化因素解释其他社会现象还会面临另一个难题,这就是文化本身被视为自然的、连贯的、固有的社会实体,但是一些民族身份的建构实际上是权力支配下的人为区分的结果,组织分析制度主义将文化视作既定因素,可能难以解释文化身份的形成过程和转变原因。②

(三)组织分析制度主义的发展前景

组织分析制度主义的研究成果得到社会科学多个学科的认可,许多学者提出新的分析方法和研究工具,在整合组织理论和社会学相关资源的基础上,拓展了理论的应用范围并提升了理论模型的解释效力。组织分析制度主义的发展前景在于,从话语角度修正以认知过程为核心的制度逻辑,从能动角度重塑行动者与制度的关系,增进同新制度主义政治学其他研究路径以及社会科学不同学科的交流对话。

首先,组织分析制度主义需要从话语角度关注行动者的认知实践,阐释制度化进程的具体机制。组织分析制度主义将现象学知识作为自身发展的根基,实现了由规范取向到认知取向的转变,但其实证研究较少直接检验认知机制如何推进组织趋同。③ 话语理论强调社会成员共享的话语构建了具有约束力的制度结构,制度通过话语创造了社会规范和意义框架,因而行动者话语内容的变化能够体现其在不同情境下选择符号意义的认知过程。行动者只有在话语互

---

① James D. Wright, ed., *International Encyclopedia of the Social & Behavioral Sciences*, Amsterdam: Elsevier, 2015, pp. 764 – 769.

② Andre Lecours, "Theorizing Cultural Identities: Historical Institutionalism as a Challenge to the Culturalists", *Canadian Journal of Political Science*, Vol. 33, No. 3, 2000, pp. 499 – 522.

③ Sandy Edward Green Jr., "A Rhetorical Theory of Diffusion", *Academy of Management Review*, Vol. 29, No. 4, 2004, pp. 653 – 669.

动的过程中彼此分享对现实的共同定义，才能被现有的制度环境进行整合。在此意义上，话语构成了制度化的基础，话语分析可以识别和理解制度化的脚本。组织分析制度主义应进一步巩固话语分析和制度理论的关联程度，通过制度化的话语模型考察组织现象中行动者的意义建构。这需要在实证分析中关注特定结构和实践在组织之间扩散的话语基础，分析行动者在强制性、规范性、模仿性同形模式下的心理过程。组织分析制度主义学者还应揭示行动者共同认知的维系条件和导致制度内生性变迁的认知因素，更加全面地呈现微观层面的个体认知和宏观层面的社会结果的联系机制。

其次，组织分析制度主义需要从能动的角度理解行动者，重新诠释个体与制度的关系。组织分析制度主义学者认为，行动者在社会结构提供的合法化脚本中展开行动，"制度神话"通过建立稳定的互动模式维持社会秩序。这一看法过于强调文化价值对个体行为的规范作用，没有看到行动者在构建自身行为意义方面的能动性。组织分析制度主义应对制度与行动者的关系作出新的阐释，认识到制度既不会完全决定行动者的行为，行动者也不会一味遵循制度的要求。一方面，制度往往包含多种相互冲突的要素，这些要素为行动者保留了选择余地，行动者可以围绕某些文化价值形成身份认同，他们的行为不完全由制度决定。[1] 另一方面，制度虽然能够汇集甚至改变行动者的偏好和需求，但行动者有能力重新组合制度环境提供的认知资源。相关研究还可以更加详细地分析行动者与制度的互动机制，区分制度环境对行动者的不同影响，进一步考察组织及其成员在何种条件下具有更大的自主选择权或更多受制于结构因素，由此揭示不同制度环境中行动者的行为变化。

最后，组织分析制度主义需要增加新制度主义理论内部逻辑的

---

[1] ［韩］河连燮：《制度分析：理论与争议》，李秀峰、柴宝勇译，中国人民大学出版社2014年版，第62页。

融贯性，更多借鉴其他学科的理论和方法。为了反对基于利益考量的后果逻辑，组织分析制度主义以适宜逻辑解释人类的日常行为。但这两种逻辑并非相互排斥，而是适用于不同类型的社会现象。技术部门多以后果逻辑评估业绩状况，其他职能部门的业绩评估则与遵守制度规范的适宜逻辑联系更为紧密。因而，组织分析制度主义需要加强与其他新制度主义流派的对话，减少理性行为逻辑与制度化行为逻辑的张力，分析后果逻辑与适宜逻辑在不同场域的适用条件，增加制度分析的连续性和融贯性。提升组织分析制度主义的理论解释力，还需要促进这一流派同社会科学其他学科的互动，重视社会科学整体供给的理论资源和分析工具。群体生态学关于资源配置竞争机制的研究成果，一定程度上可以弥补组织分析制度主义由于缺少权力分析而存在的不足。社会心理学的研究成果则有助于制度理论探讨行动者互动的微观机制，并扩大组织分析的适用领域。推动组织分析制度主义与不同社会科学理论的交流，还可以使组织研究更好回答经验世界的难题。

　　整体来看，组织分析制度主义从适宜逻辑的角度进行制度分析，侧重制度对行动者认知框架的塑造作用，重视文化惯例对行动者的影响。它不仅在社会科学研究中"重新发现"制度，而且展现了文化性及认知性取向的制度研究路径的解释力。就政治科学的理论研究而言，组织分析制度主义学者重视宏观环境对微观秩序的因果力量，这为比较政治、国际关系等学科的实证研究提供了方法论的参考。就政治制度的现实运行而言，组织分析制度主义的理论假设和分析模型同样具有启发意义和实践价值。宏观环境的合法性资源可能不具有跨文化背景的普遍性，制度变迁和政策调整往往无法绝缘于本国的实际情况。在评价组织分析制度主义的贡献和作用的同时，还需要考察这一研究路径的内在局限和发展潜力。与理性选择制度主义的效率驱动行为模型不同，组织分析制度主义学者认为行动者的行为嵌于制度环境之中。这两种研究路径都有片面之处,设想行动者在任何情况下遵循后果逻辑,这是非制度主义的看法;设想行动者仅遵循制度结构的脚本,这是过度制度主义的看法。实际上,行动者能够解构"制度神话"并与文化背景发生互动,这或许意味着社会科学应借鉴建构主义的认识论来理解制度和制度逻辑。在这个意义上,建构制度主义既是组织分析制度主义的有益补充,又为组织分析制度主义的解释路径提供了可行方向。

拓展阅读

1. 张永宏主编:《组织社会学中的新制度主义学派》,上海人民出版社2007年版。

2. [美]沃尔特·鲍威尔、保罗·迪马吉奥主编:《组织分析的新制度主义》,姚伟译,上海人民出版社2008年版。

3. W. Richard Scott, *Institutions and Organizations: Ideas, Interests, and Identities*, Los Angeles: Sage Publication Ltd., 2014.

4. Joseph Berger and Morris Zelditch Jr., eds., *New Directions in Contemporary Sociological Theory*, Lanham: Rowman & Littlefield Publishers, 2002.

第六讲
建构制度主义

建构制度主义的发生路径
建构制度主义的内在逻辑
建构制度主义的意义评析

建构制度主义

20 世纪 70 年代以来,在政治科学"语言学转向"的影响下,建构主义取向的制度研究者反思新制度主义政治学主要流派的不足,从语言学、诠释学、修辞学等研究领域汲取理论资源,从后现代主义社会思潮中获取发展动力,由此形成了兼顾结构性和能动性要素的建构制度主义流派。与理性选择制度主义、历史制度主义、组织分析制度主义相比,建构制度主义更加关注制度的社会建构属性,认为行动者能够在结构约束下自主地识别、分解、重塑意义框架,在新制度主义政治学中确立了能动性的研究范式和分析视角,并成为政治科学话语阐释的主要阵地以及重塑结构与能动关系的前沿领域。建构制度主义学者在实证研究中,关注制度与行动者的动态互动关系,从渐进性和连续性的角度解释制度变迁,促进政治科学实现"观念转向"。认识建构制度主义的发生路径、内在逻辑、研究意义,对于新制度主义政治学的理论发展、政治科学的解释力提升、社会科学的多学科互动而言具有重要价值。

在几十年的发展过程中,建构主义取向的制度研究整合国际关系、比较政治、社会心理学等学科的成果,借鉴话语理论、诠释学、修辞学等领域的方法,以非物质因素为研究对象,形成了观念制度主义、话语制度主义、修辞制度主义三个研究路径。观念制度主义、话语制度主义、修辞制度主义强调能动性要素的重要作用,反对现有制度理论对于行动者与结构关系的静态化分析。观念制度主义侧重观念的因果效应，重点分析行动者的观念和政策变化、制度变迁的因果联系；话语制度主义聚焦主体间性，揭示了话语的动态互动机制和意义框架的重要性；修辞制度主义考察修辞策略、符号互动和叙事结构如何引导和维系制度变迁。从建构制度主义的发展趋势来看，当前相关研究还可进一步探讨建构制度主义独特的本体论和认识论基础，形成相对完整的阐释框架，在此基础上分析观念制度主义、话语制度主义、修辞制度主义的理论统一性和议题共通性，为促进新制度主义政治学的理论融合、发挥制度分析框架的解释力提供必要契机。本讲考察建构制度主义的理论渊源、诞生背景、推动力量、发展演进，理解观念制度主义、话语制度主义、修辞制度主义在研究内容、研究方法、研究议题方面的内在逻辑，评价建构制度主义的贡献和不足并展望其发展前景。

一　建构制度主义的发生路径

新制度主义政治学作为当代政治科学的重要研究范式，蕴含多重脉络的理论传统和研究方法，围绕共同议题形成了多元化的学术倾向。理性选择制度主义、历史制度主义、组织分析制度主义在解释内生性制度变迁方面的不足，遭到后行为主义学者的批评，这在一定程度上催生了注重能动性因素的建构制度主义。建构制度主义致力于从内生性角度解释制度变迁，在社会学、语言学的启发下将制度分析的重心由政治结构转向政治行动。

（一）建构制度主义的理论渊源

建构制度主义发源于社会科学的语言学转向和政治科学的观念转向，并从比较政治、公共行政、国际关系等学科获得发展动力。语言学转向强调社会实在的建构性质，为制度分析奠定了方法论基础。观念转向在本体论意义上肯定了观念的核心地位,重塑了制度理论中结构与能动的关系。建构制度主义的诠释主义倾向与文本分析特征,使其区别于新制度主义的其他流派。

20世纪70年代,社会科学多个学科受到语言学转向的冲击,诠释主义作为克服实证主义客观化弊端的替代性方案,逐渐渗透到不同研究领域。诠释主义是语言学的方法基础,揭示了话语文本、主体行动、社会实在的建构性质。诠释主义学者宣称,人类的社会行动具有"悬而未决"的特征,这是因为话语、互动乃至社会实在会随着人们交谈语境的变化而存在多重阐释的可能性。[1] 法国诠释学者保罗·利科更进一步提出,在惯习、结构化等因素的作用下,语言几乎没有固定的内涵与意义,反而会随着制度语境和语言游戏的变更,不断建构出新的意义。[2] 在诠释主义分析范式的影响下,社会科学研究者重视建构主义取向的研究路径,指出行动者有能力对背景性因素进行阐释并使之转化为行动策略,这也促使观念要素更加得到社会科学研究者的青睐。越来越多的社会科学研究者强调,人类在共享观念的基础上建立关系结构并建构自身利益,[3] 在自我体验和社会结构的互动中形成身份认同。[4] 20世纪80年代以来,"观念是重要的因素"在政治科学中不断引发反响,在本体论层面侧重能动性的政治研究一定程度上削弱了结构分析的解释力。一些政治科学研究者认识到,理解社会关系网络结构的偶然性和建构性,需要关注宏大历史进程中行动者的微观互动与观念的细

---

[1] Philip Smith, *Cultural Theory: An Introduction*, Malden: Blackwell, 2001, pp. 133 – 146.

[2] [法] 保罗·利科:《解释学与人文科学》,陶远华、冯俊等译,河北人民出版社1987年版,第218页。

[3] Alexander Wendt, *Social Theory of International Politics*, Cambridge: Cambridge University Press, 1999, p. 1.

[4] Peter L. Berger and Thomas Luckmann, *The Social Construction of Reality: A Treatise in the Sociology of Knowledge*, Garden City: Doubleday, 1966, p. 186.

微变化。他们以诠释主义的方法剖析社会实在的建构性质,确立了观念因素在解释政治现象方面的地位。1999年,建构主义先驱学者亚历山大·温特指出,共享观念是行动者建立关系结构和建构自身利益的必要条件,并阐明了社会实践的互动性质。[1] 语言学转向扩展了政治学的观察视野与研究方法,政治科学研究者将观念和话语作为相对独立的动态变量,探索观念、话语等建构性因素如何在不同时空环境中塑造政治事件的价值。语言学转向还改变了政治科学研究者看待客观世界的方式,在建构主义的视角下,政治世界一定程度上是行动者持续建构的意义系统,其互动规则随着行动者与世界关系的转变而调整。政治科学的多个分支领域将观念视为自变量,关注观念对政治变革和政策变迁的因果作用。[2] 政治科学的观念转向为建构制度主义的理论构建提供了本体论资源。建构主义的公共政策分析学者强调,观念在政策选择、政策制定、政策实施多个方面发挥重要作用,观念不仅以政策范式的形式影响政治问题的界定和解决,还通过调整政治事务的价值排序而改变公共政策的议程设置。[3] 建构主义的国际关系理论认为,信仰、价值因素是解释国际政治现象的关键变量,这些学者关注塑造特定国家关系的主导观念,分析观念在国际互动模式选择和外交政策变迁中发挥的结构性作用。2002年,施密特在国际关系和比较政治的研究中梳理了欧洲资本主义的发展模式,她认为欧洲国家在全球化与欧洲一体化的压力下推行市场化改革,虽然利益、制度、文化等因素可以解释各国经济政策的差异,但不同制度背景下的话语框架具有更为显著

---

[1] Alexander Wendt, *Social Theory of International Politics*, Cambridge: Cambridge University Press, 1999, p. 1.

[2] Mark Blyth, "'Any More Bright Ideas': The Ideational Turn of Comparative Political Economy", *Comparative Politics*, Vol. 29, No. 2, 1997, pp. 229–250.

[3] Frank Fischer, *Reframing Public Policy: Discursive Politics and Deliberative Practices*, Oxford: Oxford University Press, 2003, pp. 5–6.

的解释力。①

(二) 建构制度主义的诞生背景

建构制度主义的诞生背景是比较政治学的范式更迭和制度理论的观念转向。比较政治学者和国际关系学者在观念分析中更新了理论框架,②理性选择制度主义和历史制度主义也以观念研究推进自身发展。③新制度主义学者在不同程度上接受了同观念相关的理论和方法,观念作为能动性因素嵌入制度分析,尽管这种嵌入一开始还表现出某种被动的色彩,但依然构成了建构制度主义的诞生背景。

新制度主义政治学为了提高自身的解释力,将观念当作制度理论的补充性要素。一方面,一些制度理论过于偏重权力分析、利益分析、结构分析等静态路径,无法有效解释现实政治的重要问题。针对国际关系领域的合作议题,许多制度理论学者往往强调国家能够理性地计算客观利益,选择实现帕累托最优的合作方式。这种功能主义取向的解释路径可以证明现有合作方式的有效性,为当前的国际合作体系赋予正当性。但这种静态化的研究在一定程度上同国际现实严重脱节,国际关系的新自由主义学者认为观念如同路线图那样对行为进行规范指引,④国际规范研究学者玛莎·芬尼莫尔在《国际社会中的国家利益》一书中,指出观念和共识影响了行动者

---

① Vivien A. Schmidt, *The Futures of European Capitalism*, Oxford: Oxford University Press, 2002, pp. 2–6.
② Sheri Berman, "Ideas, Norms, and Culture in Political Analysis", *Comparative Politics*, Vol. 33, No. 2, 2001, pp. 231–250.
③ Mark Blyth, "'Any More Bright Ideas': The Ideational Turn of Comparative Political Economy", *Comparative Politics*, Vol. 29, No. 2, 1997, pp. 229–250.
④ Judith Goldstein and Robert O. Keohane, eds., *Ideas and Foreign Policy: Beliefs, Institutions, and Political Change*, Ithaca: Cornell University Press, 1993, pp. 3–12.

的利益界定和身份认同。①以上成果产生于文化冲突和种族矛盾激增的后冷战时代，代表了从观念路径解释国际合作的相关努力。观念取向的学者认为，尽管现实生活中不乏实现集体利益的合作途径，但社会成员往往根据共同的观念体系来选择特定的合作方式。这说明了国际主体需要以制度为中介，在传播、协调、规范共有观念的基础上构建集体认同。对观念与制度关系的重视，促使政治学者更多关注非物质因素特别是观念变量的解释力。②另一方面，历史制度主义和理性选择制度主义考察不同类型的观念因素，使之成为制度分析的重要变量。历史制度主义把制度界定为政治行动的约束性结构，认为制度结构在受到外部冲击并被破坏的情况下，行动者的行为模式才随之发生调整。为了从内生角度更好地解释制度变迁和政治行动，历史制度主义的观念分析主张观念通过影响行动者对利益的认知，使政策范式连续发生变迁。理性选择制度主义学者认为制度是遵循工具逻辑的结构性要素，能够降低交易成本并实现帕累托改进，但由于忽视行动者互动的不稳定性，理性选择制度主义在解释重复博弈的多重均衡方面显得力有不逮。在运用观念分析的理性选择制度主义学者看来，观念因素减少了制度分析的模糊性，并以确定信息流的方式处理了博弈论的多重均衡问题。③历史制度主义和理性选择制度主义没有把观念当作各自流派的基石，也没有明确提出观念是解释政治现象因果关系的独立变量，但它们以不同方式让观念分析得到政治科学的制度理论学者的重视，④这为

---

① ［美］玛莎·芬尼莫尔：《国际社会中的国家利益》，袁正清译，上海人民出版社2012年版，第45—47页。

② Judith Goldstein and Robert O. Keohane, eds., *Ideas and Foreign Policy: Beliefs, Institutions, and Political Change*, Ithaca: Cornell University Press, 1993, pp. 176 – 177.

③ Mark Blyth, "'Any More Bright Ideas': The Ideational Turn of Comparative Political Economy", *Comparative Politics*, Vol. 29, No. 2, 1997, pp. 229 – 250.

④ Jeffrey Checkel, "The Constructivist Turn in International Relations Theory", *World Politics*, Vol. 50, No. 2, 1998, pp. 324 – 348.

建构制度主义的诞生作出了必要的铺垫。

(三) 建构制度主义的推动力量

建构制度主义的推动力量来源于社会科学研究者持续探索观念与话语等概念的解释效力。建构主义取向的研究者认为，观念因素是解释政治现象和影响政策结果的独立变量，他们致力于将观念从组织模式、文化规范、集体身份等概念中分离出来。[1] 建构主义学者聚焦观念变量和政治结果的因果关联，探讨了观念影响政治行为的具体方式。[2]

新制度主义政治学三个基础性流派的持续对话，为确立观念与话语的本体性地位提供了契机。其一，理性选择制度主义、历史制度主义、组织分析制度主义的本体基础不可通约，一些学者愈益重视制度理论中的观念变量。霍尔和泰勒分析了新制度主义政治学三个主要流派各自的价值和不足，指出它们有必要展开对话。[3]但长期关注观念作用的新制度主义学者海伊认为，不同制度研究路径的本体论基础互不相容，片面追求理论综合会增加制度理论的结构决定论色彩，过于关注制度对行动者的约束则可能无视制度变迁的实际情况。[4]有研究者据此指出，新的制度或政策无法从旧的制度或政策的结构性矛盾中派生出来。为了提高制度理论对政治现象的解释力，政治科学需要通过内生性的研究路径，探索观念与话语等能

---

[1] John L. Campbell, "Institutional Analysis and the Role of Ideas in Political Economy", *Theory and Society*, Vol. 27, No. 3, 1998, pp. 377–409.

[2] Sheri Berman, "Ideas, Norms, and Culture in Political Analysis", *Comparative Politics*, Vol. 33, No. 2, 2001, pp. 231–250.

[3] Peter A. Hall and Rosemary C. R. Taylor, "Political Science and the Three New Institutionalisms", *Political Studies*, Vol. 44, No. 5, 1996, pp. 936–957.

[4] Stephen Bell, "Do We Really Need a New 'Constructivist Institutionalism' to Explain Institutional Change", *British Journal of Political Science*, Vol. 41, No. 4, 2011, pp. 883–906.

动性变量的因果效应和构成性作用。①其二，建构主义取向的学者界定了观念的内涵，并将其运用于实证分析。观念本身不易观察且难以量化，难以满足社会科学实证分析的要求，"以观念的名义提出的笼统主张太多，而对思想制度化的具体机制的检验却太少"。②约翰·坎贝尔考察了新制度主义政治学的观念分析传统，将观念界定为影响政策制定的独立变量。坎贝尔认为观念包含认知和规范两个维度，能够以程序、范式、框架、公众情感四种方式影响政策，他在本体论意义上强调观念并非物质利益的附属品。③话语制度主义的奠基者施密特界定了制度研究中的话语概念，提出话语涉及观念的内容和传播交流过程，④"有效地将话语限制在一个传达实质性思想的交流容器中"，这提高了话语与观念概念的可操作性。⑤建构制度主义学者就观念的定义达成共识，即观念是一种在人与事物之间建立联系，指导行动者解决问题和开展行动的因果信念。⑥其三，一些学者探讨观念的因果机制，使观念在制度理论中获得本体性地位，相关学者也形成了建构制度主义的身份认同。比较政治学者谢利·伯曼提出，观念是解释政治进程的重要变量，它涉及两种因果机制。其中，纵向路径的因果机制关注行动者在制度环境变化时持有的稳定信念，这些信念是维持制度存续且不能被还原为物质

---

① Colin Hay and Daniel Wincott, "Structure, Agency and Historical Institutionalism", *Political Studies*, Vol. 46, No. 5, 1998, pp. 951–957.

② Andreas Gofas and Colin Hay, eds., *The Role of Ideas in Political Analysis: A Portrait of Contemporary Debates*, London: Routledge, 2010, p. 97.

③ John L. Campbell, "Institutional Analysis and the Role of Ideas in Political Economy", *Theory and Society*, Vol. 27, No. 3, 1998, pp. 377–409.

④ Vivien A. Schmidt, "Discursive Institutionalism: The Explanatory Power of Ideas and Discourse", *Annual Review of Political Science*, Vol. 11, 2008, pp. 303–326.

⑤ Francisco Panizza and Romina Miorelli, "Taking Discourse Seriously: Discursive Institutionalism and Post-Structuralist Discourse Theory", *Political Studies*, Vol. 61, No. 2, 2012, pp. 301–318.

⑥ Daniel Béland and Robert Henry Cox, eds., *Ideas and Politics in Social Science Research*, New York: Oxford University Press, 2010, pp. 3–4.

因素的变量；横向路径的因果机制关注同一时代背景下不同社会成员的态度，如果不同文化环境中的行动者倾向于按照同一套信念行事，那么可以认为这种观念具有因果效力。①建构主义取向的制度研究者围绕观念和话语进行概念构建和机制分析，这在一定程度上推动建构制度主义成为与理性选择制度主义、历史制度主义、组织分析制度主义并驾齐驱的派别。

（四）建构制度主义的发展演进

建构制度主义的发展演进表现为观念制度主义、话语制度主义、修辞制度主义各自展示影响力。国际关系、社会心理学、传播理论等领域的研究成果促使政治科学发生观念转向，推动了观念制度主义与话语制度主义的形成，而诠释学、文化人类学关于符号的微观互动的研究成果为修辞制度主义提供了有益资源。

观念制度主义、话语制度主义、修辞制度主义虽然产生于不同的研究传统，但它们分享共同的理论旨趣和实践议题。其一，在建构制度主义的研究谱系中，观念制度主义具有基础性的地位。华裔政治学者余兆伟（Albert S. Yee）指出，以往观念研究较多运用回归分析、因果建模等方法，虽然能够分析心智事件和政策结果的相关性，但是探讨观念的因果机制需要转向制度性和话语性的研究路径。② 观念制度主义学者布利斯揭示了观念在长时段历史变迁中的作用。他考察特定观念在制度变迁的危急时刻诱发政策范式转换的因果路径，论证了观念对 20 世纪资本主义经济发展的影响，③ 这被认为是观念制度主义研究的起点。海伊在布利斯的分析基础上指

---

① Sheri Berman, "Ideas, Norms, and Culture in Political Analysis", *Comparative Politics*, Vol. 33, No. 2, 2001, pp. 231 – 250.

② Albert S. Yee, "The Causal Effects of Ideas on Policies", *International Organization*, Vol. 50, No. 1, 1996, pp. 69 – 108.

③ Mark Blyth, *Great Transformations: Economic Ideas and Institutional Change in the Twentieth Century*, Cambridge: Cambridge University Press, 2002, p. viii.

出，制度研究如果不能清楚阐述制度变迁中的观念变化，则无法呈现完整的因果叙事链条。① 海伊运用历史分析和话语分析方法，追踪复杂制度变迁中的观念变化，提出观念因素能够独立影响制度变迁过程，这也标志着观念制度主义正式提出了自己的研究纲领。②其二，话语制度主义这一术语在 2001 年被提出，制度理论学者在社会科学话语分析的影响下，发现制度相似的国家在现实情境中制定出有所差异的政策，其原因在于政治共同体根据制度的某些特征进行话语建构，从而塑造了行动者的政策选择。③ 但这些成果只是从宽泛的观念角度理解话语，直到 2008 年，施密特在公共政策的分析中提炼出话语制度主义的沟通逻辑。施密特认为话语制度主义具有独特的问题意识和研究方法，话语因素可以动态地解释制度延续和制度变迁。④ 施密特从行动者能力的角度分析了制度的内生变迁过程，这代表了话语制度主义的羽翼日渐丰满。⑤ 其三，组织分析学者借鉴了修辞学的研究成果，以更具能动性的修辞路径解释制度变迁，推动了修辞制度主义的发展。阿维森较早将修辞学引入组织分析，强调修辞可以维持制度运作，这奠定了修辞制度主义的根基。⑥ 2011 年，格林与李媛明确提出修辞制度主义分析路径，认为

---

① Colin Hay, "Ideas, Interests and Institutions in the Comparative Political Economy of Great Transformation", *Review of International Political Economy*, Vol. 11, No. 1, 2004, pp. 204 – 226.

② John L. Campbell and Ove K. Pedersen, eds., *The Rise of Neoliberalism and Institutional Analysis*, Princeton: Princeton University Press, 2001, pp. 193 – 218.

③ John L. Campbell and Ove K. Pedersen, eds., *The Rise of Neoliberalism and Institutional Analysis*, Princeton: Princeton University Press, 2001, p. 6.

④ Vivien A. Schmidt, "Discursive Institutionalism: The Explanatory Power of Ideas and Discourse", *Annual Review of Political Science*, Vol. 11, 2008, pp. 303 – 326.

⑤ Vivien A. Schmidt, "Taking Ideas and Discourse Seriously: Explaining Change Through Discursive Institutionalism as the Fourth 'New Institutionalism'", *European Political Science Review*, Vol. 2, No. 1, 2010, pp. 1 – 25.

⑥ Sandy Edward Green Jr. and Yuan Li, "Rhetorical Institutionalism: Language, Agency, and Structure in Institutional Theory since Alvesson 1993", *Journal of Management Studies*, Vol. 48, No. 7, 2011, pp. 1662 – 1697.

制度变迁研究不应只是关注物质性要素的变化情况，而且应该揭示制度变迁中符号发生的变化，"说明符号实践的策略运用如何对能动性产生使动性和约束性的效应"。① 这反映了当行动者根据制度的符号意义解释自身行为时，结构能够约束能动性；当行动者使用修辞手段解构制度符号并创造意义时，能动性能够产生新的制度结构。

二　建构制度主义的内在逻辑

与新制度主义政治学的三个主要流派相比，建构制度主义除了强调制度的约束性，还在观念制度分析、话语制度分析、修辞制度分析中更加重视行动者的能动性。聚焦于观念、话语、修辞的三种研究路径更为动态地解释行动者与结构的关系，也整体上呈现了建构制度主义的内在逻辑。其中，观念制度主义侧重利益建构、危急时刻和内生变迁，话语制度主义侧重话语能力、公共领域和沟通逻辑，修辞制度主义侧重修辞活动、语言分析和制度演化。

（一）观念制度主义的内核、方法与议题

观念制度主义关注观念与承载观念的行动者，反映了制度理论学者从认识论方面对因果关系进行了有别于以往的深入分析，并将观念作为解释制度变迁的关键性内生变量。观念制度主义学者主张，观念在特定的制度情境下能够塑造行动者关于利益的判断，围绕观念的竞争往往会设定和改变制度变迁的轨迹。

首先，观念制度主义关注行动者及其观念，据此解释制度的渐

---

① Sandy Edward Green Jr. and Yuan Li, "Rhetorical Institutionalism: Language, Agency, and Structure in Institutional Theory since Alvesson 1993", *Journal of Management Studies*, Vol. 48, No. 7, 2011, pp. 1662 – 1697.

进式和增量式变化。① 一方面，观念制度主义学者强调行动者在结构约束下的能动性，揭示了观念因素的解释作用。理性选择制度主义学者和组织分析制度主义学者认为，社会生活中的行动者或是遵循后果逻辑，在利益计算和博弈中达到均衡状态；或是遵循适宜逻辑，在规范和习俗影响下达成基本共识。历史制度主义学者同样认为行动者只能被动地接受各种预设的约束性条件，从制度环境的结构性要素直接推出行动者的行为逻辑。三个流派的理论设想均侧重静态化的均衡分析，一定程度上忽视了行动者改造所处制度环境的能力。② 观念制度主义学者提出，利益由观念建构而成，不能被简单还原为物质性要素。行动者能够在不同环境中识别和判断自身利益，过滤和编码制度背景的信息，调整自己的目标设定与策略选择。另一方面，观念制度主义学者提出结构性要素通过观念影响个体行为，不应过高估计结构性要素的预测价值。以往研究侧重的制度结构仅仅为行动者提供思维框架和意义语境，最多能够解释特定政策未被采纳的原因，③ 即便一些学者进一步关注文化背景、规范习俗等非正式的结构性要素，更为精确地考察行动者可能采取哪些行为，但仍然无法解释人们为何会在具体情境下作出特定选择。观念制度主义学者宣称，构建完整的因果分析链条需要聚焦于微观层面的观念变化，考察观念因素在衔接结构与能动时发挥的中介性作用。④

其次，观念制度主义在认识论层面重新阐释了观念的因果机

---

① Oscar L. Larsson, "Using Post-Structuralism to Explore the Full Impact of Ideas on Politics", *Critical Review*, Vol. 27, No. 2, 2015, pp. 174–197.

② R. A. W. Rhodes, Sarah A. Binder, and Bert A. Rockman, eds., *The Oxford Handbook of Political Institutions*, Oxford: Oxford University Press, 2006, p. 60–61.

③ [韩]河连燮：《制度分析：理论与争议》，李秀峰、柴宝勇译，中国人民大学出版社2014年版，第108页。

④ Sheri Berman, *The Social Democratic Moment: Ideas and Politics in the Making of Interwar Europe*, Cambridge: Harvard University Press, 1998, pp. 16–19.

制。以往观念分析忽视了观念的复杂特性，仅能简单地说明观念可以影响政策制定，但无法解释观念如何约束和塑造特定政策。这些观点也无法辨明观念是作为独立变量导致政策改变，还是与物质利益共同发挥因果作用。观念制度主义学者没有从线性因果角度看待政治变量间的关系，而是关注行动者内在的观念建构如何影响政治行为。观念制度主义学者认为，行动者的观念、认知、情感、态度相互反馈，共同影响了行动者的政策制定。在此过程中，观念的自变量性质体现在两个方面。其一，观念能够以世界观的形式，使行动者认识到自身所处的宏观结构。行动者在自己的观念中将特定的几个因素联系起来，更容易接受一些政策安排而非其他替代选项。①其二，人们对未来的期望是采取当前行动的重要缘由，观念能够产生逆时间的因果效应。例如反恐政策将预防威胁作为制定政策的依据，以未来的效果为当前的政策提供理由。②观念常常成为自我实现的预言，在政治决策中发挥独特的因果作用。观念制度主义强调原因与结果的双向互动，丰富了政治科学中因果推断的内容。

最后，观念制度主义的研究议题主要涉及观念在政策制定、制度变迁、路径依赖中的作用。其一，观念通过认知和规范两种机制影响政策制定。观念作为系统性的思维框架，为行动者的问题界定、行动规划、方案采纳提供一整套认知资源和脚本线索，也可发挥规范约束的作用，使特定政策符合主流价值取向，契合社会成员的情感认同。③其二，观念制度主义将观念的转变视为制度变迁的

---

① Mark McAdam, "Making Ideas Actionable in Institutionalism: The Case of Trade Liberalization in Kennedy's Foreign Economic Policy", *Journal of Institutional Economics*, Vol. 18, No. 5, 2021, pp. 827–841.

② Andreas Gofas and Colin Hay, eds., *The Role of Ideas in Political Analysis: A Portrait of Contemporary Debates*, London: Routledge, 2010, pp. 69–70.

③ John L. Campbell, "Institutional Analysis and the Role of Ideas in Political Economy", *Theory and Society*, Vol. 27, No. 3, 1998, pp. 377–409.

标志。布利斯认为，各种政策范式相互竞争的危急时刻是制度变迁的关键节点，成功取得主导地位的政策范式会重构制度变迁的叙事并促进社会秩序的恢复。①只有聚焦于观念因素，才能把握制度变迁中行动者如何改变对利益的界定，合理认识制度构成要素的重组。②其三，尽管观念制度主义学者探索了观念在制度分析中的能动作用，但也认识到观念对决策过程的约束性，观念的路径依赖效果成为制度得以维系的原因之一。

（二）话语制度主义的内核、方法与议题

话语制度主义学者认为，观念并非只是通过左右利益界定的方式影响政策选择，而是可以在复杂的话语互动过程中，将个体思考汇聚为共识性理念并进一步催化集体行动。在此意义上，话语互动成为观念影响制度变迁的中间环节。话语制度主义侧重不同观念的互动，重视话语沟通过程对行动者的说服效果，话语分析同时构成了话语制度主义的研究主题和研究方法。

首先，话语制度主义重新阐释了话语、制度、行动者等概念，从主体间性的角度探讨制度研究的本体论。其一，与观念要素相比较，话语概念更具全面性和概括性，话语不仅指涉观念的实质内容，而且涉及行动者观念生成与话语交流的互动过程。话语制度主义关注观念的表达方式和作用机制，以动态视角看待制度生成、维系和变迁。其二，行动者在特定制度提供的意义语境下进行话语互动，制度既是塑造行动者思考和言说范围的结构性因素，又是能够被行动者创造和改变的实践性产物。行动者运用背景性观念能力，可以在稳定的意义框架中维系现存的制度体制，赋予自身行为以正

---

① David Marsh and Gerry Stoker, *Theory and Methods in Political Science*, New York: Palgrave Macmillan, 2010, pp. 292 – 310.

② Neil Bradford, "The Policy Influence of Economic Ideas: Interests, Institutions and Innovation in Canada", *Studies in Political Economy*, Vol. 59, No. 1, 1999, pp. 17 – 60.

当性。行动者的前景性话语能力可以评判制度优劣,在与他人的沟通协商中形成共识性的意见,并有可能改变原本的制度结构。制度与行动者并非处于单向的因果关系之中,而是始终处于双向互动的动态建构过程。其三,行动者在共享意义语境的前提下,以协调话语和沟通话语影响政策制定与实施。协调话语涉及政策制定者的沟通交流,相关行动者在分享和调和彼此观念的基础上,形成支持特定政策的话语联盟。沟通话语则指政策制定者与受政策影响的民众的观念互动。政治行动者运用协调话语达成政策共识,以自上而下的方式向民众传播,最终在社会成员中确立有关政策范式的稳定信念。[1]

其次,话语制度主义以话语分析方法研究制度化的实质,巩固了建构制度主义的方法论基础。话语制度主义学者认为,制度化意味着社会成员在实践互动中共同接受特定规则,通过话语过程构建稳定的行为意义。凡是通过物质载体承载并固定下来的符号都可以被视为话语,话语规定了谈论具体话题的方式,并以知识的名义排斥其他交谈方式。[2] 由于话语是抽象的且话语互动只有在公共领域中才能进行,所以话语分析学者在研究话语的因果效应时,不仅考察作为话语载体的具象文本,还关注公共领域中内容广泛的文本。[3] 为了将话语分析更好地应用于实证研究,话语制度主义学者阐述了文本与社会现实的联系。一方面,政治科学研究者认识到语言的建构性和社会语境的动态性,改变了看待经验数据的方式。话语制度主义学者强调经验数据对因果推论的重要性,认为话语以认知框架形式塑造了人们理解和整合经验数据的方式,而且以固定文

---

[1] Vivien A. Schmidt, "Discursive Institutionalism: The Explanatory Power of Ideas and Discourse", *Annual Review of Political Science*, Vol. 11, 2008, pp. 303 – 326.

[2] Margaret Wetherell, Stephanie Taylor, and Simeon J. Yates, eds., *Discourse Theory and Practice: A Reader*, London: Sage Publication Ltd., 2001, p. 72.

[3] [英]昆廷·斯金纳:《国家与自由:斯金纳访华讲演录》,李强、张新刚主编,北京大学出版社2018年版,第8页。

本为基础改变经验数据的理论内涵，政治现象始终处于有待话语阐释的开放状态。① 另一方面，话语制度主义学者认为，政治科学的研究设计应该在更加丰富的意义语境中看待经验数据。由于社会实践是复杂和多变的，经验数据所呈现的意义往往具有多重性。话语制度主义学者提出，相关研究不仅要关注特定变量在长时段政治变迁中发挥的作用，更要着眼于固定场景的微观互动，尽可能阐释经验数据在特定情境的完整含义。

最后，话语制度主义围绕利益界定、制度变迁等议题，阐述了观念影响政策变化的具体机制。其一，话语制度主义学者认为所有利益都是客观福祉与主观观念相结合的产物。政治行动者会根据内在观念与话语互动，建构自身利益范围，特定的话语结构可以塑造行动者对利益的认知和策略选择。其二，话语制度主义学者从动态性和内生性的角度解释制度变迁，认为稳定的话语体系是维系制度运行的重要原因。当原有的话语体系无法继续整合行动者，当行动者不愿意服从现有规范时，他们通过重塑话语叙事来建立新的身份认同，促进制度规则的调整并推动制度变迁。②话语制度主义学者也质疑以往制度研究强调的外在约束逻辑，认为外生性的分析路径无法解释内生性制度变迁。其三，话语制度主义阐明了观念变迁的具体机制。一方面特定观念从属于系统性的观念链，行动者通过话语的叙事逻辑证明了观念的正当性，另一方面观念需要适应特定情境，既能被政策制定者接受，又能通过话语传播得到民众的广泛认同。③

---

① Mats Alvesson and Dan Karreman, "Taking the Linguistic Turn in Organizational Research: Challenges, Responses, Consequences", *The Journal of Applied Behavioral Science*, Vol. 36, No. 2, 2000, pp. 136 – 158.

② Vivien A. Schmidt, "Discursive Institutionalism: The Explanatory Power of Ideas and Discourse", *Annual Review of Political Science*, Vol. 11, 2008, pp. 303 – 326.

③ Daniel Béland and Robert Henry Cox, eds., *Ideas and Politics in Social Science Research*, New York: Oxford University Press, 2010, pp. 47 – 64.

（三）修辞制度主义的内核、方法与议题

修辞学者认为，一切互动都是基于符号而开展的，行动者能够在互动中根据符号的价值而形成沟通策略。修辞制度主义从语用学和语义学的角度理解制度与行动者的关系，阐明了特定制度背景下行动者的话语互动机制，揭示了观念与话语影响政治行为的权力面向。

首先，修辞制度主义说明了符号的象征运动对能动性的使动作用和制约作用。由于所处环境的模糊性和注意力的有限性，行动者需要运用知识来优化自身的认知资源并为社会生活赋予确定性。[1]话语分析虽然强调语言对现实的表征功能，但掩盖了话语实际创造的多重效果。[2]修辞制度主义关注修辞与制度的结合，更加能动地揭示行动者的符号操纵与意义塑造。一方面，能动性的使动机制体现在，行动者运用说服技巧，塑造集体行动并实现政治目的。修辞制度主义学者指出，制度是一种具有多重阐释可能性的意义结构，行动者在信息不完全和认知受限的情况下，可以根据自身目的灵活地看待制度的结构性作用。行动者也能够以修辞手段改变符号的象征性价值，影响他人的判断与选择。行动者的修辞表达和利益实现程度存在因果关系，[3]能否熟练使用修辞手段，直接造成了个体政治影响力的差异。另一方面，制度化的修辞实践约束了行动者的能动性。人们的修辞活动能够相对稳定地对意义进行编码，这限制行

---

[1] Mats Alvesson, "Organizations as Rhetoric: Knowledge – intensive Firms and the Struggle with Ambiguity", *Journal of Management Studies*, Vol. 30, No. 6, 1993, pp. 997 – 1015.

[2] Mats Alvesson and Dan Karreman, "Taking the Linguistic Turn in Organizational Research: Challenges, Responses, Consequences", *The Journal of Applied Behavioral Science*, Vol. 36, No. 2, 2000, pp. 136 – 158.

[3] John L. Campbell, "Challenges for Institutional Theory: A Response to Crouch, Streeck and Whitley", *Socio – Economic Review*, Vol. 5, No. 3, 2007, pp. 556 – 567.

动者在一定时间段内的符号互动模式。行动者不可避免地嵌入修辞方式所塑造的意义网络,其行动受到限制且不具有唯意志论意义上的完全能动性,总是在制度边界内进行实践与互动。①

其次,修辞制度主义从语义与语用相结合的角度,看待话语在制度中的作用。修辞制度主义学者反对实证主义的认识论倾向,主张话语对社会实在的建构作用,提出语义分析和语用分析两种研究路径。一方面,修辞制度主义的语义分析强调语词相对于语境具有独立性。弗里德里希·弗雷格认为人类的话语表达有着明确的指称对象,指涉范畴的差别从而使不同概念相互区别,语言的内涵和外延的稳定性赋予符号互动以确定性。修辞制度主义的语义分析揭示出,语词的意义不以行动者意志为转移,语词以相对固定的方式反映和塑造了社会结构和认知背景。行动者在使用修辞手段时以共识性认知为前提,他们根据自身目的和需求调整语词的外延边界。在此意义上,语义分析成为修辞制度主义的基础性研究方法。另一方面,修辞制度主义的语用分析强调语词对行动者互动的依赖性。语词的能指可以在不同文化氛围中与特定所指建立联系,这表明语词的指称关系具有一定程度的任意性,其内涵是在具体社会情境中由行动者的互动塑造出来的。修辞制度主义的语用分析关注语词在特定环境中的使用情况,在具体互动过程中揭示话语内涵的变化,因而可用来阐明行动者能动性的发挥和话语意义的生成。修辞制度主义以语义分析和语用分析两种方法,揭示了行动者往往在使用已有符号系统和发明新符号之间作出选择。②

最后,修辞制度主义运用话语分析、类比分析、叙事分析等语

---

① Sandy Edward Green Jr. and Yuan Li, "Rhetorical Institutionalism: Language, Agency, and Structure in Institutional Theory since Alvesson 1993", *Journal of Management Studies*, Vol. 48, No. 7, 2011, pp. 1662 – 1697.

② Kenneth Burke, *Language as Symbolic Action: Essays on Life, Literature, and Method*, Berkeley, CA: University of California Press, 1966, p. 6.

言学方法，阐释了制度维系与制度变迁等议题。在制度维系方面，话语分析通过阐述意义系统、合法性等内容如何塑造社会结构，揭示宏观社会学视角下制度维系所依赖的权力关系。修辞制度主义的话语分析提出，受到特定制度约束的话语文本和特定权力支配下的行为是同构的。[1]修辞制度主义学者也运用类比分析方法，将人类社会的组织安排和自然世界的形式结构联系起来，从自然秩序角度看待人类互动。这一方法说明了人类惯例习俗的自然化和合理性，为制度设计的合法地位提供正当性说明，"群体共享的类比是促使一系列脆弱的制度合法化的工具"。[2]在制度变迁方面，修辞制度主义的叙事分析根据特定时间序列的叙事逻辑，将行动者的经验串联起来。制度变迁通常发生于制度内部各要素无法再以连贯的方式建立联系，以及制度本身与行动者的信念不再契合等时刻。修辞制度主义的叙事分析强调观念与行为背景的协调性，围绕身份认同的舍弃和构建，从内生性角度解释制度变迁。行动者对修辞方式的选择同样存在路径依赖，人们在关键时刻选择的修辞表达方式具有黏性的结构性特征，有可能限制后续对修辞方式的选择。[3]

三　建构制度主义的意义评析

作为新制度主义政治学的重要流派，建构制度主义从多个学科板块和议题领域获得发展动力，在制度分析领域展现了内生性和动态性的研究特色。评价建构制度主义的学理意义和应用价值，需要

---

[1] Sandy Edward Green Jr. and Yuan Li, "Rhetorical Institutionalism: Language, Agency, and Structure in Institutional Theory since Alvesson 1993", *Journal of Management Studies*, Vol. 48, No. 7, 2011, pp. 1662–1697.

[2] ［英］玛丽·道格拉斯：《制度如何思考》，张晨曲译，经济管理出版社 2013 年版，第 63 页。

[3] Dennis C. Grube, "Sticky Words: Toward a Theory of Rhetorical Path Dependency", *Australian Journal of Political Science*, Vol. 51, No. 3, 2016, pp. 530–545.

从制度理论发展的连续性角度理解建构制度主义的具体特征,并在此基础上把握建构制度主义的突出贡献、研究不足和发展前景。

(一) 建构制度主义的突出贡献

建构制度主义的突出贡献是确立观念因素在解释政治现象方面的重要地位,为建构主义取向的制度研究提供本体论和认识论双重支持,以动态视角揭示制度变迁的内在机理。

其一,建构制度主义从主体性角度理解观念,强调观念在因果分析中的自变量地位。理性选择制度主义、历史制度主义、组织分析制度主义都致力于以观念因素提高自身解释力,但没有充分认识到观念因素本身的重要性。建构制度主义中观念分析的贡献主要体现在两个方面。一方面,建构制度主义学者揭示了观念的主体间性和能动性属性。以往制度研究或是将观念视作降低信息不确定性的决策工具,或是将观念归纳成塑造行为意义的结构性框架,这些界定能够解释制度稳定而非制度变迁。实际上,特定制度背景下行动者会依据自身观念对信息作出个体化解读,观念模型由此可从行动者角度解释制度变迁。另一方面,建构制度主义学者认为,观念是影响制度变迁的独立变量。许多制度研究者认识到"观念是重要的因素",人们不只是遵循后果逻辑采取政治行动,规范价值和自我实现等非物质因素同样影响政治行动。[1]但以往研究或是忽略观念因素,或是将观念理解为制度结构的产物。建构制度主义没有将观念当作政治行为的背景性因素,而是将观念与政治行为联系起来,明确提出观念是因果分析中的解释性力量。[2]

其二,建构制度主义从内生性角度考察制度变迁,丰富了制度

---

[1] [德] 路德维希·希普:《"为承认而斗争":从黑格尔到霍耐特》,罗亚玲译,《马克思主义与现实》2010 年第 6 期。

[2] Oscar L. Larsson, "Using Post-Structuralism to Explore the Full Impact of Ideas on Politics", *Critical Review*, Vol. 27, No. 2, 2015, pp. 174-197.

理论对制度变迁动力来源的认识。建构制度主义聚焦于行动者与制度的相互作用，从本体论和认识论角度考察制度的内生性变迁。从本体论角度来看，建构制度主义学者反对从外生性角度界定制度概念。很多理论将制度理解为博弈后的激励结构、正式或非正式的程序规则、文化规范或认知框架，但是建构制度主义学者认为，制度无法脱离行动者而存在，制度是观念与话语建构的社会关系，是被"资源配置与规则所维系的重复性实践"。[1]制度的客观性与实在性有赖于行动者的稳定互动和集体共识。从认识论角度来看，建构制度主义学者提出，制度既可以作为给定的背景结构约束行动者的行为选择，又是行动者观念互动和话语沟通所建构的产物。制度内化于行动者的认知过程，其功能作用取决于行动者在特定语境下作出的阐释。建构制度主义从结构性和能动性要素互动关系的角度解释制度存续与变迁，进一步提高了制度分析的解释力。

其三，建构制度主义揭示了制度运行的动态性与制度变迁的渐进性。建构制度主义学者关注观念和话语等因素对政策制定、策略调整、方案实施的影响，开拓出富于动态色彩和协商导向的制度变迁模型。与建构制度主义的动态性风格相比，理性路径、组织路径、历史路径的制度研究侧重共时性和静态性的均衡分析进路，分别预设了外生性的行动者偏好、固定的文化规范结构、自我强化的制度变迁路径，行动者只能被动接受结构预先设定的约束性条件。建构制度主义聚焦于观念的因果力量，指出制度变迁实质上反映了新旧话语体系的更替。从观念与话语的角度来看，制度惯性会在政策观念相互冲突的危急时刻失效，持有不同观念的政治行动者以各自方式过滤、编码环境中的信号。在观念竞争中取胜的观念范式能够阐释制度背景信息并重构危机叙事，为行动者再次确立合法化的

---

[1] ［英］查尔斯·福克斯、休·米勒：《后现代公共行政：话语指向》，楚艳红等译，中国人民大学出版社2002年版，第88页。

认同对象。在此意义上，观念分析与话语分析揭示了制度变迁的渐进性与连续性。①建构制度主义反映了制度研究者检视制度与行动者互动关系、促进实证分析精细化的学术抱负，推动了政治科学领域发生观念转向。

（二）建构制度主义的研究不足

与新制度主义政治学三个主要流派相比，建构制度主义具有明显的动态分析优势，但也存在研究定位模糊、忽略时间维度、主观性太强等不足，客观评价建构制度主义应该审视这些局限。

其一，建构制度主义由于借鉴了差别较大的理论资源，在理论的自洽性与融贯性方面存在不足。建构制度主义没有清楚地界定观念、话语、修辞等概念，也未能阐明相关概念的使用方式。如果建构制度主义完全借鉴后现代主义的理论资源，认为话语互动是行动者社会生活的全部内容，便可能陷入唯意志论。如果建构制度主义彻底摆脱后现代主义的概念负累，强调制度结构的社会实体性，坚持制度的运行无须以行动者观念互动为中介机制，便可能面临"能动性嵌入的悖论"，即嵌入社会环境的行动者如何摆脱并改变赋予其行为意义的文化框架。施密特也清楚地表示话语概念含混且复杂，话语制度主义的目标是从话语角度确立统合性的制度研究范式，鼓励持有不同本体论、认识论、方法论的学者共同反对静态性的研究观点。②相关研究为观念、话语、修辞等范畴注入过多内涵，增加了应用这些概念的难度，例如观念概念与话语概念的融合有可能导致本体论的二元性问题，即观念由个人承载而话语由多个行动

---

① Daniel Béland and Robert Henry Cox, eds., *Ideas and Politics in Social Science Research*, New York: Oxford University Press, 2010, pp. 47 – 64.

② Vivien A. Schmidt, "Theorizing Ideas and Discourse in Political Science: Intersubjectivity Neo – Institutionalisms and the Power of Ideas", *Critical Review*, Vol. 29, No. 2, 2017, pp. 248 – 263.

者传递。①

其二，建构制度主义忽视时间结构在行动者与制度互动中的作用，这削弱了理论阐释的动态性程度。建构制度主义学者认为，行动者在相对流变的观念和话语结构中采取政治行动，制度能够引导其观念与行为发生变化，但相关研究在分析行动者与制度的双向互动时仅仅侧重主体性维度。与即时性的思想或行动不同，制度结构可相对稳定地塑造政治行动。因而，在任何确定的时间节点，即使是在奈特式不确定性的制度解体时刻，结构因素是个体发挥能动作用的前提，这在一定程度上要求制度分析必须首先关注赋予行为以意义的构成性规则。只有将制度与行动者的关系置于长时段分析中，行动者才能同制度相互影响并改变互动规则。②建构制度主义在忽视时间特征的情况下片面强调能动性因素，可能得出有所偏颇的结论。这是因为行动者既不完全由制度所决定，也无法在制度真空中作出策略选择。进一步提高制度理论对社会现实的解释力，需要从过程性角度审视结构与能动的互动机制。

其三，建构制度主义过于强调观念、话语等能动性因素的解释力，存在主观主义倾向。建构制度主义学者认为，政治现象的产生与发展均可归因为能动性因素，这种观点的问题主要体现在两个方面。一方面，建构制度主义将利益视为行动者建构而非结构派生，"行动者的行为并不直接反映自身物质利益，而是反映他们对物质利益的某种特定看法"。③这实际上模糊了观念与物质的

---

① Thomas Jacobs, "Poststructuralist Discourse Theory as an Independent Paradigm for Studying Institutions: Towards a New Definition of 'Discursive Construction' in Institutional Analysis", *Contemporary Political Theory*, Vol. 18, No. 3, 2019, pp. 379–401.

② Stephen Bell, "Do We Really Need a New 'Constructivist Institutionalism' to Explain Institutional Change", *British Journal of Political Science*, Vol. 41, No. 4, 2011, pp. 883–906.

③ R. A. W. Rhodes, Sarah A. Binder, and Bert A. Rockman, eds., *The Oxford Handbook of Political Institutions*, Oxford: Oxford University Press, 2006, p. 69.

界限，过于强调利益对行动者感知的依赖性而忽略利益的物质基础，使利益变成没有实在根基的纯粹想象物，新制度主义理论可能由制度决定论走向观念决定论。另一方面，建构制度主义在一定程度上忽略了话语互动的权力机制以及政治事件背后的权力逻辑。[1]行动者的有序互动不仅是交往理性的反映，更可能是特定制度结构下不对称权力关系作用的结果。新制度主义政治学在反对理性选择理论和行为主义政治学的个体主义方法论方面卓有成效，但建构制度主义所体现的主观主义倾向有可能破坏新制度主义学者的努力成果。[2]

（三）建构制度主义的发展前景

建构制度主义作为建构主义与制度分析交织融合的产物，在整合政治科学内部资源的过程中实现创新发展，推进了新制度主义政治学的领域扩展与议题深化。推动建构制度主义的理论发展，需要进一步处理主体性与主体间性的关系，构建整合性理论分析框架，考察观念与话语的微观互动机制。

其一，建构制度主义围绕主体性与主体间性构建分析框架，进一步完善建构制度主义理论需要合理看待二者的关系，解决观念决定论与结构决定论的双重问题。建构制度主义以建构方法阐释结构与能动的互动，使制度分析能够承载规范化的价值因素并具有动态解释力。但在理论的发展完善阶段，建构制度主义应该进一步反思观念、话语等非物质因素在理论构建中的特殊地位。作为内生性的

---

[1] Oscar Larsson, "Advancing Post‐Structural Institutionalism: Discourses, Subjects, Power Asymmetries, and Institutional Change", *Critical Review*, Vol. 30, No. 3‐4, 2018, pp. 325‐346.

[2] Stephen Bell, "Do We Really Need a New 'Constructivist Institutionalism' to Explain Institutional Change", *British Journal of Political Science*, Vol. 41, No. 4, 2011, pp. 883‐906.

解释变量，观念同样有可能倾向于静态化的秩序分析，①建构制度主义学者需要在实证研究中衡量各种变量的真实效应，提高制度理论对社会现实的解释力。一方面，建构制度主义可借鉴后结构主义的研究成果，关注制度结构背后交错的权力斗争与制度约束下主体性建构的方式，分析权力关系要素对制度过程的构成性作用，更好理解制度变迁的动态过程，②克服主观主义和观念决定论倾向。另一方面，建构制度主义需在把握结构与能动张力的基础上阐释主体性。行动者的观念无法被还原为制度环境的影响，约束性结构与主体性因素共同塑造行动者的行为选择，重视行动者因素有益于纠正制度理论的结构决定论的倾向。③

其二，建构制度主义可提高内部逻辑的融贯程度，整合多种研究取向。一方面，可从梳理内部学理资源的角度增强建构制度主义的逻辑融贯性。建构制度主义内部的研究取向形成于不同的学术脉络，概念体系和方法工具存在较大程度的异质性，观念制度主义和话语制度主义强调因果分析，修辞制度主义则更为注重叙事、隐喻等建构分析。观念制度主义、话语制度主义、修辞制度主义应从彼此学理资源中获取发展动力，在兼容互补基础上提高流派内部的融贯程度。另一方面，建构制度主义需加强同其他制度研究路径的对话交流。建构制度主义的重要理论目标是突破以往制度分析中普遍存在的静态化倾向，但目前制度理论各流派的对话主要集中在否定和批评层面，未能吸收彼此的理论创见。建构制度主义应关注其他流派的最新研究成果，在理论融合的过程中消除可能存在的壁垒。

其三，建构制度主义应该考察非物质因素在实证分析中的潜力

---

① Robert C. Lieberman, "Ideas, Institutions, and Political Order: Explaining Political Change", *American Political Science Review*, Vol. 96, No. 4, 2002, pp. 697-712.

② David S. Moon, "'Tissue on the Bones': Towards the Development of a Post-structuralist Institutionalism", *Politics*, Vol. 33, No. 2, 2013, pp. 112-123.

③ Colin Hay, "The Interdependence of Intra- and Inter-Subjectivity in Constructivist Institutionalism", *Critical Review*, Vol. 29, No. 2, 2017, pp. 235-247.

与局限，揭示观念、话语与制度的微观互动机制。推动建构制度主义的理论发展需要适度转变研究焦点，不仅在理论层面探索观念对政治行动与结构变迁的塑造力量，而且在实证研究层面关注公共领域中行动者的话语与修辞互动。一方面，建构制度主义应该关注修辞在话语互动中的阐释作用。行动者可利用修辞手段，在不同的话语范式与制度背景中转换分析视角，修改或重构对其施加约束或引导作用的制度性要素。制度理论学者应该考察特定修辞手段与情境的契合性，聚焦于行动者修辞实践和观念重塑的因果联系，以语言学方法缓解能动与结构的张力。另一方面，建构制度主义应该更加关注经验研究，发挥经验材料在理论构建中的完善作用。相关研究要考察建构制度主义的理论适用范围，从经验材料中提炼理论构建与创新的素材，揭示长时段历史进程中结构与行动者的互构机制，进一步完善制度理论的解释框架。

  建构制度主义聚焦于观念、话语、修辞等能动性因素的解释力，重构了制度理论关于结构与能动的关系的认识，创造性解决非均衡条件下制度变迁的动力机制问题。建构制度主义学者开拓微观机制分析，有益于解释渐进式的制度变迁。建构取向的制度研究强调以观念、话语的连续性促进制度变迁的稳定性，对于完善政治制度和调整政策安排具有启示作用和借鉴意义。建构制度主义为回应新制度主义政治学的不足而产生，在理论构建的逻辑融贯性和概念完整性方面难免存在不足，但其相对统一的本体论、方法论和认识论基础，使其成为新制度主义政治学的第四个流派。建构制度主义的解释力表明观念在政治世界中具有重要的力量，但是与此同时，建构制度主义解释力的限度也表明观念无法独立于现有的制度和行动者。

拓展阅读

1. ［英］玛丽·道格拉斯：《制度如何思考》，张晨曲译，经济管理出版社 2013 年版。

2. Sheri Berman, *The Social Democratic Moment: Ideas and Politics in the Making of Interwar Europe*, Cambridge, MA: Harvard University Press, 1998.

3. Mark Blyth, *Great Transformations: Economic Ideas and Institutional Change in the Twentieth Century*, Cambridge: Cambridge University Press, 2002.

4. Andreas Gofas and Colin Hay, eds., *The Role of Ideas in Political Analysis: A Portrait of Contemporary Debates*, London: Routledge, 2010.

5. Daniel Béland and Robert Henry Cox, eds., *Ideas and Politics in Social Science Research*, New York: Oxford University Press, 2010.

第七讲
制度的生成

政治制度生成的设计观
政治制度生成的演化观
政治制度生成的选择观

制度的生成

接续前文对理性选择制度主义、历史制度主义、组织分析制度主义、建构制度主义的介绍,本书将以三讲的篇幅论述政治制度的生成、维系、变迁。政治制度是构筑社会生活和政治生活的重要基石,制度生成备受研究者关注。一方面,研究者在分析制度现象或建构制度理论时,必然会思考制度的生成、维系、变迁,如彼得斯提道,"一旦我们了解制度是什么,我们必定继续探寻它何以产生"。① 另一方面,制度生成的方式不仅包含制度发挥作用的因素,对它的理解还会影响人们关于制度作用方式的认识,如新制度经济学者戴维·克瑞普斯指出的,有关制度效果的研究"开启了关于制度来源问题的探索","制度产生及演化的理论比特定制度背景下的均衡理论更为重要"。②

针对制度是如何生成的这一问题,研究者从不同的立场和角度作出相应的分类和解释。新制度主义政治学者索尔坦认为制度生成的方式有四种主要类型:功能主义、演化理论、理性选择、

---

① B. Guy Peters, *Institutional Theory in Political Science: The New Institutionalism*, Cheltenham: Edward Elgar Publishing, 2019, p. 69.
② David Kreps, *A Course in Microeconomic Theory*, New York: Harvester Wheatsheaf, 1990, p. 530.

设计方式。① 与之类似，政治学者林继文从博弈理论的视角提出制度形成的三种模式是创设、选择、演化，它们各自对应博弈理论的纳什均衡、帕累托最优、稳定演化这三种策略解。② 事实上，经济学者和政治学者在更为广泛的理论基础上，思考了制度生成的两种基本类型——设计方式和演化方式。举例来看，新制度经济学者在分析制度生成方式时，往往持理性设计或自发演化这两种不同的认识。柯武刚和史漫飞认为，制度虽然是人类行为的结果，但它们未必全部是人类设计或有意行为的产物，演化也是重要的制度生成方式。③ 英国政治思想家约翰·密尔在相近意义上认为，一切有关政府形式的理论，都在政治制度究竟是发明创造还是自然产物这个焦点上存在冲突。④ 组织分析制度主义学者迪马吉奥和鲍威尔认为，新制度主义各个流派在制度是设计产生还是演化而来的问题上具有较大的分歧。新制度经济学者和公共选择理论学者认为，"制度是人们设计的产物，是工具导向的个人有目的的行动之结果"。国际机制理论和组织理论的新制度主义认为，"制度当然也是人们行动的结果，但并不一定是人们有意识设计的产物"。⑤ 这表明新制度主义学者在制度设计与制度演化之间有着不同立场。

  传统制度研究和新制度主义所关注的设计分析路径和演化分析路径，对考察政治制度的生成十分重要，由林继文提出的创设、选择、演化的理论模式同样值得借鉴。我们将林继文的理论模式扩展

---

① Karol Soltan, Eric M. Uslaner, and Virginia Haufler, eds., *Institutions and Social Order*, Ann Arbor: The University of Michigan Press, 1998, p.51.
② 林继文：《创设、选择与演化：制度形成的三个理论模式》，《政治学报》2001年第2期。
③ [德]柯武刚、史漫飞：《制度经济学：社会秩序与公共政策》，韩朝华译，商务印书馆2004年版，第87—88页。
④ [英]约翰·密尔：《代议制政府》，汪萱译，商务印书馆1984年版，第1—2页。
⑤ [美]沃尔特·W.鲍威尔、保罗·J.迪马吉奥主编：《组织分析的新制度主义》，姚伟译，上海人民出版社2008年版，第10—11页。

为新制度主义政治学在制度生成理论方面的一般分析模式，而不是仅仅局限于从博弈理论的视角看待制度形成。

一 政治制度生成的设计观

（一）制度设计的逻辑前提

制度设计作为制度生成的重要方式，有其自身的逻辑前提和理论基础，研究者正是根据这样的认识，针对制度设计提出各种虽有差异但大致相近的理论观点。本节主要从建构理性、完备知识、计划秩序三个方面分析制度设计的逻辑前提。

其一，制度生成的设计观认为人类的理性是建构理性。理性作为重要的哲学概念，在启蒙运动中得到充分的发展，不仅具有强大的道德鼓舞色彩，也是科学精神的坚实后盾。伊曼努尔·康德强调启蒙运动是以理性驱散蒙昧的过程。"启蒙运动就是人类脱离自己所加于自己的不成熟状态"，"要有勇气运用你自己的理智，这就是启蒙运动的口号"。[1] 美国政治学者伊安·夏皮罗也指出，"启蒙运动思想家们都信仰人类理性的力量"，他们相信人类可以通过理性的力量理解自身和环境的真正本质，控制甚至改善自己的环境和生活。[2] 对于理性的重要性，英国学者汉斯·里克曼强调，包括哲学在内的研究必须将理性的运用当作首要的工具，尽管它有时无法实现人们的目的。理性的运用实际上由四项原则作为依据，即人们只应接受建立在经过彻底、批判考察的证据和正当推理之上的真理；现实是可知的，因为它具有一种理性的和理智上可以理解的结构；自我认识是极为重要的；人类在选择手段和目的方面具有合理

---

[1] ［德］康德：《历史理性批判文集》，何兆武译，商务印书馆1990年版，第22页。
[2] ［美］伊安·夏皮罗：《政治的道德基础》，姚建华、宋国友译，生活·读书·新知三联书店2006年版，第8—9页。

指导自身行为的能力。①

对理性的重视使合意的政治制度的设计成为可能。这种以理性为现实社会生活和政治世界立法的行为首先使人们相信，有能力设计政治制度的行动者是存在的。以费城制宪会议的政治家为例，当时的人们就认为"他们从事政治生活中最重要的事情，设计和建设一个政制"，"他们是最高级的政治艺术家"。② 由于理性能力的提升和科学工具的采用，人们越来越相信自身具有设计政治制度的能力。这种基于理性的自负也产生了负面的后果，这就是人们由此提出了一系列根本性乃至颠覆性的制度设计方案。例如，德国社会学家卡尔·曼海姆在《重建时代的人与社会》一书中论述从自由社会向计划社会转变的途径时，提出了"发现某些把民主的议会控制传入计划社会的方式"。③

这种把所有社会制度假定为刻意设计产物的观念，被经济学家冯·哈耶克概括为建构理性。哈耶克指出，建构理性认为人类为了实现自己的目的而刻意设计出某种制度，而且这些制度确实有助于实现人类的目的。另外，一项制度的存在也证明了它是为了实现某个目的而被创造的。因此，建构理性主张重新设计社会及其制度，确保人们的行动完全遵循已知目的的引导。④

其二，制度生成的设计观认为拥有完备知识的人能够进行制度

---

① [英] H. P. 里克曼：《理性的探险：哲学在社会学中的应用》，姚休等译，商务印书馆 2006 年版，第 12—14 页。

② [美] 文森特·奥斯特罗姆：《复合共和制的政治理论》，毛寿龙译，上海三联书店 1999 年版，序言，第 4 页。

③ [德] 卡尔·曼海姆：《重建时代的人与社会：现代社会结构的研究》，张旅平译，生活·读书·新知三联书店 2002 年版，第 354 页。

④ [英] 哈耶克：《法律、立法与自由》（第 1 卷），邓正来译，中国大百科全书出版社 2000 年版，导论，第 8 页，正文，第 2 页。该书中译本把"constructivist rationalism"译为"建构论的唯理主义"，其他研究者则译为"建构论理性主义"，可参见[英] 迈克尔·H. 莱斯诺夫《二十世纪的政治哲学家》，冯克利译，商务印书馆 2002 年版，第 199 页；或译为"建构理性"和"理性建构主义"，可参见汪丁丁《制度分析基础讲义：社会思想与制度》，上海人民出版社 2005 年版，第 208、266 页。

设计。美国法律学者罗伯托·曼戈贝拉·昂格尔认为，知识和政治有着密切联系。①知识作为实践的认识和经验，为人们提供了政治构想的基本材料并指导政治实践，探究知识理论的内容和知识的性质无疑十分重要。一般认为，蕴含在制度设计理论者构想中的知识图式主要表现为完备知识，其含义最初是指全知全能的上帝所具有的洞察力。②对于经济学而言，完备知识在新古典经济学中突出地表现为经济人具有的基本能力。而在理性选择理论发展的初期，理性选择范式认为经济人是一个目标明确、行动果决并追求私人利益最大化的能动者。③对完备知识的掌握意味着行动者拥有充足的信息和丰富的经验，能够设计出合意的经济制度和理想的政治制度。在政治生活领域，可以发现很多政治实践者以作为完备知识合理形式的科学为手段，设计政治规则或政治组织的事例。正如美国政治学者乔万尼·萨托利所说，当今科学在知识累积的发展上是早期实证主义者无法想象的，"科学地组织人类已不仅是令人惬意的观念，而且还是一个似乎触手可掬的理想"。④

其三，制度生成的设计观强调计划秩序的观念。政治制度的设计观认为拥有建构理性能力而且掌握完备知识的行动者，能够通过计划实现某种秩序以达到自己的目的。索尔坦提到，包括理性选择理论在内的研究路径认为，人类的智识能力在制度生成方面至关重

---

① ［美］罗伯托·曼戈贝拉·昂格尔：《知识与政治》，支振锋译，中国政法大学出版社 2009 年版，第 4—5 页。
② 英文著作中的"perfect knowledge"，或许最早由英国作家马修·亨利在 1710 年写成的《祷告指示》一书中提出。书中有如此表述："掌握完备知识的上帝，能够注视全部的人与事，即便是最隐秘的部分，都可以明白、确定、无误地洞察。"参阅 Matthew Henry, revised, edited, and introduced by Ligon Duncan, *A Method for Prayer*, Greenville: Reformed Academic Press, 1994。
③ Kenneth A. Shepsle, "Studying Institutions: Some Lessons from the Rational Choice Approach", *Journal of Theoretical Politics*, Vol. 1, No. 2, 1989, pp. 131–147.
④ ［美］乔万尼·萨托利：《民主新论》，冯克利、阎克文译，上海人民出版社 2009 年版，第 473 页。

要，因而可以把制度视为设计的产物。① 早期理性选择理论学者和部分理性选择制度主义学者也在不同程度上主张制度是由设计或审慎计划生成的。彼得斯认为对于理性选择制度主义而言，"制度不会由于人们对其需要而自动出现，它必须是造就而成的"。理性选择理论的一个重要的和基本的假定就是，"人们如果能够理解他们关于制度所做的抉择，他们就会毫不犹豫地制定决策"。②

在某些研究者看来，制度生成的设计观主张一种源于外部或人为制造的秩序。哈耶克将这种源于外部的秩序称为建构的或人为的秩序甚至是组织。③ 柯武刚和史漫飞进一步指出，这种秩序"直接凭借外部权威"，"靠指示和指令来计划和建立秩序以实现一个共同目标"，因此可以称为组织秩序或计划秩序，这种"精心构思出来的设计可以指导一个人去协调各种行动者"。根据这样的认识，计划秩序实际上预设了特定的指挥者，他对所有的行动者发布指令，保证设计指令在现实中成为一种发挥作用的秩序。④

（二）制度设计的方式

本节主要从政体设计、程序设计、政策设计三个方面分析制度设计的方式。

首先，制度生成的设计观就其作用方式而言，主要体现在研究者对政体设计的探究方面。主张制度是通过设计而产生的政治学者认为，政体设计的重要性表现在三个方面。其一，根本性宪法的有

---

① Karol Soltan, Eric M. Uslaner, and Virginia Haufler, eds., *Institutions and Social Order*, Ann Arbor: The University of Michigan Press, 1998, p. 51.
② B. Guy Peters, *Institutional Theory in Political Science: The New Institutionalism*, Cheltenham: Edward Elgar Publishing, 2019, p. 69, p. 75.
③ [英] 哈耶克：《法律、立法与自由》（第1卷），邓正来译，中国大百科全书出版社2000年版，导论，第55页。
④ [德] 柯武刚、史漫飞：《制度经济学：社会秩序与公共政策》，韩朝华译，商务印书馆2004年版，第171—174页。

效运行是维护公民权利的重要保障。美国政治学者乔恩·埃尔斯特指出，宪法的实体性或程序性规定包括对各种个人权利的保障。①其二，宪法作为一个国家的根本性法律，它所规定的政治机关的权力大小及相互关系，构成了国家的根本政治制度。其三，一些研究者根据宪法或宪制的语义内涵提出，宪制的设计不仅是合理的，也是可行的。从词义上来说，宪制含有"制定"的意思，"制定就是创造或者产生；某件事物的构成就是该事物作为一个整体的基本性质"。②从这个角度出发，政体设计确实是政治制度设计的核心要义。

政体设计的主张者认为，可以从以下六个方面对这一理论进行构思和现实规划。其一，从任务的复杂性和重要性来看，政体必须由人们审慎地设计。美国政治学者斯蒂芬·埃尔金认为，只要在设计的过程中考虑到人类合理性所受到的限制，即使那些怀疑人类是否具有概括能力的群体也会同意，大规模的设计是可能的。③一些学者也从消极意义上指出制度设计的必要性。"政治与经济体制是人类的创造物，如果制度设计不当，就会直接导致政治经济上的失败。因此，这些国家要转变为稳定繁荣的社会，就必须对民主制度的设计与实施给予充分关注。"④其二，人类的智识能力可以胜任政体设计这一任务。美国制度理论学者和政治学者文森特·奥斯特罗姆认为，政府体系的设计虽然不同于建筑物的设计，"但是在基本地运用概念和理性去认识设计进程方面，却是完全相

---

① [美] 乔恩·埃尔斯特、斯莱格斯塔德：《宪政与民主：理性与社会变迁研究》，潘勤、谢鹏程译，生活·读书·新知三联书店1997年版，第3页。
② [美] 斯蒂芬·L.埃尔金、卡罗尔·爱德华·索乌坦编：《新宪政论：为美好的社会设计政治制度》，周叶谦译，生活·读书·新知三联书店1997年版，第7页。
③ [美] 斯蒂芬·L.埃尔金、卡罗尔·爱德华·索乌坦编：《新宪政论：为美好的社会设计政治制度》，周叶谦译，生活·读书·新知三联书店1997年版，第41页。
④ 刘军宁：《市场社会与公共秩序》，生活·读书·新知三联书店1996年版，第94页。

同的"。① 其三，政体设计往往是将某种原则运用于现实的活动。美国政治学者彼得·奥德舒克以体现民主原则的宪法为例对此进行了解释，"任何人想要对民主宪法的设计提供务实的指导或区分政治制度、文化及社会分化的影响，都必须至少回答这一问题：宪法的根本目的是什么？它如何达到此目的？"② 其四，政体设计如果想取得各方一致的结果并获得有效的实施，就要考虑到激励机制和偏好汇聚。这样的观点在理性选择理论中体现得尤为明显。基于对个体行动者行为模式的认识，理性选择理论重视制度设计对个体行动的约束和引导作用，强调制度的积极激励和消极约束能够保证制度设计达到行动结果，实现设计者的意图。③ 其五，政体设计的动力源于关键行动者和发起者将意图施加给其他行动者的能力。美国政治学者伊泰·悉奈德认为制度的生成具有内生性，他运用理性选择理论分析制度产生的动力，指出个体拥有把自身的意愿施加给其他个体的愿望。对这些具有能动性的个体来说，为了创设制度他们必须拥有操控政治结构的能力，新制度的确立要比新制度的缺失带给他们更多的好处。④ 其六，政体设计的结果在很大程度上受到设计者理性能力的影响。比如达尔就曾赞扬詹姆斯·麦迪逊撰写的《联邦党人文集》第十篇，认为他"提出了逻辑上更严密的、几乎是数学式的理论"。⑤

其次，制度生成的设计观就其作用方式而言，体现在研究者对

---

① [美] 文森特·奥斯特罗姆：《复合共和制的政治理论》，毛寿龙译，上海三联书店1999年版，序言，第17页。
② 刘军宁：《市场社会与公共秩序》，生活·读书·新知三联书店1996年版，第95—96页。
③ B. Guy Peters, *Institutional Theory in Political Science: The New Institutionalism*, Cheltenham: Edward Elgar Publishing, 2019, pp. 57 – 59.
④ Itai Sened, "Contemporary Theory of Institutions in Perspective", *Journal of Theoretical Politics*, Vol. 3, No. 4, 1991, pp. 379 – 402.
⑤ [美] 达尔：《民主理论的前言》，顾昕、朱丹译，生活·读书·新知三联书店1999年版，第2页。

程序设计的探究方面。程序性制度是政治制度的组成部分，程序设计也是政治制度设计的重要内容，程序性制度与政体性制度并不存在严格的界限。制度设计者之所以重视程序性规则的设计，主要有以下两个原因。一方面，理性选择理论揭示了程序的重要性。谢普斯勒根据结构诱致均衡理论指出，程序性规则中的次序能够决定不同行动者在不同时刻展开不同顺序的行动，"次序诱致了策略的产生"。① 另一方面，阿罗不可能定理揭示了多数决定在理论上是不稳定的，因为多数投票无法保证将个体偏好转换成社会偏好。因此，谨慎规定选举或投票的程序性规则，对于获得某种政治结果来说非常重要。

相对于政体设计，程序设计具有以下特别之处。其一，无论是宪法、一般性法律还是其他制度性规则，有关程序修正的规定都是其中的重要内容，成文宪法修正案的提出及获得批准的程序很好地说明了这一点。另外，莫伊关于美国环境保护署的研究成果，也强调该机构设定出严格程序来限制它在委托管理方面的能力。② 其二，包含大量程序性规定的选举制度的设计是民主政治的促进性因素。比如萨托利认为，选举作为政治制度设计中一个非常特殊的操作性工具，可以将其看成是操纵政治结果的重要变量。

最后，制度生成的设计观就其作用方式而言，体现在研究者对政策设计的探究方面。对于政策选择有两点需要说明。一方面，虽然在某种意义上政体选择可以看作是政策设计，但是从制度构成或制度分析的层次性角度出发，需要对政体设计同政策设计进行区分。另外，正如程序设计往往是政体设计的组成部分，政策设计在

---

① Kenneth A. Shepsle, "Studying Institutions: Some Lessons from the Rational Choice Approach", *Journal of Theoretical Politics*, Vol. 1, No. 2, 1989, pp. 131 – 147.
② [美] 罗伯特·古丁、汉斯－迪特尔·克林格曼主编：《政治科学新手册》，钟开斌等译，生活·读书·新知三联书店 2006 年版，第 260 页。

很多情况下也包含程序设计。另一方面，政策设计（policy design）的含义并不完全等同于政策制定或决策（policy making），因为政策设计更强调政策过程的理性主义成分，而且要求政策制定者重视"后果设计"。①

对于政策设计的方式，可以从以下四个方面来认识。其一，当代各国政治在结构形式和运行机制上的深刻变革，为政策设计提供了可能的背景。受到权力的集聚性以及经济发展和社会多元化的影响，公共权力越来越表现出干预社会生活的倾向。代议机关经立法程序制定的政策，以及行政机关以代理人身份制定的政策在数量上的增加，体现了公共权力的行使者相较于以往，更加倾向于以设计的方式制定政策。其二，与决策的垃圾桶模型或掷骰子方式相比，公共机关通过政策设计对现实生活中的政治、经济、社会领域进行积极控制或协调，在多数情况下更为有效。于是，有新制度主义学者提出"政策干预的直接作用是促进预期目的"，"在有些情况下，依靠指令的、设计出来的秩序和协调可以很有优越性。这是企业组织和政府组织存在的一个原因。他们都是计划秩序"。② 其三，不同国家或同一国家不同层级、不同地区的公共部门政策设计的能力有很大差异。政治学者丹尼斯·盖勒通过比较美国亚拉巴马州和加勒比海国家牙买加在增长和发展方面的政策设计，指出两者在政策设计的能力上存在明显的不同。③ 这样的差异不仅体现在各个政府部门所拥有的资源和动员能力上，也体现了宪制结构和政治运作所造成的影响。其四，政体制度中关于代议机关同行政机关关系的政

---

① ［美］罗伯特·古丁、汉斯－迪特尔·克林格曼主编：《政治科学新手册》，钟开斌等译，生活·读书·新知三联书店2006年版，第814页；［德］柯武刚、史漫飞：《制度经济学：社会秩序与公共政策》，韩朝华译，商务印书馆2004年版，第386页。

② ［德］柯武刚、史漫飞：《制度经济学：社会秩序与公共政策》，韩朝华译，商务印书馆2004年版，第176页。

③ ［美］尼考劳斯·扎哈里亚迪斯主编：《比较政治学：理论、案例与方法》，宁骚、欧阳景根等译，北京大学出版社2008年版，第239页。

策设计，不仅是制度设计理论的重要内容，更是新制度主义政治学者突出的理论贡献。美国理性选择理论学者威廉·尼斯卡兰指出，官僚制组织中的领导者往往利用自身职位来获得最大化效用，他们设计的政策往往同国会的利益存在一定的冲突。因此，国会如何通过政策设计来控制代理部门的权力运作，成为研究者关注的重要对象。①

（三）制度设计理论的评析

制度设计作为制度生成的重要方式，不仅是政治理论者考察的内容，也是政治权力行使者在现实政治中运用的手段。制度设计的理论考察并非仅仅局限在新制度主义的研究中，事实上，古典时代以来的政治学说和政治实践都或多或少地涉及政体设计或全局性政治安排。另外，体现高度理性主义的设计观以及部分理性选择理论的设计观，也同新制度主义对制度设计的看法有一定的差异。从这一点来看，有关制度设计的完整认识，其实是经济学和政治学中的新制度主义流派同其他流行观点的混合体。尽管如此，新制度主义还是极大地拓展了制度设计的研究内容的广度和深度，有助于研究者更全面地评价制度生成的设计观。

从积极的角度来看，主张政治制度通过设计而产生的观点具有三个显著优点。其一，政治制度的合理设计和有效运行在很大程度上确实能够建立某种秩序，抑制严重冲突的发生，降低现实世界的政治和经济交易成本，减少政治生活的不确定性。唐斯指出，这个世界具有不确定性，"对付不确定性是社会中几乎每一个重要制度的一项主要功能"。②索尔坦也认为，混乱之中无法做出有效的规

---

① B. Guy Peters, *Institutional Theory in Political Science: The New Institutionalism*, Cheltenham: Edward Elgar Publishing, 2019, p. 62.
② [美]安东尼·唐斯：《民主的经济理论》，姚洋等译，上海人民出版社2005年版，第11页。

划,"制度则是限制风险和不确定的措施"。① 其二,制度设计体现了人类发挥能动性以及主宰自己命运的抱负,近代以来民主制度在世界范围内的建立就是这一观点的佐证。夏皮罗在谈及民主制度的原则时指出,"当影响到他们的集体生活和利益的事态发生时,人民有权自己统治自己"。② 其三,制度设计体现了人类理性在政治生活中的价值,它帮助行动者更好地认识政治社会,还有助于他们对政治生活进行批判性建构,具有理性和科学精神的政治科学的蓬勃发展正体现了这一点。对此,埃尔金强调,"从一开始,政治科学就不仅关注于解释和评价,它还集中于建立良好的政治体制和改善现有机制的实践活动"。③

虽然研究者肯定了制度设计的积极意义,但更多的学者却将眼光聚焦在制度设计的缺点上。其一,制度设计在逻辑前提上对人类建构理性和完备知识的假定存在严重问题。一方面,人类除了具备理性,其意识和行动也具有价值和意义。"如果我们假设有'完备理性'的人,那么,他必须建立优化模型来计算他面对着的福利最大化问题,然后决定他自己的行为。但是常识使人们首先关注行为的意义。一旦没有意义,行为主体就不再计算福利水平的最大化问题了。"④ 另一方面,现实政治生活的复杂程度以及社会科学同自然科学的显著差异,意味着个体既无法拥有完备知识,也很难作出精确的预测。美国伦理学者阿拉斯戴尔·麦金太尔认为政治生活

---

① Karol Soltan, Eric M. Uslaner, and Virginia Haufler, eds., *Institutions and Social Order*, Ann Arbor: The University of Michigan Press, 1998, p.57.
② [美]伊安·夏皮罗:《政治的道德基础》,姚建华、宋国友译,生活·读书·新知三联书店2006年版,第227页。
③ [美]斯蒂芬·L.埃尔金、卡罗尔·爱德华·索乌坦编:《新宪政论:为美好的社会设计政治制度》,周叶谦译,生活·读书·新知三联书店1997年版,第26页。
④ 汪丁丁:《制度分析基础讲义:社会思想与制度》,上海人民出版社2005年版,第70页。

是无法实现预测的，制度和实践等设计对象无法被科学地研究。[①] 其二，制度设计者所构思的计划秩序在现实中往往无法实现，设计的制度会在现实政治的影响下产生非预期的结果。例如，洛克在 17 世纪为北美卡罗莱纳殖民地起草的《卡罗莱纳基本法》，因体现了封建制度的基本特征被认为"是最荒谬不过的"。[②] 张志尧也指出政党制度的确立和发展对美国的创建者而言，就是预期外的产物。[③] 其三，制度设计的结果不仅会背离设计者的良善初衷，甚至还会产生灾难性的后果。新制度主义学者曾用下面这个事例来说明这一点：政府为了增加就业而出台法令提升解雇的成本，但是在限制解雇行为的同时，却导致雇主不愿增设新的就业计划，因为他们无法预料新岗位会持续多久，社会就业形势反而更加糟糕。[④]

二 政治制度生成的演化观

在制度生成的演化研究上，经济学和社会学的步伐早于政治科学，因此制度演化的相关理论主要是经济理论和社会理论的内容，但新制度主义在制度的演化生成方面已经取得重要的成果。本节在借鉴经济理论和社会理论的同时，将演化分析集中在政治制度方面。演化的长时段和渐进性的特征往往导致研究者很难确定制度的发生起点，也无法预判制度演化的终结。因此，以演化为视角分析制度的生成，主要关注作为制度演化过程中某一结果的政治制度，

---

① [美] 伊安·夏皮罗：《政治的道德基础》，姚建华、宋国友译，生活·读书·新知三联书店 2006 年版，第 190—191 页。

② [美] 伯纳德·施瓦茨：《美国法律史》，王军等译，中国政法大学出版社 1990 年版，第 21 页。

③ 张志尧：《集团政治研究：资本主义政治的当代发展》，吉林大学出版社 1998 年版，第 186 页。

④ [德] 柯武刚、史漫飞：《制度经济学：社会秩序与公共政策》，韩朝华译，商务印书馆 2004 年版，第 176 页。

或者某些无法判定起源但能确定其并非由人们审慎设计的政治制度。这不但避免了演进逻辑被割裂的理解，还能更好地区分作为结果的制度和制度的变迁。除此之外，应该看到理性选择制度主义包含制度生成的设计观、演化观等理论主张，在分析制度演化的时候不应把理性选择制度主义的制度生成观简单看作由单一观点构成。

（一）制度演化的逻辑前提

无论在经济学还是在政治学之中，都有一些研究者认为制度的产生不是或不总是人为设计的。从政治制度和政府形式的起源来看，密尔指出很多人实际上主张"政府不能靠预先的设计来建立"，"它们'不是做成的，而是长成的'"，"所能做的就是熟悉它们的自然特性"并适应它们。① 结合现有研究来看，主张制度是自发演化的观点建立在三个明显的逻辑前提之上，它们分别是演进理性、有限知识和自发秩序。

第一，制度生成的演化观认为人类的理性是演进理性。尽管很少有人否认行动者具有理性，但研究者对于理性的范围和程度的认识存在差异。比如，一些理论者认为很多事情对于人们来说是理性不及的，但新古典经济学认为，掌握完备信息和无限认知能力的行动者具有高度理性。② 针对以勒内·笛卡尔为代表的欧陆绝对理性主义传统，卡尔·波普尔与哈耶克作了最为有力的批判。波普尔认为人类虽然有能力面对问题、解决问题，并不断取得进步，然而却从未接近完美或达到终点，因此，人类既是理性的又是易犯错误的。波普尔将自己的这一理论命名为批判理性主义。③ 波普尔对理

---

① [英]约翰·密尔：《代议制政府》，汪瑄译，商务印书馆1984年版，第1—2页。
② Mary C. Brinton and Victor Nee, eds., *The New Institutionalism in Sociology*, New York: Russell Sage Foundation, 1998, p. 30.
③ [英]迈克尔·H.莱斯诺夫：《二十世纪的政治哲学家》，冯克利译，商务印书馆2002年版，第229页。

性主义的质疑和批判集中在理性主义对传统的忽视,他认为理性主义的一些主张无法成立。"我对传统不感兴趣。我想根据万物本身的优劣来判断它们;我想找出它们的长处和不足,并且在这样做时我想完全独立于任何传统。我想用我自己的头脑而不是用很久之前活着的其他人的头脑来做判断。"波普尔强调这种错误的观点其实也受到某种理性主义传统的约束,因而需要更加慎重地对待传统。他也进一步指出某种重要传统是地方性的,无法轻易地移植到其他地方。①

哈耶克也批判了笛卡尔式的唯理主义,反对把理性绝对地界定为根据明晰的前提所做的逻辑演绎,也不认为理性的行动仅指那些完全由已知且可证明为真的东西所决定的行动。哈耶克认为这种建构式的立场不但蔑视传统、习俗和历史,而且还会轻易地滑向一种谬误,让人们天真地认为仅凭理性就能重构社会。②"如果我们把人类文明完全说成自觉的理性的产物或人类设计的产物,或者我们自以为有能力自觉地重建或维持我们在不知道自己做了什么的情况下建立起来的东西,我们就太不自量力了。"③ 他在批判建构理性的同时提出了"演进理性"的概念。哈耶克的进化论理性主义认为,社会的有序性增进了个人行动的有效性,但这种有序性不是由增进个人行动有效性而设计的制度推进的,它实际上是由进化过程促成的。④

---

① [英]卡尔·波普尔:《猜想与反驳:科学知识的增长》,傅季重等译,上海译文出版社2005年版,第172页。
② [英]哈耶克:《法律、立法与自由》(第1卷),邓正来译,中国大百科全书出版社2000年版,第5页。
③ [英]哈耶克:《科学的反革命:理性滥用之研究》,冯克利译,译林出版社2003年版,第87页。
④ [英]哈耶克:《法律、立法与自由》(第1卷),邓正来译,中国大百科全书出版社2000年版,导论,第8页,正文,第3页。在该书中译本中,"evolutionary rationalism"被译为进化论的唯理主义,而在其他研究者那里,也被译为进化论理性主义、演化论理性主义或演进理性。

其二，制度生成的演化观在制度设计的问题上持有限知识的观点，认为人类知识是有限度的，反对完备知识的主张。研究者从不同方面对知识的局限进行了阐释。比如，昂格尔认为人对世界的理解往往是不完整的，而且其所理解的部分也可能不够充分。① 波普尔从知识的可证伪性出发，指出所有的知识都可能是错误的。因此，认识到所有的知识都具有可更正性以及人或许总是犯错，便成为现代科学态度的重要标志。② 此外，在美国人类学家克利福德·格尔兹的局部知识和匈牙利政治经济学家迈克尔·波兰尼的默会知识中，关于场景记忆和语法记忆的分析也表明知识其实是有限的。③

一般认为，哈耶克对有限知识的认识最为充分，最能代表制度生成演化观的知识论基础。哈耶克主张知识储存在"多个头脑"之中，"我们的文明虽是个人知识积累的结果，然而获得这种结果，靠的并不是自觉地把所有这些知识集中在哪个人的头脑中"。知识整体包含着各种习惯和制度、工具和观念，"它的范围之广，不是哪个单一的头脑所能掌握的"。④ 每个人都对决定其行为的事实"处于一种必然的且无从救济的无知状态之中"。⑤ 如果研究者没有充分认识到知识的局限，那么他们根据所掌握的知识而表达的观点则属于"知识的僭妄"。⑥ 柯武刚和史漫飞认为知识局限性主

---

① [美]罗伯托·曼戈贝拉·昂格尔：《知识与政治》，支振锋译，中国政法大学出版社2009年版，第416—417页。
② [英]卡尔·波普尔：《猜想与反驳：科学知识的增长》，傅季重等译，上海译文出版社2005年版，第3—43、160—172页。
③ 汪丁丁：《制度分析基础讲义：社会思想与制度》，上海人民出版社2005年版，第15—16页。
④ [英]哈耶克：《科学的反革命：理性滥用之研究》，冯克利译，译林出版社2003年版，第87—88页。
⑤ [英]哈耶克：《法律、立法与自由》（第1卷），邓正来译，中国大百科全书出版社2000年版，第8页。
⑥ Friedrich August von Hayek, "The Pretence of Knowledge", *The American Economic Review*, Vol. 79, No. 6, 1989, pp. 3–7.

要集中在两个方面。一方面,行动者对未来只有不确定的知识,因此必须依靠猜测来开展降低不确定性的活动。另一方面,行动者在了解资源和潜在交易伙伴上具有横向上的不确定性。①

其三,制度生成的演化观强调自发秩序的观念。苏格兰启蒙运动时期的道德哲学家和经济学家、德国历史主义学派、奥地利经济学派都对非设计性秩序思想的发展做出贡献。作为自发秩序概念的正式提出者和非设计秩序思想的集大成者,哈耶克从批判设计秩序的缺陷入手,提出凡是相信制度都是设计产物的人,以及认为未经设计的制度无法实现人类目的的人,都是自由的敌人。② 他在随后的著作中进一步指出,制度虽然在一定意义上是人类行动的后果,但未必是人类有意设计的产物,因此,"个人的独立行为会产生其意图之外的秩序"。③ 杰拉德·欧得利斯科也强调这一自发秩序可以称作"非设计的秩序",认为它在经济学的学科传统之中能够成为"第一原则"。④

针对以上的自发秩序观,邓正来将这种以演化理性为基础的社会秩序观总结为两个方面:一是文明在偶然状况下取得的各种成就,其实是人类行动的非意图性后果,而不是设计的产物;二是帮助人们适应世界的规则是演化而来的,人类理性的有限性使得这种规则体系在某种程度上具有理性不及的性质。⑤ 因而,综合审视制度生成的设计观与演进观的逻辑前提,或许有助于研究者加深对它们的认识。图7-1将自发的非计划秩序同人为秩序进行了对比,

---

① [德] 柯武刚、史漫飞:《制度经济学:社会秩序与公共政策》,韩朝华译,商务印书馆2004年版,第52页。
② Friedrich A. Hayek, *The Constitution of Liberty*, Chicago: The University of Chicago Press, 1960, p.61.
③ [英] 哈耶克:《科学的反革命:理性滥用之研究》,冯克利译,译林出版社2003年版,第35、87页。
④ 邓正来:《哈耶克法律哲学的研究》,法律出版社2002年版,第285页。
⑤ 邓正来:《哈耶克法律哲学的研究》,法律出版社2002年版,第286页。

以设计和自发性方式产生的两种制度，能够通过不同的运作手段产生计划秩序和自发秩序。反过来看，这两种不同的秩序类型也可以强化由计划或由演化方式产生的制度。

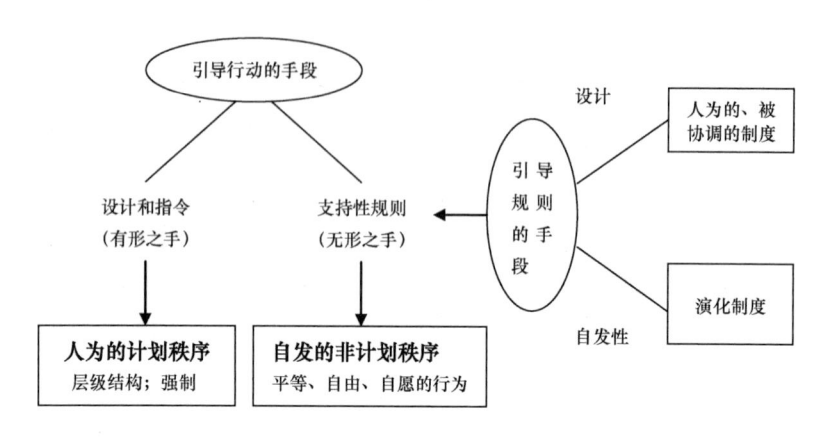

图 7-1　设计秩序与自发秩序

资料来源：［德］柯武刚、史漫飞：《制度经济学：社会秩序与公共政策》，韩朝华译，商务印书馆 2004 年版，第 174 页。

（二）制度演化的方式

研究者根据对演进理性、有限知识和自发秩序的认识，认为制度是演化而成的，并对制度演化的发生方式进行论证。下面从经济理论和社会理论出发，对制度演化的具体方式，即演化博弈与社会演进作出分析。

首先，新制度经济学的演化博弈为制度的演化提供了重要的分析模式。新古典经济学对制度的起源和演化缺少必要的关注，新制度主义早期发展也存在这种情况。韦森认为，20 世纪八九十年代，美国经济学者安德鲁·肖特和制度理论学者培顿·扬出版的两部著作，标志着博弈视角的惯例分析和制度分析以及演化博弈理论的成熟，实现了新制度主义经济学的转向，即从以科斯及诺思为代表的"交易成本经济学"转向哈耶克式的"习俗、惯例和制度生成与变迁机理的博弈分析"。韦森对这两种经济学类型做出分析，认为前者以交易成本为视角，主张社会发展和制度变迁是决定性的和明确的，后者则认为制度包含人们的习惯、习俗、惯例乃至包括法律、宪法、国家形式，而且这些都是具有有限理性和分散知识的个体在不完全信息中博弈的随机结果。[1] 相较于新制度主义经济学对作为正式制度的产权、契约和法律等制度规则的重视，新制度经济学的演化博弈理论者更加强调日常生活领域的个人习惯、习俗、惯例等因素的重要性，注重它们对制度生成的突出作用。

包括演化博弈理论的主要提出者肖特和扬在内的很多研究者指出，他们关于习惯、习俗、惯例向制度性规则不断演化的观点，深受哈耶克自发秩序理论的影响。"他们大都公开标榜自己是一个哈耶克主义者，并把自己的博弈理论——尤其是演化博弈理论——习俗、惯例和制度分析的理论任务，确定为把哈耶克的思想程式化，或者说用博弈理论的工具来展示和证明哈耶克的思想和理论发现。"[2] 根据哈耶克的观点，各种自发秩序之所以能够被归入一个范畴之内，是因为它们生成演化的路径或过程十分相似，这尤其体现在它们并非由设计产生。他认为，"从人类相互交往中产生的秩序，并非全是设计的结果——这一见解当然是社会理论的起点"。基于这样的理解，进化论的理性主义在逻辑上取代了早期天真的建构论理性主义，前者分析了自觉理性有效作用的条件和局限，而后者认为一切制度都是为了可预见的目标而特意设计出来的。因此，哈耶克十分推重意大利哲学家乔万尼·维柯的箴言："人还未理解发生了什么，便成了现在这个样子"。哈耶克认为制度之所以产生，是因为演化产生的制度在实践中成功地适应了分散知识所无法

---

[1] 韦森：《经济学与哲学：制度分析的哲学基础》，上海人民出版社 2005 年版，第 85—86 页。
[2] 韦森：《经济学与哲学：制度分析的哲学基础》，上海人民出版社 2005 年版，第 88 页。

克服的局限性。① 具体来看,"一些惯例一开始是出于其他的原因而被采纳的,甚或完全是出于偶然的缘故而被采纳的;而后这些惯例之所以得到维续,乃是因为它们产生于其间的那个群体胜过了其他群体"。② 根据这样的认识,哈耶克通过他所提出的阐明的规则与非阐明的规则考察了制定法和普通法之间的关联,并肯定英美式的普通法治国优于欧洲大陆法治国。"哈耶克根据他所主张的制度进化观而认为,法典化过程完全有可能受即时性多数之一时意志的支配而摧毁整个规则系统,因此他坚决主张个别行为规则与整个规则系统之间的'一致性'和'相容性'的否定性检测标准。"③

根据以上概述,可以大致了解演化博弈蕴含着哈耶克演化理性的自发秩序,而哈耶克所关注的普通法与制定法、法律与立法的关系,也为人们理解政治制度的演化提供了重要的分析视角。这是因为,对法律演化起源的认识可以帮助人们分析政治制度,这一点正如德国法律学者弗里德里希·波洛克指出的,"法律之于政治制度,犹如骨骼之于身体"。④ 此外,巴泽尔的国家理论是完全以演化逻辑进行建构的,而且重视欧洲早期的"威尼斯宪法"的作用。⑤ 这种强调宪制演进重要性的观点,还体现在美国政治学者斯科特·戈登针对威尼斯宪制史的考察。"威尼斯并没有一部成文宪法,也没有形成能够被称作'宪法性法律'的一种特定的立法和司法机关","威尼斯国家中并没有超越普通的立法机关的直接性权力之上的权威。一个威尼斯的法院可以确定一个官员犯了法,但

---

① [英]哈耶克:《经济、科学与政治:哈耶克思想精粹》,冯克利译,江苏人民出版社2000年版,第358—360页。
② [英]哈耶克:《法律、立法与自由》(第1卷),邓正来译,中国大百科全书出版社2000年版,第8页。
③ 邓正来:《哈耶克法律哲学的研究》,法律出版社2002年版,第296页。
④ [美]罗伯特·古丁、汉斯-迪特尔·克林格曼主编:《政治科学新手册》,钟开斌等译,生活·读书·新知三联书店2006年版,第282页。
⑤ [美]约拉姆·巴泽尔:《国家理论:经济权利、法律权利与国家范围》,钱勇、曾咏梅译,上海财经大学出版社2006年版,译序,第5页。

他不能根据一种宪法的原则宣布一种法律是无效的"。作为制度演进的结果，威尼斯宪制体系的权力"是通过政治体系本身的制度结构得到限制的"。①

其次，组织分析制度主义的研究路径也蕴含深刻的制度演化分析。正如前文揭示的，经济学的新制度主义在演化分析层面上，"把可观察的制度看作是一个社会进化过程中的局部稳定状态"，②与此类似，组织分析制度主义也在制度生成的问题上主要坚持演化的分析模式。马克·艾斯宾沃和杰拉德·施奈德指出，组织分析制度主义认为制度结构为能动者的行动留下了空间，但制度的作用方式仍然是长时段的，这尤其体现在制度结构的长期演化上。他们进一步指出，"社会学制度主义所优先关注的是人类行为在文化层面上受到深刻的情境性限制"，"制度不是外在于行动者的迷宫或栏架，而是内在的、潜意识的和先于理性的"。认知纽带是由人类的共同经验创造的，它降低了人们行动的交易成本。"这种共通性和理解性只能在时间过程中被创造出来。"③

根据以上认识，可以发现组织分析制度主义关于制度生成的演化观主要体现在如下三个方面。其一，为组织分析制度主义提供基础的社会学研究认为制度框架包含社会结构，其中的文化、认知、规范、习俗、组织等要素作为社会学的核心范畴，在一定意义上是排斥理性设计的。"某些社会架构由正式法律构成，而绝大多数的社会架构仅仅是习俗性的。"④ 其二，组织分析制度主义认为处于

---

① [美] 斯科特·戈登：《控制国家：从古代雅典到今天的宪政史》，应奇等译，江苏人民出版社 2005 年版，第 176 页。

② 张曙光：《中国制度变迁的案例研究》（第 3 集），中国财政经济出版社 2002 年版，第 9 页。

③ Mark D. Aspinwall and Gerald Schneider, "Same Menu, Separate Tables: The Institutionalist Turn in Political Science and the Study of European Integration", *European Journal of Political Research*, Vol. 38, No. 1, 2000, pp. 1–36.

④ Steve Bruce, *Sociology: A Very Short Introduction*, New York: Oxford University Press, p. 21.

文化背景或制度环境之中的人们不仅在选择上受到限制，而且也在规范和认知两个层面受到文化因素的影响。这造成他们无法事事根据理性的算计展开行动，而在很大程度上依赖于经验和习惯，因此制度的产生必然受到其他制度的影响。① 其三，组织分析制度主义十分重视制度创设的制度化过程，强调从长时段的视角考察制度的产生，而且也在演化的意义上很少把制度化过程同作为实体的制度作出区分。这一点由彼得斯敏锐地提出，并认为组织分析制度主义在重视制度化方面有助于更好地解释制度的产生。②

在制度演化观的关注对象上，组织分析制度主义虽然注重考察企业等经济组织，但更多关注社会制度或社会部门。尽管如此，政治研究者仍能从组织分析制度主义的研究中受到关于政治制度演化的启发。组织分析制度主义非常重视组织，甚至在宽泛意义上不对制度和一般组织进行区分，而正式组织正是政治制度的重要组成部分，因而通过认识组织分析制度主义对正式组织演化的研究，能够从组织向度了解政治制度的演化性生成。

具体来看，彼得斯在分析社会学制度主义不同研究者的理论主张后，认为这一流派在组织理论尤其是组织形态方面提出了三种重要的制度演化观。③ 其一，社会学制度主义以种群生态模式理解制度的演化。这种模式认为，演化路径实际上建立在将组织及其行为同生物机体的种群形态进行类比的基础上。组织的存在得益于它所处的"生态环境"，这种"生态环境"承载组织并为它提供了各种

---

① Mary C. Brinton and Victor Nee, eds., *The New Institutionalism in Sociology*, New York: Russell Sage Foundation, 1998, p. 10; Peter A. Hall and Rosemary C. R. Taylor, "Political Science and Three New Institutionalisms", *Political Studies*, Vol. 44, No. 5, 1996, pp. 936–957.

② B. Guy Peters, *Institutional Theory in Political Science: The New Institutionalism*, Cheltenham: Edward Elgar Publishing, 2019, pp. 144–145.

③ B. Guy Peters, *Institutional Theory in Political Science: The New Institutionalism*, Cheltenham: Edward Elgar Publishing, 2019, pp. 148–153.

机会以支持它的存在。以这样的方式来看公共部门，可以发现处于相应制度环境中的部门，正是在环境的支持下才得以演化至目前的组织形态并具有不同程度的组织功能。其二，制度化与形态趋同的演化观点。马奇和欧森认为组织在形态上的趋同或者同形现象，很大程度上反映了文化、规范及认知要素发生作用的过程。处于高度结构化组织场域的官僚组织出现形态趋同，不仅是因为竞争或效率，即官僚组织的成员为了获得文化意义的合法性或适宜性，也是同形的制度化结果产生的重要原因。其三，沉淀类比的组织演化观。一些组织分析制度主义学者将组织的形成看作类似沉淀的过程，认为人类当前的实践建立在过去的基础上，因而实践活动蕴含着由历史所沉积下来的价值和理解力。另外，组织分析制度主义学者罗纳尔德·杰普森和迈耶发现，正式组织化依赖于现代政体的主要方式就是它是后者的一种沉淀物，这意味着正式组织化是现代政体所建立的理性化社会亚结构的一部分。①

（三）制度演化理论的评析

虽然在坚持演化观的学者中，政治研究者的数量并不算多，但政治制度的演化生成观点在经济学者和社会学者中十分多见，这为政治研究者提供了重要的学术参考。另外，新制度主义学者在政治制度的演化生成研究上取得了丰富的成果，也为研究者提供了综合评价的可能。

从积极的角度来看，政治制度的演化生成观具有如下优点。其一，制度生成的演化观在很大程度上符合政治生活的经验事实，能够很好地解释那些并非经由设计而产生的重要制度。正如诺思所言，制度"可能是由人们创造出来的，如美国宪法；也有可能仅

---

① ［美］沃尔特·W.鲍威尔、保罗·J.迪马吉奥主编：《组织分析的新制度主义》，姚伟译，上海人民出版社2008年版，第223页。

仅是随时间演进的,如普通法"。① 制度演化的观点可以很好地说明非制定法以及英美法系国家的部分司法制度,在分析某些年代久远的政治组织的起源方面具有很强的说服力。其二,将制度的产生看作是演化的结果有助于将传统因素和历史时段纳入思考。前文已经提到,某些理性主义学者以及部分理性选择理论学者在制度生成的时间阈问题上持短期态度,这种认识虽然没有以完全静态的观点看待制度的产生,却表现出在较短时段中考虑制度生成的缺陷,因而忽视了传统因素对制度生成的意义。有研究者在肯定波普尔演化理性思想的积极方面时,指出他的"理性的传统理论"和"渐进的社会工程"主张适应于社会制度和政治研究。"我们的社会制度,就像我们的信念一样,在任何时候而且肯定主要来自继承,因而都具有传统的性质。"② 其三,虽然演化博弈和组织分析制度主义对待文化的重要性并不一致,但它们强调的制度演化同文化背景和文化因素相关这一点,为制度生成的合理认识提供了必要的分析视角。其四,制度是演化生成的看法有可能促进人类的自由,或者降低人类因奴役而导致自由受损的可能性。强调演进理性的哈耶克在早期著作《通往奴役之路》中阐发了建构理性以及中央计划对经济自由和社会的侵害,并在《法律、立法与自由》一书中反对全智全能型政府,支持以有限政府为基本特征的宪制。③ 所以,蕴含演化理性和有限知识的自发秩序,实际上正是对个人自由的有力维护。

在承认制度生成的演化观具有重要意义的同时,也不能忽略上述演化观的缺陷和不足。其一,制度演化的观点虽然解释了一部分

---

① [美]道格拉斯·C.诺斯:《制度、制度变迁与经济绩效》,刘守英译,上海三联书店1994年版,第4页。
② [英]迈克尔·H.莱斯诺夫:《二十世纪的政治哲学家》,冯克利译,商务印书馆2002年版,第238页。
③ [英]哈耶克:《法律、立法与自由》(第1卷),邓正来译,中国大百科全书出版社2000年版,导论,第2页。

政治现象，但它没有足够重视权力在政治世界中的重要功能，也未能充分认识到政治权力或重要推动者在制度生成方面的促进作用。其二，制度演化对传统和长期历史过程的重视存在不足。在制度生成的问题上，如果只看到演化则可能忽视个体能动性。马奇和欧森批评了把政治看作从属力量的背景论，认为将政治结构和政治生活视为背景力量的观点并不合理。[1] 其三，认为制度演化与文化、规范或认知因素密切相关的主张尽管有其合理之处，但却含有内在缺陷。正如彼得斯在批评社会学制度主义时所说的，"强调十分空泛且难以捉摸的规范和文化因素在引导制度中的行动方面发挥重要功能，这样的陈述对于制度主义来说并没有得到充分的界定和探究。由于这使理论成为无法证伪的对象，进而也让理论的基础受到怀疑"。[2] 其四，作为制度生成的演化观重要逻辑前提的自发秩序也受到质疑。一方面，新制度经济学的交易成本学派认为，演化博弈将制度研究限定在自发秩序实际上是在放弃制度研究，因为人们无法确定自发秩序之下的自由是否要比政府参与的秩序之下的自由更多。另一方面，作为自发秩序概念提出者的哈耶克同样受到质疑。有研究者提出自发秩序观念无法捍卫自由，并认为哈耶克本人无法坚持他先前的理论立场。比如秦晖认为哈耶克的观点虽然不能说是无意义的废话，但自发秩序理论只是从消极方面指出设计秩序的缺陷，而没有指明"我们应当做什么事，以便得到我们本来并未享有的自由"。[3] 针对哈耶克的有限知识主张和自发秩序理论之间存在的张力，英国哲学家迈克尔·欧克肖特就曾揶揄地指出哈耶克是

---

[1] James G. March and Johan P. Olsen, "The New Institutionalism: Organizational Factors in Political Life", *American Political Science Review*, Vol. 78, No. 3, 1984, pp. 734 – 749.

[2] B. Guy Peters, *Institutional Theory in Political Science: The New Institutionalism*, Cheltenham: Edward Elgar Publishing, 2019, pp. 145 – 146.

[3] 秦晖：《问题与主义》，长春出版社1999年版，第119页。

一个"理性主义的计划贩卖者,尽管那是一种'阻止计划的计划'"。①

三 政治制度生成的选择观

本讲的前两节讨论了设计和演化两种路径如何从不同视角解释制度的产生,并分析了几种代表性观点。作出阶段性小结的话,可以发现如下几点问题。其一,设计观和演化观虽然从不同前提出发对制度的生成进行理论分析,但二者并不能涵盖政治制度生成的所有方式。对于某些并非刻意的行为或意图所产生的制度,既不能用建构理性和计划秩序的设计路径来解释,也无法用演进理性和自发秩序的路径作出合理说明。其二,行动者在现实社会或政治情境中的实践活动结果,并不一定是非此即彼地落在设计和演化的两分法中。其三,制度生成的设计观和演化观在某种程度上无法回避新制度主义研究的文化途径和算计途径的社会本体性差异,这也涉及社会科学中结构和能动之间关联的重大理论问题。因此,在制度生成的议题上坚持设计观或演化观中的任何一个,都有可能忽视另一路径在某些方面的重要意义。

对于制度是如何起源或如何产生,不同流派的新制度主义学者往往坚持设计和演化分析路径的不同成分,并在不同的理论框架和实证分析中以不同方式阐释制度生成的原理和途径。例如,艾斯宾沃和施奈德认为理性选择制度主义这一流派,"虽然将制度看作容纳个体做出决策的环境,但往往强调'个体'而非'环境'"。②

---

① [英] 迈克尔·H.莱斯诺夫:《二十世纪的政治哲学家》,冯克利译,商务印书馆2002年版,第238页。

② Mark D. Aspinwall and Gerald Schneider, "Same Menu, Separate Tables: The Institutionalist Turn in Political Science and the Study of European Integration", *European Journal of Political Research*, Vol. 38, No. 1, 2000, pp. 1–36.

彼得斯也指出，理性选择制度主义在制度生成问题上的一个重要观点就是有意识的制度设计，但以规则为基础的理性选择制度主义学者主要关注如何渐进地调整规则以产生合意的结果，其他理性选择制度主义学者则更倾向于强调对制度或规则进行彻底的设计或重新设计。① 随着新制度主义各流派对话的加深，文化途径与算计途径以及结构与能动愈益得到研究者的重视，制度选择的观点越来越显现出重要的理论意义。

下面将对制度生成选择观的四个逻辑前提，即有限理性、制度背景、权力冲突、时间维度进行分析，并介绍制度生成选择观的主要理论观点和不同新制度主义流派在转向制度选择观方面取得的研究成果，最后考察其理论贡献和不足。

（一）制度选择的逻辑前提

制度选择作为制度生成的重要方式，同设计观与演化观既有差异又有关联，因而在分析制度选择的逻辑前提时，应首先把握它和另外两种生成观之间的区别。

其一，制度选择的首要逻辑前提是行动者的有限理性。科埃勃认为制度不会自行发生，必须经由理性个体的设计才可以达成。② 如果考虑到制度是人类的实践产物，人们不会否认制度必然蕴含着人类理性。但有很多学者指出这种理性不会是无限的。诺贝尔经济学奖获得者西蒙在20世纪50年代正式提出有限理性的主张，认为人类在意图上可以做出合理预期，但这种理性是有限度的。③ 在新制度经济学领域中，无论是交易成本学派的诺思还是作为演化博弈

---

① B. Guy Peters, *Institutional Theory in Political Science: The New Institutionalism*, Cheltenham: Edward Elgar Publishing, 2019, p. 75.
② Thomas A. Koelble, "The New Institutionalism in Political Science and Sociology", *Comparative Politics*, Vol. 28, No. 1, 1995, pp. 231–243.
③ Herbert Simon, *Administrative Behavior*, New York: Macmillan, 1957, p. xxiv.

理论思想根源的哈耶克都主张人类的理性是有限的。很多理性选择制度主义研究者也对有限理性的内涵给予关注。① 历史制度主义学者伊梅古特认为，历史制度主义表现出的历史主义倾向强调人类理性及知识的有限。② 社会学制度主义学者倪志伟认为，社会学制度主义不同于社会学传统制度研究的重要表现是它提出了"受到背景限定的理性"。③

其二，制度选择的必要逻辑前提是人们在制度背景之下展开行动。理性选择理论学者泽比利斯指出，"制度选择是一种精深而又复杂的决策制定方式"，④ 选择活动会产生相应的政策内容。然而在科埃勃看来，新制度主义学者另外的视角是强调制度塑造利益和观念，甚至可能塑造政治行动的目标。对于新制度主义内部的疑问，即"个体行动及选择同制度约束之间的双向关系实际上搅乱了它们的关联。当个体做出制度选择时他们不是无助或被动的，然而历史制度主义坚持认为制度引导着个体的选择。于是，人们不清楚究竟是个体的意图还是制度的约束塑造了结果"，⑤ 大部分研究者都更倾向于肯定制度的约束性。艾斯宾沃和施奈德提出，明显的制度结构及不明显的文化特征都对行动产生了约束。⑥ 对此可以从两个方面对作为选择背景的制度约束加以分析。一方面，从行动受

---

① ［美］罗伯特·古丁、汉斯-迪特尔·克林格曼主编：《政治科学新手册》，钟开斌等译，生活·读书·新知三联书店2006年版，第266页。

② Ellen M. Immergut, "The Theoretical Core of the New Institutionalism", *Politics & Society*, Vol. 26, No. 1, 1998, pp. 5-34.

③ Mary C. Brinton and Victor Nee, eds., *The New Institutionalism in Sociology*, New York: Russell Sage Foundation, 1998, p. 10.

④ George Tsebelis, *Nested Games: Rational Choice in Comparative Politics*, Berkeley: University of California Press, 1990, p. 118.

⑤ Thomas A. Koelble, "The New Institutionalism in Political Science and Sociology", *Comparative Politics*, Vol. 28, No. 4, 1995, pp. 231-243.

⑥ Mark D. Aspinwall and Gerald Schneider, "Same Menu, Separate Tables: The Institutionalist Turn in Political Science and the Study of European Integration", *European Journal of Political Research*, Vol. 38, No. 1, 2000, pp. 1-36.

到约束的角度来看，具有强制效力的制度性规则和某些不能被强制执行的一般规制，都以不同方式对人们的行动构成约束。正如奥菲指出的，"制度往往对行动者施加严格的约束"。① 另一方面，从制度背景本身来看，许多新制度主义学者的研究起点就是一个已经密布着各种制度的世界。② 因而，制度生成的选择观必须将现有制度及其背景性要素纳入考虑范围。

其三，制度选择的逻辑前提还包括围绕制度的权力冲突。虽然制度生成的设计观和演化观具有某种解释能力，但它们在不同程度上忽视了政治权力的存在，或对权力冲突缺乏足够重视。一方面，制度演化侧重秩序的自发性及规则的自我实施，较少关注政治权力或权力冲突对制度的产生或变迁产生的影响甚至塑造作用。制度演化论认为，如果制度生成涉及权力冲突或外在力量的施加，就不能将之称为制度演化。另一方面，尽管研究者承认设计制度的目的在于促成某种秩序，从而限制或引导行动者，如美国国会研究中的规则设计可以限制公共官僚，使其不可能做出违背国会利益的行动，但实际上仍然缺乏对权力冲突的充分认识。正如莫伊揭示的，早期理性选择理论学者在国会研究中更重视对合作的考察，很少分析权力分布或权力关系，更未论及权力冲突。③ 从新制度主义的发展来看，权力分析在政治科学中一直占据主要地位，权力冲突也是历史制度主义和比较政治学重视的对象。其他新制度主义流派也在实证研究中注意到权力冲突的解释能力，权力冲突这一观点逐步得到制度生成选择观的肯定。

其四，制度选择的逻辑前提还包括以较长的时间段作为制度选

---

① Ian Shapiro, Stephen Skowronek, and Daniel Galvin, eds., *Rethinking Political Institutions: The Art of the State*, New York: New York University Press, 2006, p.10.

② Peter A. Hall and Rosemary C. R. Taylor, "Political Science and Three New Institutionalisms", *Political Studies*, Vol. 44, No. 5, 1996, pp. 936–957.

③ Ian Shapiro, Stephen Skowronek, and Daniel Galvin, eds., *Rethinking Political Institutions: The Art of the State*, New York: New York University Press, 2006, pp. 32–71.

择的必要基础。同制度生成的演化观相比，制度选择强调个体在确定目标和实现手段上具有能力，一定程度上可以在实践中创造合意的制度。更为重要的是，选择观认为制度选择不仅发生于较长时段之中，而且认为选择会产生长期影响，甚至这种影响只有经过一段时间才能显现出来。历史制度主义学者注重在时间框架之下展开分析，正如皮尔逊和斯考切波所言，历史制度主义充实了研究的历时性框架，扩展了研究的社会范围，容纳了更多对结果具有影响的关键变量。历史制度主义考察历史发展顺序在揭示因果关系上的重要作用，运用历史素材增加研究者对时间效果的敏感性，以此更好地探究因果关系。[1] 尽管有学者认为理性选择理论在制度设计上可能忽视历史因素，但它的设计观还是承认某种结果能够在之后的时段中持续地发挥影响。[2] 例如，对于理性选择制度主义的选择观而言，"没有一项制度是新创造的"，"任何新制度都应看作以往因素的残留物"。[3]

（二）制度选择的方式

制度选择的实质是对制度约束与个体选择间张力的一种回应。但正如日本政治学者加藤淳子指出的，"社会学制度主义与历史制度主义同理性选择制度主义在制度生成的问题上，其分歧并没有想象得那么大"，理性选择制度主义对制度生成过程的重视，打通了它同另两个新制度主义流派的鸿沟。[4] 与之相似，理性选择制度主

---

[1] Ira Katznelson and Helen V. Milner, eds., *Political Science: State of the Discipline*, New York: W. W. Norton and Company, 2002, pp. 693 – 721.

[2] B. Guy Peters, *Institutional Theory in Political Science: The New Institutionalism*, Cheltenham: Edward Elgar Publishing, 2019, p. 59, pp. 76 – 77.

[3] Jack Knight and Itai Sened, eds., *Explaining Social Institutions*, Ann Arbor: The University of Michigan Press, 1995, p. 121.

[4] Junko Kato, "Institutions and Rationality in Politics: Three Varieties of Neo – Institutionalists", *British Journal of Political Science*, Vol. 26, No. 4, 1996, pp. 553 – 582.

义学者贝茨对宏观政治经济学的研究表明,理性选择研究路径并不必然地排斥那些关注特定文化价值的分析模式,① 贝茨的研究为连接个体行为与政治经济现象提供了有力的分析工具,解释了理性个体如何适应不同的制度环境和特定的文化。另外,理性选择理论学者丹尼尔·李特认为,理性选择路径为解释社会现象提供了必要的微观基础,但其不足在于仍然过分简单化、抽象化地看待能动者和结构特性,他强调"应该认真关注得以做出选择的制度架构"以及个体决策时所蕴含的价值和规范。②

除此之外,组织分析制度主义和历史制度主义也调整了研究内容。西伦主张历史制度主义需要增添个体能动者作为研究的微观基础以提高理论的信服力。"在特定分析之中纳入理性选择理论的视角,并不代表历史制度主义建立在强烈的微观基础之上。相反,正如我们看到的,这一研究并不必然无法具有微观基础。"③ 皮尔逊在研究欧盟一体化时,以有关"选择"的研究方式描述初始性的制度安排。④ 组织分析制度主义认为制度条件的变迁是能动者作出的适应性反应,因而组织分析制度主义的主张"并不必然直接与从行动者出发的解释和从利益出发的解释相对立;相反,制度主义的主张还部分地表现出一种从行动者和利益出发的独特视角"。⑤ 其他组织分析制度主义学者如保罗·英格拉姆和凯伦·克雷探讨了

---

① James E. Alt and Kenneth A. Shepsle, eds., *Perspective on Positive Political Economy*, Cambridge: Cambridge University Press, 1990, pp. 31 – 54.

② Junko Kato, "Institutions and Rationality in Politics: Three Varieties of Neo – Institutionalists", *British Journal of Political Science*, Vol. 26, No. 4, 1996, pp. 553 – 582.

③ Kathleen Thelen, "Historical Institutionalism in Comparative Politics", *Annual Review of Political Science*, Vol. 2, 1999, pp. 369 – 404.

④ Mark D. Aspinwall and Gerald Schneider, "Same Menu, Separate Tables: The Institutionalist Turn in Political Science and the Study of European Integration", *European Journal of Political Research*, Vol. 38, No. 1, 2000, pp. 1 – 36.

⑤ [美]沃尔特·W.鲍威尔、保罗·J.迪马吉奥主编:《组织分析的新制度主义》,姚伟译,上海人民出版社2008年版,第172—173页。

"约束之下的选择"的理论内涵。[1]

对于制度选择的发生机理,可以从两个角度作出分析:一是理性选择制度主义在方法论整合上取得的理论成果,二是历史制度主义的发展特别是建构制度主义在新制度主义研究中的兴起。

首先,理性选择制度主义作为理性选择理论同制度研究结合的直接产物和重要成果,其内部存在严重的分歧,这主要体现在相关研究者的理论立场或研究工具并不一致。例如,制度研究者在借鉴新制度经济学的研究成果时,可能使用交易成本理论或演化博弈理论的分析工具,而把经济史作为理论背景的研究者,则可能将视野置于特定时代的经济发展。陈敦源曾对理性选择理论转向制度分析进行梳理,他认为理性选择理论内部争论的主要交锋点是,制度在不稳定的政治世界或政策空间中为什么还能表现出稳定,这种稳定性同制度究竟有多大的相关性。对于这一争论,谢普斯勒认为是制度或结构诱致均衡促使不稳定性被组织成为有序的政策结果。赖克却对此提出质疑,他认为制度实际上是偏好的聚集,而偏好从本质上来说是不稳定的,在此意义上制度难以成为均衡的原因。[2]谢普斯勒的回应是,历史残留下来的结构约束因素会对制度选择产生限制,从而起到稳定作用;在有限理性和信息不充分的影响下,个体行动者在决策中无法继承政策与制度不稳定之间的内在关系。由此可以看出,在解释制度为什么会稳定的同时,谢普斯勒将长时段的历史因素和有限理性都纳入考虑,他的这一回应奠定了制度选择在理性选择制度主义内部的重要基础。

图7-2反映了理性选择制度主义在方法论上进行整合的努力。陈敦源中肯地提出,制度选择与制度功能其实共同处在时间序列之

---

[1] Paul Ingram and Karen Clay, "The Choice-within-Constraints New Institutionalism and Implications for Sociology", Annual Review of Sociology, Vol. 26, 2000, pp. 525-546.

[2] William H. Riker, "Implications from the Disequilibrium of Majority Rule for the Study of Institutions", American Political Science Review, Vol. 74, No. 2, 1980, pp. 432-446.

中，历史因素对个体的制度选择，以及对制度的功能发挥有着重要影响。在图中，由时间线切割为 A、B 两部分的政治过程分别是议程形成与合约执行，它们代表了内生和外衍两种状态，对应着制度的选择与制度的功能。制度选择涉及制度为什么会成为目前的结构和制度为什么会稳定存在，制度功能涉及制度怎样才能发生功效。陈敦源指出，这样的划分并不是割裂两个重要的政治过程，而是从动态的过程来研究相互隐含的两个制度性状态。[①] 这一分析强调"操纵游说"在制度功能发挥中的重要性，也就是政治行动者在制度选择阶段争夺议程设定的主导权，并以"修辞"这种特殊的权力运作方式实现制度功能。

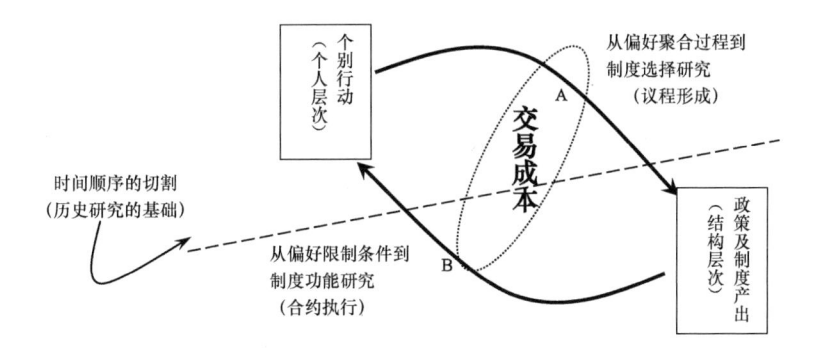

图 7-2　理性选择制度论从方法论上的分类

资料来源：陈敦源：《新制度论的范围与方法：一个理性选择观点的方法论检视》，《行政暨政策学报》2001 年第 3 期。

其次，新制度主义政治学的最新进展推动研究者从不同视角分析制度选择。历史制度主义作为新制度主义研究的重要路径，在解释重大的尤其是长时段的政治现实问题上有着突出的理论贡献，但这一流派在结构与能动的社会本体性上左右逢源，受到许多研究者

---

① 陈敦源：《新制度论的范围与方法：一个理性选择观点的方法论检视》，《行政暨政策学报》2001 年第 3 期。

的批评。① 海伊认为，历史制度主义实际上无法很好地解释复杂的制度变迁问题，这尤其体现在它无法解释作为历史制度主义核心解释要素的断续均衡。因此，海伊提出了一种新的制度主义分析路径即建构制度主义，认为它是对历史制度主义的补充。观念与话语是建构制度主义的分析核心，理性行动者通过它们在制度的世界中展开实践行动。从某种程度来说，建构制度主义在沿袭历史制度主义重视制度背景和过程追踪的前提下，使个体行动者具有了维系制度、变革制度的力量与制度选择的能力，这弥补了历史制度主义在解释制度起源和均衡方面的不足。②

（三）制度选择理论的评析

在设计观和演化观之外，以制度选择的方式看待政治制度生成的学者，在承认结构性和时序性具有约束作用的同时，主张行动者能够经过选择来产生某些制度性后果甚至产生政治制度本身。

从积极的角度来看，制度生成的选择观有以下三个优点。首先，它在很大程度上克服了设计观与演化观的缺点。从制度的本质上来说，制度作为行动者活动的重要背景，对个体产生了约束力，但处于其中的人们并不是无能为力的。虽然设计观与演化观在逻辑前提和分析方式上有深刻的一面，却不能完整概括政治世界的制度逻辑。尽管一些复杂的政治制度及其变迁是演化的结果，但是人类的理性选择也起着重要作用。事实上，现代社会的许多政治制度都是人们有意识选择的结果。其次，认为政治制度的生成是由于行动者在约束之下做出选择，这种观点更加符合政治制度作为行为选择背景的基本认识。了解制度是如何生成并运转的，不仅有助于把握

---

① Colin Hay and Daniel Wincott, "Structure, Agency and Historical Institutionalism", *Political Studies*, Vol. 46, No. 5, 1998, pp. 951–957.

② R. A. W. Rhodes, Sarah A. Binder, and Bert A. Rockman, eds., *The Oxford Handbook of Political Institutions*, Oxford: Oxford University Press, 2006, p. 57.

政治制度的起源，还能很好地说明结构与能动的关系。正如新制度经济学者阿兰·斯密德指出的，"参与者和正式与非正式制度结构之间的关系对于任何社会科学理论而言是极为重要的"，"对个人与制度之间的因果关系的方向已经争论了很久，并且是持续不断的，个人创造制度还是制度塑造个人？两种方法都可能是正确的"。① 制度生成的选择观在制度约束和个体选择的关系方面没有厚此薄彼，其解释能力在制度分析中同吉登斯主张的协调结构与能动紧张关系的结构化理论具有一定契合。最后，制度生成的选择观扩展了制度研究的视野，其在关注制度生成与行动者选择的关联的同时，将时间维度纳入制度生成的分析。这一点在前文提到的理性选择制度主义在方法论上的整合，以及建构制度主义的内涵中表现得较为明显。

当然，在承认制度选择的优点之外，还要注意到它的缺陷和不足。其一，制度生成选择观在进行具体分析时会表现出侧重设计观或侧重演化观的不同倾向。这是因为主张选择观的研究者在理论立场上往往居于制度设计与制度演化之间，大致分别对应理性选择制度主义和其他新制度主义流派。其二，由于选择观位于从建构理性到演进理性、从计划秩序到自发秩序的理论谱系之中，处在设计观和演化观之间的选择观，会在另外两个制度生成观点遭到挑战时，不可避免地受到质疑者的理论冲击。其三，选择观缺少对政治生活中非均衡状态的关注，也没有很好地解释作为非意图性后果的制度是如何出现的。

拓展阅读

1. ［美］斯蒂芬·L.埃尔金、卡罗尔·爱德华·索乌坦编：

---

① ［美］阿兰·斯密德：《制度与行为经济学》，刘璨、吴水荣译，中国人民大学出版社2004年版，第81、372页。

《新宪政论：为美好的社会设计政治制度》，周叶谦译，生活·读书·新知三联书店1997年版。

2. ［英］哈耶克：《法律、立法与自由》，邓正来译，中国大百科全书出版社2000年版。

3. ［美］阿兰·斯密德：《制度与行为经济学》，刘璨、吴水荣译，中国人民大学出版社2004年版。

4. 汪丁丁：《制度分析基础讲义：社会思想与制度》，上海人民出版社2005年版。

6. Friedrich A. Hayek, *The Constitution of Liberty*, Chicago：The University of Chicago Press, 1960.

7. George Tsebelis, *Nested Games：Rational Choice in Comparative Politics*, Berkeley：University of California Press, 1990.

第八讲
制度的维系

政治制度维系的前提

政治制度维系的途径

制度的维系

制度的维系指的是制度持续存在的过程。政治制度的现实运作和功能发挥，需要一定的时间要素和制度背景作为支撑。一方面，现实世界存在各种各样的政治制度，政治制度在生成之后，随着时间的推移和制度背景的影响如何保持稳定并发挥功能，这是制度研究者必须思考的问题。另一方面，从制度是人们实践的结果来看，制度包含产生、存续和变迁等一系列过程，因此政治制度的维系也是制度理论的重要内容。理性选择制度主义学者温加斯特认为："制度研究最有前途和最为深远的方面，涉及制度为什么会采用这种形式而不是另外的形式。制度能够有力地影响结果，这一发现要求我们要进一步追问是什么使制度抵制变革。多数的制度研究都忽略了这一问题，都假设制度是固定不变的，因而是不能被个人改变的。这一假设对证明特定制度的影响是有用的。但是，这一假设排除了更深层次的问题：如果制度能够被改变，为什么在有些情况下能改变，而在其他情况下就不能改变？"[1] 结合上述认识，本讲主要分析政治制度的维系，阐释制度维系的前提与条件，并从自我强化、权力运行、制度环境、观念支撑四个方面，归纳和总结政治制

---

[1] [美] 罗伯特·古丁、汉斯-迪特尔·克林格曼主编：《政治科学新手册》，钟开斌等译，生活·读书·新知三联书店2006年版，第255页。

度维系的途径。

一 政治制度维系的前提

政治制度维系的前提，是指相对于制度维系方式或途径而言的认识基础，同时也是制度维系得以发生的必要条件。想要理解政治制度的维系途径，首先应审视制度自身对维系提出的要求，进而分析政治空间影响制度维系的主要因素。在这里，可以将这两种重要的前提概括为制度维系的要求和制度维系的条件，前者包括存在、稳定和有效，后者包括历史过程、内部变量和外部参数。

（一）制度维系的内在要求：存在、稳定、有效

新制度主义政治学认为，制度的维系主要表现在三个方面：一是制度是真实存在的，二是制度具有稳定的形式并且能够发挥稳定的影响，三是制度是有效的。新制度主义政治学关于制度存在、稳定和有效的认识，既是制度维系的内在要求，也是判定制度维系的主要标准。

首先，对于政治制度而言，制度的真实存在是其维系的基本要求。如果说一项政治制度本身并不存在，那么也就不涉及任何的存续或变迁问题了。在这个意义上，真实存在是制度维系的根本前提和重要基础。

制度的真实存在划定了制度维系的分析范围，在新制度主义政治学者看来，这样的划定具有重要的前提性意义。彼得斯指出，理性选择制度主义认为制度与非制度因素的最大区别在于制度具有某种形式，"在对制度进行界定尤其是那些最主要的界定中，把制度的形式同那些非制度形式区分开来是最为基本的"。[①] 谢普斯勒在

[①] B. Guy Peters, *Institutional Theory in Political Science: The New Institutionalism*, Cheltenham: Edward Elgar Publishing, 2019, p. 68.

分析制度维持（maintaining institutions）时强调，当相应的规则和程序发生改变，或者契约按照预定的方式重新协商，以及突然出现强烈的外部冲击时，制度形式便会发生变化，制度就不再是从前的制度。对于这些因素的强调，实际上指向了制度在生成之后的坚固性问题。①

制度的存在还表现为时间上的持续，也就是说制度不能是一种转瞬即逝的现象。新制度主义学者通过研究发现，制度在生成之后往往会延续自身。组织分析制度主义学者杰普森指出："制度是在社会之中建构的、习惯性地再生产的程序或规则系统。它们作为一种制约性环境中相对固定的设施而运行，并附带着被人们视为当然而接受的行动说明"。② 杰普森揭示了制度是一种具有固定的建制性要素的事物，明显区别于无建制的非制度性要素。他突出了制度的再生产性，并强调制度具有时间延续性。社会学的制度研究同样关注制度的时间延续，"在制度这一术语的各种用法中，唯一的共通之处就是它指某种持续存在的社会性建制"。③ 与这种观点相呼应，克拉斯纳主张，"制度主义视角把持久的制度结构作为社会和政治生活的建构板块"，并进一步指出，"有两个相互交织的特征，这两个特征对制度主义而言是至关重要的：个体的衍生特征和事务——行为模式、功能、规则、组织规章和议事——在时间上的持久性"。④

制度的存在还表现在对行动者的约束或者影响。从本质上来

---

① Kenneth A. Shepsle, "Studying Institutions: Some Lessons from the Rational Choice Approach", *Journal of Theoretical Politics*, Vol. 1, No. 2, 1989, pp. 131 – 147.
② [美] 沃尔特·W. 鲍威尔、保罗·J. 迪马吉奥主编：《组织分析的新制度主义》，姚伟译，上海人民出版社2008年版，第162页。
③ Everett C. Hughes, "The Ecological Aspect of Institutions", *American Sociological Review*, Vol. 1, No. 2, 1936, pp. 180 – 189.
④ [美] 尼考劳斯·扎哈里亚迪斯主编：《比较政治学：理论、案例与方法》，宁骚、欧阳景根等译，北京大学出版社2008年版，第146—148页。

看，制度是一种行为选择的背景性要素，会对人们的行动产生约束，人们所受约束的多少反映出制度效力的强弱。如果人们受到的约束消失，往往意味着制度功能的消失，甚至是制度本身的消失。新制度主义学者苏·克劳福德和埃莉诺·奥斯特罗姆对制度的界定，说明了制度的存在与约束具有相关性，"制度的语法结构（institutional grammar）基于这样的制度观，即制度是由规则、规范或共享的策略以及物理世界所构成的情境之中，对人类行动施加的持续性规制"。① 结合以上论述可以认为，制度能随时间的推移而持续存在，并对人们施加一定的影响，这实际上是制度维系的基本要求。

其次，对于政治制度而言，保持稳定也是制度维系的必然要求。一旦某项政治制度缺乏稳定，则很容易在内外因素的影响下发生变化，这涉及制度的变迁问题。可以说只有保持稳定，制度才更易实现维系。

新制度主义学者格雷夫和赖汀提出过这样的问题："制度如何在变动的环境下保持稳定，如何才能解除导致自我消亡的符咒"，"现存制度为何会继续存在下去"。② 理性选择理论的制度研究转向，很大程度上受到公共选择理论学者塔洛克的影响。塔洛克在四十年前便思考过："为何存在如此多的稳定现象"。③ 新制度主义认为政治世界之所以存在如此多的稳定现象，正是因为制度及其发挥的作用。遵循这一研究传统，格雷夫和赖汀从制度维系和制度变迁的视角，考察了制度发挥作用的方式，并回答了制度及制度环境相关的问题。

---

① Sue E. S. Crawford and Elinor Ostrom, "A Grammar of Institutions", *The American Political Science Review*, Vol. 89, No. 3, 1995, pp. 582 – 599.

② Avner Greif and David Laitin, "A Theory of Endogenous Institutional Change", *American Political Science Review*, Vol. 98, No. 4, 2004, pp. 633 – 652.

③ Gordon Tullock, "Why So Much Stability", *Public Choice*, Vol. 37, No. 2, 1981, pp. 189 – 202.

格雷夫和赖汀的研究揭示了制度在变动环境中保持稳定的重要性，强调制度的稳定对于制度维系尤为关键。制度作为一种秩序状态，保持稳定是制度维系的必然要求。不稳定的制度往往发生变迁，持续稳定被看成是制度维系的一种表现。事实上，无论是作为规则的制度，还是作为组织的制度，保持稳定都是不可或缺的。柯武刚和史漫飞强调"规则应当稳定"，因为"总在变化的规则难以被了解，在指引人们的行动上效率也较低"。"稳定制度的优越性在于，人们已使自己的优点最佳地适应于老的制度，并养成了近乎本能地遵守它们的习惯。因此，制度的稳定性减少了制度的执行成本，提高了制度的可信赖性，并因此促进着人际交往。"[1] 为了保证组织成员更好地实现组织目标，组织也要保持一定程度的稳定。从制度的运作来看，制度不随着时间的变化而变化，或者制度可以对人们施加长远影响，都是制度稳定的体现。政治学者古丁将制度稳定的本质看成是在制度的约束和影响下，人们的行为更加具有稳定性和重复性。[2] 整体来看，新制度主义学者主要从制度约束行动、产生合法行为、降低交易成本等方面，指出制度可以增加行动的稳定性。正如科埃勃所言，"制度被设计出来使交易关系变得稳定，促成自利个体的合作行为，并让交易成本降至最低"。[3] 当然，制度要发挥稳定作用，制度自身首先需要处于特定的稳定状态。

尽管制度稳定对于制度维系来说非常重要，但制度的稳定同样存在限度。只有处在特定的时空中，制度才能发挥影响并保持稳定。一旦超出相应的范围，制度就很难保证自身的稳定，也无法保证自身在下一时刻仍然是稳定的。针对制度稳定性的限度问题，理

---

[1] ［德］柯武刚、史漫飞：《制度经济学：社会秩序与公共政策》，韩朝华译，商务印书馆2004年版，第114页。

[2] Robert E. Goodin, *The Theory of Institutional Design*, Cambridge: Cambridge University Press, 1996, p. 21.

[3] Thomas A. Koelble, "The New Institutionalism in Political Science and Sociology", *Comparative Politics*, Vol. 28, No. 1, 1995, pp. 231–243.

性选择制度主义认为,重复博弈存在多个均衡点,这些均衡点可能随着博弈者的策略变动或其他要素的变化而变化,这意味着制度的生成、维系、变迁都是相对的。同理性选择制度主义相比,"历史制度主义强调过程而不是均衡",它面对的制度稳定问题更加复杂。① 新制度主义学者在分析制度的稳定时,往往格外重视特定的内外条件,并且主张制度维系是有限的。需要说明的是,制度的稳定性虽然具有积极作用,但也潜含着一些不利因素。"稳定性的另一面是制度僵化的危险,即使是面临变化的环境也不例外。因此,必须要有一点调整的余地。当规则是开放的,即能适用于无数未来情境时,就会比情境具体的规则更少僵化问题。"②

最后,对于政治制度而言,制度的有效是其维系的重要要求。人们制定或选择维系一项制度,是为了让制度继续发挥规范与约束作用。当某项制度难以继续发挥作用时,维系制度就失去了合理性与必要性。

虽然制度维系同制度的存在与稳定具有密切关系,但这并不意味着制度的存在与稳定是制度维系的全部充分条件,制度的存在与稳定事实上无法满足制度维系的内在要求。对于这种认识,可以通过两个相互关联的问题进行说明。第一个问题是由诺思提出的,"稳定性特征无法保证所依赖的制度是有效的,尽管稳定性是人们发生复杂相互关系的一个必要条件,但它不一定是实现效率的一个充分条件"。③ 第二个问题得到了许多制度研究者的关注,即为什么会存在不好的制度,而且这种制度可以长期持续。因此,分析制度维系的内在要求及判定标准时,除了要关注制度的存在与稳定,

---

① Avner Greif and David Laitin, "A Theory of Endogenous Institutional Change", American Political Science Review, Vol. 98, No. 4, 2004, pp. 633–652.

② [德] 柯武刚、史漫飞:《制度经济学:社会秩序与公共政策》,韩朝华译,商务印书馆2004年版,第114页。

③ [美] 道格拉斯·C. 诺斯:《制度、制度变迁与经济绩效》,刘守英译,上海三联书店1994年版,第112页。

还必须考虑制度的有效性,这对制度维系具有至关重要的意义。

一般来讲,制度的有效性通常包含两个因素:一是某种特定的制度是否具有影响人的行动的效力,二是某种特定的制度影响人的行动的效力有多大。前者涉及制度有效性的质的问题,后者涉及制度有效性的量的问题。根据制度能否影响人们的行动来判断制度是否有效,不仅是区别无效制度和低效制度的标准,而且有利于对有效制度和高效制度作出区分。从这个角度来看,对于很多现存的并且发挥不同程度影响的制度,可以依据其效力存在与否及效力程度进行审视。制度的有效性问题,也得到了新制度主义学者的响应和阐释。如果把制度看成是人们在追求目标的过程中同他人进行交往的工具,那么可以认为制度是在发挥着某种特定的功能,或者说制度正是因为能够发挥一定的功能并实现某种目标,才会存在于人类社会及政治生活。制度作为一种规则框架,可以"克服知识问题",可以在"战术性的日常决策"中"将战术性变化控制在该战略的范畴之内"。对于行动者来说,制度的存在不仅是必要的,而且只有稳定的制度才能更好地发挥效力。①

尽管如此,在看待制度的有效性问题上,有一点需要特别注意,这就是效率或绩效并不是判断制度有效性的唯一标准。美国政治学者马丁·利普塞特认为,"有效性指实际的政绩,即该制度在大多数人民及势力集团如大商业或军队眼中能够满足政府基本功能的程度"。② 理性选择制度主义学者同样认为,"好的制度是有效履行指派任务的制度","效率是评价制度的最主要标准之一"。③ 然而,如果运用新制度主义的算计途径和文化途径分析制度有效性,

---

① [德]柯武刚、史漫飞:《制度经济学:社会秩序与公共政策》,韩朝华译,商务印书馆2004年版,第113—114页。

② [美]利普赛特:《政治人:政治的社会基础》,刘钢敏、聂蓉译,商务印书馆1993年版,第53页。

③ B. Guy Peters, *Institutional Theory in Political Science: The New Institutionalism*, Cheltenham: Edward Elgar Publishing, 2019, p.78.

就会发现人们对制度的约束或影响的判断，可能超出以效率为主的制度有效性的认识。组织分析制度主义对于制度性组织的研究已经证明，相较于经济学意义的效率，作为社会建构产物的效率具有更为丰富的含义。以经济理性看待制度有效性，尽管存在一定的片面性，但它还是可以在制度维系中起到一定的作用，而且如果制度是有效的，政治体系的正当性也会得到提升。"在最低程度上，有效的政治制度所产生的决策往往不会威胁到政治体系的整体性和正当性基础。"①

(二) 制度维系的条件：历史过程、内部变量、外部参数

制度维系要求制度能在特定时空内保持稳定，这种稳定状态的形成需要某些必要条件。如果缺少一定的支撑性要素，或者相应的条件没有很好地发挥作用，那么制度很难继续存在，制度效力也会大幅减少。根据新制度主义对于制度维系的认识，可以从历史过程、内部变量和外部参数三个方面分析制度维系的条件。

首先，新制度主义政治学者关于制度维系的研究成果大多侧重历史过程，这说明在新制度主义看来，历史过程是分析制度维系的一个基本条件。制度的生成和维系不可能在静止的状态下发生，历史过程因此被看成是制度生成、维系乃至变迁和消亡的重要条件。当然，新制度主义并不是全面、完整地探究所有事件和现象，而是强调从时间维度分析政治结果，其中就包括政治制度的维系。历史制度主义在重视历史过程作用的同时，也关注"与制度相关联的行为约束模式随时间显示出的连续性"。②

新制度主义学者对于历史过程的研究和运用，主要体现在理论

---

① B. Guy Peters, *Institutional Theory in Political Science: The New Institutionalism*, Cheltenham: Edward Elgar Publishing, 2019, p. 78.

② Peter A. Hall and Rosemary C. R. Taylor, "Political Science and Three New Institutionalisms", *Political Studies*, Vol. 44, No. 5, 1996, pp. 936 – 957.

和方法论两个方面。从理论角度来看，可以形成以下认识。其一，新制度主义的历史过程分析继承了政治科学尤其是旧制度主义的历史主义路径，并对传统的历史主义作了相应修正。[①] 一方面，新制度主义赞成早期制度研究的结论，强调历史具有基础性作用，主张当代政治体系植根于历史发展过程。另一方面，新制度主义反对历史主义的历史决定论，主张一视同仁地看待历史过程以及影响制度的其他因素，并将其他因素一并纳入考察范围。其二，新制度主义的历史过程主要指同制度相关的过程。斯考切波对于历史过程的理解相当深刻，她认为历史过程包括政策制定如何导致国家与政党的建立和转型，政治制度或社会制度对政治团体的认同、目标、能力的影响，政治制度的变迁机会同各种政治组织的目标和能力的契合程度，以及早期政策对随后政策的影响方式。[②] 其三，新制度主义的历史过程包含一系列重要理论成果。比较历史分析学者马洪尼与瑟尔索·韦利加斯认为，新制度主义政治学重视历史分析和时间过程，特别是在分析特定事件的特定结果时，时序的变化往往受到学者的高度关注。"在针对某些特别的样本的分析中，时机和顺序因素显得至关重要，而这些因素对那些在大样本基础之上考察平均效应的学者来说，则不那么重要。因此，当一个历史分析者说'X和Y有因果联系'的时候，那么X的定义中很可能包括了时序因素，例如X发生延续的时间长度，它和其他时间相比所处的时间点前后顺序，等等。"从这个意义上来讲，路径依赖、持续时间和关键事态构成了历史过程分析的基本内容。[③]

从方法论角度来看，新制度主义尤其是历史制度主义主要重视

[①] B. Guy Peters, *Institutional Theory in Political Science: The New Institutionalism*, Cheltenham: Edward Elgar Publishing, 2019, pp. 11 – 12.

[②] Theda Skocpol, "Why I am an Historical Institutionalist", *Polity*, Vol. 28, No. 1, 1995, pp. 103 – 106.

[③] Carles Boix and Susan C. Stokes, eds., *The Oxford Handbook of Comparative Politics*, Oxford: Oxford University Press, 2007, p. 78.

三个方面。其一，新制度主义将研究问题放在更广阔的社会背景中，在产生更多数据的同时，也获取了同结果相关的大量数据和变量，从而进一步延展了时间框架。其二，新制度主义通过探究历史顺序，能够检查那些具有因果联系的变量同历史过程的关系。其三，依据历史的研究可以突破时间的限制，更好地展现长期性影响。①

其次，制度内部变量的排列顺序和作用方式不仅影响制度的维系，而且能够随着时间的推移，为制度的稳定性和有效性提供保证。格雷夫和赖汀指出，以均衡的视角看待制度，可以在制度的内生变迁中区分出参数和变量。参数指处在制度之外并构成制度维系和变迁外部背景的因素，变量指那些内在地受到制度决定的因素。②格雷夫和赖汀虽然是在分析均衡制度的内生变迁时提出参数和变量，但他们为分析相关要素同制度维系的关系提供了启示。就制度的维系来说，行动者的认知和行动都是重要的内在变量。一方面，新制度主义各流派尽管在制度的作用方式和约束机制等方面存在分歧，但都同意行动者的能动性受到规则和组织的约束。一旦接受制度所施加的规则或规范，人们的行动以及不同个体的交往就处在一定的制度秩序中。特别是当制度的约束长期存在且高效发挥作用时，人们就不会贸然尝试改变现有的秩序，也就不会影响或损害制度。关于这一点，斯考切波和皮尔逊指出，"个体会发现制度约束对其资源和关系模式进行引导和限制"。③另一方面，制度通过观念影响人们的行动，受到约束的个体会根据规则采取行动。比如，适宜逻辑认为人们往往根据认知地图的内容开展活动。当制度

---

① Ira Katznelson and Helen V. Milner, eds., *Political Science: State of the Discipline*, New York: W. W. Norton and Company, 2002, pp. 693-721.

② Avner Greif and David Laitin, "A Theory of Endogenous Institutional Change", *American Political Science Review*, Vol. 98, No. 4, 2004, pp. 633-652.

③ Ira Katznelson and Helen V. Milner, eds., *Political Science: State of the Discipline*, New York: W. W. Norton and Company, 2002, pp. 693-721.

在规范和认知层面对人们施加较强的约束，行动者在制度确定的秩序范围内，很少会产生改变现有制度的想法，这时的制度不仅得到了延续，而且还是有效的。对于新制度主义来说，影响制度生成和维系的各种变量不是孤立运行的，而是在不同时段有着不同的排列与组合，并且还会受到制度的影响。这些变量同制度建立联系，则可能增强或者削弱制度的功能，不同的变量排列也会产生不同的结果，有些甚至还会推动制度变迁。

最后，制度的外部参数会对制度维系产生关键性的作用。制度理论学者主张研究某项制度时，必须关注制度的背景性要素，新制度主义尤其重视制度环境的影响。组织分析制度主义认为，制度特别是制度性组织与其他组织存在关联，这些组织都处在包括文化在内的宏观性社会结构中，社会结构对其发挥影响。社会学者艾伯特在这个意义上认为，"在承认文化和认知是理解社会生活的核心要素的同时，不能忽视社会结构的作用"。[1] 历史制度主义的制度分析没有局限于某一具体或特定的制度，而是关注制度与个体以及背景性要素之间的关联。[2] 理性选择制度主义有着相近的研究思路，加藤淳子指出，包括列维和芭芭拉·葛德斯在内的研究者，都认为人们的行为同制度环境密切相关。[3]

针对制度环境同制度或制度体系的作用方式，许多研究者做过精彩的论述，马奇和欧森对这一问题的回答具有深远意义。马奇和欧森认为，在政治世界的历史背景下，包括现代国家在内的各种制度以不同方式运行，制度、个体以及事件有着复杂的交织关系。

---

[1] Andrew Abbott, "An Old Institutionalist Reads the New Institutionalism", *Contemporary Sociology*, Vol. 21, No. 6, 1992, pp. 754–756.

[2] Sven Steinmo, Kathleen Thelen, and Frank Longstreth, eds., *Structuring Politics: Historical Institutionalism in Comparative Analysis*, New York: Cambridge University Press, 1992, pp. 10–11.

[3] Junko Kato, "Institutions and Rationality in Politics: Three Varieties of Neo-institutionalists", *British Journal of Political Science*, Vol. 26, No. 4, 1996, pp. 553–582.

"制度如此繁多,其中一些嵌套在另一些之内,以难以计数并重叠交互的方式彼此联系。"由于人们很难在有限时间内充分了解信息,人们有限的能动性也难以应对制度背景对策略手段提出的复杂要求,"就问题所达成的解决方案可能不是由手段和目标之间因果联系的逻辑所主导,而是更多地由问题发生的当前时间联系所主导"。[1] 可以看出,新制度主义并不只是关注制度环境或社会结构对制度的影响,而是强调把制度、行动与历史放在相应的环境中进行分析,这种将宏观的历时性考察同微观的个体性考察结合起来的研究思路,有利于更好地理解制度的维系。格雷夫和赖汀认为,当作为制度背景的外部参数发生变化,制度或制度体系依然能够保持一定的稳定性,这是因为行动者的知识存量、专注方向和协调能力会使制度趋于稳定发展,此类因素正是制度得以维系的重要原因。[2]

二 政治制度维系的途径

组织分析制度主义学者鲍威尔提出过一个很有意义的问题:"为什么在存在更优的选择的情况下,组织实践还是会持续地生产其自身?为什么并非最优的安排,甚至在遭到反对时仍会持续存在下去?"在他看来,要回答这个问题,应关注"制度再生产"的四种途径,它们是通过权力维系制度,制度在相互依赖中得以维系,制度被视为理所当然,以及通过路径依赖来维系制度。[3] 鲍威尔的

---

[1] James G. March and Johan P. Olsen, "The New Institutionalism: Organizational Factors in Political Life", *American Political Science Review*, Vol. 78, No. 3, 1984, pp. 734 – 749.

[2] Avner Greif and David Laitin, "A Theory of Endogenous Institutional Change", *American Political Science Review*, Vol. 98, No. 4, 2004, pp. 636 – 652.

[3] [美]沃尔特·W. 鲍威尔、保罗·J. 迪马吉奥主编:《组织分析的新制度主义》,姚伟译,上海人民出版社2008年版,第207页。

分析体现了组织分析制度主义的研究成果，对于认识制度维系的途径具有启发作用。我们据此将制度维系的途径概括为四种，即路径依赖的自我强化、政治权力的强制运行、制度环境的密切契合、观念因素的必要支持。

（一）路径依赖的自我强化

政治学者很早就注意到制度在早期阶段的影响下，会沿着特定的轨迹稳定发展，但对路径依赖作出较为充分阐释的却是经济学者。保罗·戴维和布莱恩·亚瑟在20世纪80年代，已经明确使用了路径依赖和收益递增等概念。① 他们以QWERTY字母排序的通用型键盘，以及VHS制式录像机取代BETA制式为例，指出尽管一项技术的出现早于其他技术，但这不意味着更早的技术具有更高的效率。然而，因为其更早出现，较早的技术在比较优势方面更为突出，也能获得比其他技术更多的收益。这类技术成果随着收益递增而长期占据优势，并会在自身发展中进一步锁定这一优势。

这种建立在收益递增基础上的路径依赖分析模式，在经济学的新制度主义学派中得到反响，成为交易成本理论和演化博弈理论的重要分析工具。一方面，交易成本理论的代表学者诺思，较早将路径依赖理论引入制度研究。在诺思看来，路径依赖的形成需要具备两个条件，一是制度的收益递增和网络外部性，二是经济和社会中存在的交易成本。制度之所以能在收益递增过程实现自我维系，主要在于四个自我强化机制：一是制度虽然在创设初期需要付出大量的初始成本，但在随后的发展中，制度的运行成本相较之前会大幅降低；二是制度在生成之后，行动者或组织成员通过学习不断适应

---

① Paul A. David, "Clio and the Economics of QWERTY", *American Economic Review*, Vol. 75, No. 2, 1985, pp. 332 – 337; Brian Arthur, "Competing Technologies, Increasing Returns, and Lock – In by Historical Events", *Economic Journal*, Vol. 99, No. 394, 1989, pp. 116 – 131.

制度，能够让自己获得收益；三是制度为组织和个体提供了共同规则，遵守这些规则有利于所有组织和个体，制度因此产生了网络效应；四是制度能为不同主体提供稳定的预期，增强人们对于制度持续存在的信心，改变制度的意图也会随之降低，制度维系的可能性将随之增加。① 另一方面，进化生物学者斯蒂芬·古尔德和尼尔斯·埃尔德雷吉关于进化论的研究，为演化博弈理论提供了基础，也深化了对于路径依赖的自我强化机制的认识。古尔德等学者认为，研究进化或演化现象应关注外部的结构和环境，一个结构或生物种群在形成之后，会在结构与环境的影响下进行自我维系，因此很少发生改变。就制度的变异来说，由于变迁因素的累积并非易事，适者生存同样不容易实现，因此关键时刻的选择会对未来产生影响。② 新制度主义学者汉密尔顿和罗伯特·费恩斯特拉认为，"路径依赖这一概念被演化论经济学者用来深刻地洞察初始条件与后续轨迹之间的连续性，这同韦伯的合理性理论在某些方面具有相似性"。③

收益递增的路径依赖分析，有助于人们理解制度的维系方式。新制度主义注意到有些制度的维系并不依赖政治权力，而是通过自我强化来实现的。其一，根据交易成本理论和演化博弈理论，理性选择制度主义主张制度的稳定性是自我维系的结果。谢普斯勒指出，由于均衡制度继承了政治空间中的一些不稳定性，因而必须通过获得某种稳健性来实现均衡状态。个体偏好和制度环境对制度均衡发挥着重要作用，但只要意识到改变制度会带来高额成本，人们就不会再寻求变革制度了，这才是制度实现稳健的最主要原因。

---

① 姚洋：《制度与效率：与诺斯对话》，四川人民出版社 2002 年版，第 193—194 页。
② [美]尼考劳斯·扎哈里亚迪斯主编：《比较政治学：理论、案例与方法》，宁骚、欧阳景根等译，北京大学出版社 2008 年版，第 152—154 页。
③ Mary C. Brinton and Victor Nee, eds., *The New Institutionalism in Sociology*, New York: Russell Sage Foundation, 1998, p. 173.

"变革所产生的交易成本为制度提供了一个缓冲垫,因而也为制度提供了稳定性,而这种稳定性在交易成本为零的世界中是不可能出现的。"① 温加斯特同样认为,"一个制度稳定的模型必须满足两个条件:首先,该模型必须允许制度被特定的行为者所改变;第二,它必须表明,为什么这些行为者没有动机来这样做。当这些条件满足的时候,我们就说制度可以'自我实施'了"。②

历史制度主义和组织分析制度主义也对路径依赖的自我强化作了研究。历史制度主义学者查得·韦斯特兰德强调,"由于某种原因,制度可以在面临外部震荡,或初始性制度并非均衡状态的时刻得到维系。尤为重要的是,政治制度遵循路径依赖的轨迹"。③ 约翰·伊肯贝利在分析历史过程的作用后指出,积极反馈和消极反馈链锁对于路径依赖具有重要意义。④ 组织分析制度主义学者鲍威尔对路径依赖的自我强化作了概括。他认为,路径依赖现象的存在,表明制度并不是灵活多变的,制度很少通过快速变迁来应对复杂环境。"路径依赖过程的自我强化的反馈机制,使组织难以寻求替代性的选择","随着一些实践和程序越来越具有吸引力,越来越完善和越来越广地扩散,越来越多的组织会采纳它们。路径依赖理论为这样一种过程提供了一般性的解释,其主张对于制度持续的解释应该具有很好的前景"。⑤

---

① Kenneth A. Shepsle, "Studying Institutions: Some Lessons from the Rational Choice Approach", *Journal of Theoretical Politics*, Vol. 1, No. 2, 1989, pp. 131 – 147.
② [美]罗伯特·古丁、汉斯-迪特尔·克林格曼主编:《政治科学新手册》,钟开斌等译,生活·读书·新知三联书店2006年版,第256页。
③ Chad Westerland, "Path Dependence, Institutional Development, and the U. S. Supreme Court", Prepared for presentation at the 2005 Annual Meeting of the American Political Science Association, Washington D. C.
④ John Ikenberry, "History's Heavy Hand", Presented at conference on the new institutionalism, University of Maryland, 1994.
⑤ [美]沃尔特·W. 鲍威尔、保罗·J. 迪马吉奥主编:《组织分析的新制度主义》,姚伟译,上海人民出版社2008年版,第210—211页。

虽然经济学者最早对路径依赖和收益递增作了深入考察，但关于政治制度的路径依赖的自我维系，最为全面的理论概括还是来自历史制度主义学者。一方面，路径依赖是历史制度主义分析的显著特征。① 另一方面，历史制度主义的路径依赖研究，重构了博弈分析的内生制度变迁理论。② 历史制度主义学者皮尔逊关于收益递增和路径依赖的分析，代表了新制度主义在自我强化方面的重要成果。皮尔逊揭示了政治生活的四个突出特征，它们是集体行动的首要性、制度的高密度分布、权力的非对称性，以及政治的复杂性和不透明。在此基础上，皮尔逊从政治制度的路径依赖分析中推导出四个重要结论：多重均衡，即收益递增可能带来多重结果；偶发性，即在相对短暂的时间内，可能产生的重大结果；时机和次序的重要性，即事件的发生时间非常关键，较早发生的事件往往具有更为深远的影响；惰性，即收益递增的过程一旦确立，积极反馈可能导致单一均衡，制度变迁的企图会进一步受到限制。③ 整体来看，新制度主义学者基本认可路径依赖的积极意义。就像温加斯特指出的，"在制度为何持久的问题"上，"自我实施制度的概念为制度是怎样生存的提供了一种技术"。④ 皮尔逊有着类似的看法，"路径依赖在积极方面有助于探究政治稳定和变迁的根源，并为这种探究的相关假设奠定了基础"。研究路径依赖本身也面临着一些难题，比如在方法论层面上"变量多而案例少"，收益递增的观念隐含着社会静止的假设，路径依赖所维系的制度亦可能是效率低下的，

---

① Peter A. Hall and Rosemary C. R. Taylor, "Political Science and Three New Institutionalisms", *Political Studies*, Vol. 44, No. 5, 1996, pp. 936–957.

② Avner Greif and David Laitin, "A Theory of Endogenous Institutional Change", *American Political Science Review*, Vol. 98, No. 4, 2004, pp. 633–652.

③ Paul Pierson, "Increasing Returns, Path Dependence, and the Study of Politics", *American Political Science Review*, Vol. 94, No. 2, 2000, pp. 251–267.

④ ［美］罗伯特·古丁、汉斯-迪特尔·克林格曼主编：《政治科学新手册》，钟开斌等译，生活·读书·新知三联书店2006年版，第268页。

"我们关于路径依赖的讨论说明,那些持续存在的制度安排并不一定就是最优的制度安排"。①

(二) 政治权力的强制实施

制度作为行为约束机制,与政治权力运行具有密切联系。政治权力往往通过改变个体或组织的行动,使其更加符合制度主体的意志,企图改变制度的因素随之会大大减少,制度由此能够得到有效维系。政治制度经常被看成是对政治利益进行权威性分配的规则和组织,上述认识对于政治制度的维系尤为必要。马基雅维里就曾指出,"一切国家,不论是新的、旧的还是混合的国家,其最好的基础是好的法律和好的武装。没有武装,好的法律是无效的"。② 孟德斯鸠也持有相似的观点,主张政治权力的运行对于制度维系来说非常重要。"英国的政府所以比较高明,是因为有一个机构经常不断地检查政府和检查它本身。结果它的错误便决不会是持久的,而由于这些错误引起了全国的注意,它们又常常是有用的。一句话,一个自由的政府,也就是经常动荡的政府,如果它自己没有法律来纠正自己的错误,它是无法维持下去的。"③

新制度主义之所以重视政治权力运行对于制度维系的作用,主要有两个原因。一方面,新制度主义尤其是新制度经济学根据规则的产生方式,将制度分为外在制度和内在制度。外在制度是由拥有政治权威的行动者强加的,这类制度以自上而下的惩罚性措施作为保障,内在制度则包括各种习惯、习俗和规则。不同于外在制度,只有作为正式化规则的内在制度,才需要强制性的手段来保证规则

---

① [美]沃尔特·W.鲍威尔、保罗·J.迪马吉奥主编:《组织分析的新制度主义》,姚伟译,上海人民出版社 2008 年版,第 210—211 页。
② [德]恩斯特·卡西尔:《国家的神话》,范进、杨君游译,华夏出版社 1999 年版,第 184 页。
③ [法]孟德斯鸠:《罗马盛衰原因论》,婉玲译,商务印书馆 1962 年版,第 47—48 页。

得到遵守，确保制度得以维系。① 另一方面，在政治制度的维系中，尽管路径依赖的自我强化同样离不开权力运行，但这与权力的强制实施并不冲突。因为对于路径依赖的自我强化和政治权力的强制实施来说，它们的作用方式具有很强的互补性，因此它们共同成为政治制度维系的重要途径。

从权力和政治权力的内涵来看，政治权力的强制实施是制度维系的重要途径，对此可以从三个方面来理解。其一，政治制度的维系同权力相关，制度维系的各种途径可以还原为权力分析。英国哲学家伯特兰·罗素将权力界定为"若干预期结果的产生"，② 美国社会学者丹尼斯·朗认为权力具有潜在性、有意性、有效性、非对称性和效果性等特征，武力、操纵、说服和权威都是权力的一种。③ 在这个意义上，无论是制度维系的自我强化，还是政治权力的运行、观念因素的促进，都和行动者之间的权力关系存在密切关联。

其二，政治制度的维系更多涉及强制性权力的运用。尽管制度同社会权力的产生、分配、实施和控制相关，并且可以通过某种方式影响社会权力的分配，但政治权力更多服务于政治利益的分配，旨在实现某种政治秩序，强制性是政治权力最为突出的特征。美国政治学者萨托利指出，"权力，至少是政治权力，一般都与强制和可强制性、惩罚和可惩罚性有关"，"因此，权力发号施令，国家权力依靠合法的暴力垄断而发号施令"。④ 美国经济学家约翰·肯

---

① ［德］柯武刚、史漫飞：《制度经济学：社会秩序与公共政策》，韩朝华译，商务印书馆2004年版，第36—37、126—127页。
② ［英］伯特兰·罗素：《权力论：新社会分析》，吴友三译，商务印书馆1991年版，第23页。
③ ［美］丹尼斯·朗：《权力论：形式、基础与用途》，陆震纶译，中国社会科学出版社2001年版，第3、28页。
④ ［意］乔万尼·萨托利：《民主新论》，冯克利、阎克文译，上海人民出版社2009年版，第209页。

尼思·加尔布雷思根据不同权力的特征和行使方式，将权力划分为应得权力、报偿权力和制约权力，其中应得权力主要指通过强制或选择个人和团体爱好的能力使权力客体服从。① 权力关系实质上是一种支配与服从的关系，在政治生活中，权力类型主要包括强制型权力、报偿型权力和信仰型权力。② "决定公共权力主体与客体的不对称性关系的一个重要因素是公共权力主体对公共强制力的垄断"，"从强制力量的性质看，强制力是在不顾及施加对象是否情愿的情况下强迫对方服从一定意志的力量。它是人为施加的阻碍或强迫，其本质是单方面的强加"。③ 从以上分析可以看出，强制性作为政治权力或公共权力的本质特征，实施强制权力不仅有助于维系制度，还能确保人们更加严格地遵循制度。当公共部门将强制性力量施加于行动者时，个体或组织必须遵守规则或根据规定来行动，否则将会面临惩罚。当然，强制性力量更多是一种威慑手段，它的效力不会因为使用次数增多而增加，它的作用更多体现在通过威慑，让人们明确意识到违反制度规定的结果。

其三，尽管强制权力对于制度的存在和稳定非常重要，但其依然无法发挥报偿型权力和信仰型权力在政治制度维系中的作用。甚至在一些时候，运用强制权力反而不利于制度的维系。组织分析制度主义学者主张，强制权力在组织维系方面的作用并不总是如人所愿。"为什么专业人员或精英的权力实施会得到制度的支持，其权力在某些情况下可以通过胡萝卜加大棒的政策而得到强化和巩固，

---

① ［美］约翰·肯尼思·加尔布雷思：《权力的分析》，陶远华、苏世军译，河北人民出版社1988年版，第3—5页。
② 周光辉、张贤明：《三种权力类型及效用的理论分析》，《社会科学战线》1996年第5期。
③ 周光辉：《论公共权力的合法性》，吉林人民出版社2007年版，第15、18—19页。

而在其他情况下又不能获得支持和得到强化?"① 柯武刚和史漫飞也认为,"内在制度往往比外加的、靠政府执行的法律有效得多。因为行业成员的自我监督和正式执行是由通晓特定时间、特定地点和该行业的情况的人来承担的,而外部裁判者一知半解,很可能在其裁决过程中引发意外的不良后果"。② 如何让强制权力更好地促进制度维系,如何让强制权力更加符合人们的预期,仍然需要进一步的研究和更为审慎的考虑。

以上主要是从政治权力运行的角度对制度维系作出考察,新制度主义对于强制权力在制度维系中的作用,已经取得了丰富的理论成果。美国新制度经济学者斯密德认为,新制度经济学"包括经济性、权力与知识三个层次的分析"。③ 这很好地体现了新制度经济学对于产权理论和国家理论的重视。诺思从强制实施产权的角度,把国家看作制度分析的核心对象。巴泽尔在论述权力及国家作用时,强调了国家提供的暴力有助于协议的实施。④ 理性选择制度主义学者关于美国联邦制得以巩固的研究,同样申明强制权力在制度维系中的作用。⑤ 历史制度主义继承了政治科学早期阶段的成果,并受到比较政治学的公共权力分析的影响,特别重视制度运作中的非对称权力关系。⑥ 组织分析制度主义学者赞同旧制度主义学者亚瑟·斯廷施凯姆的观点,指出权力的运行在组织的维系和制度

---

① [美] 沃尔特·W. 鲍威尔、保罗·J. 迪马吉奥主编:《组织分析的新制度主义》,姚伟译,上海人民出版社2008年版,第210—211页。

② [德] 柯武刚、史漫飞:《制度经济学:社会秩序与公共政策》,韩朝华译,商务印书馆2004年版,第126页。

③ [美] 阿兰·斯密德:《制度与行为经济学》,刘璨、吴水荣译,中国人民大学出版社2004年版,第27页。

④ [美] 约拉姆·巴泽尔:《国家理论:经济权利、法律权利与国家范围》,钱勇、曾咏梅译,上海财经大学出版社2006年版,第33—34页。

⑤ [美] 罗伯特·古丁、汉斯-迪特尔·克林格曼主编:《政治科学新手册》,钟开斌等译,生活·读书·新知三联书店2006年版,第258页。

⑥ Peter A. Hall and Rosemary C. R. Taylor, "The Potential of Historical Institutionalism: A Response to Hay and Wincott", Political Studies, Vol. 46, No. 5, 1998, pp. 958-962.

再生产中发挥着积极作用。①

（三）制度环境的密切契合

历史经验表明，社会同法律和习俗有着密切而复杂的联系。一方面，社会状态不仅受到强制性法律的塑造，在某种程度上也可看成是环境的产物。"社会状态通常是环境造成的结果，有时是法律的产物，但更为经常的是二者共同作用的结果。"② 另一方面，社会状态会对法律或习惯产生影响，特别是当社会状态中包含某种制度形式时，环境同制度往往会发生相互作用。"政治统治体系只是社会这个大系统的一个分系统，它与周围环境相互作用、相互影响。"③ 制度同环境的相互关系，实际上是由制度的内在层次和要素，以及制度的外在结构共同决定的。现实生活中的制度，往往处在更大的制度架构之中，或者同其他社会因素密切相关。制度除了同外部事物存在联系，一个制度的不同部分之间同样具有复杂关联。这意味着政治制度的产生与发展，不仅建立在一定的经济基础之上，而且总是处在更为宏观的结构之中并受其影响。反过来看，政治制度也能对经济发展和社会结构施加影响。因此，考察政治制度的维系途径，必须关注制度同环境的联系，制度与环境的契合度对于制度维系来说至关重要。

需要说明的是，考虑到人们对制度存在多样化的认识，在制度类型的划分上也有一些差异，有必要对制度环境进行简要界定。一个制度和制度体系的环境，通常是指存在于制度外部的其他制度或制度体系，以及与制度相关的社会条件。由于那些同政治制度相关

---

① ［美］沃尔特·W.鲍威尔、保罗·J.迪马吉奥主编：《组织分析的新制度主义》，姚伟译，上海人民出版社2008年版，第207页。
② ［美］V.奥斯特罗姆、［加］D.菲尼、［德］H.皮希特编：《制度分析与发展的反思：问题与抉择》，王诚等译，商务印书馆1992年版，第77页。
③ 王惠岩：《当代政治学基本理论》，高等教育出版社2001年版，第62—63页。

的、非强制性的规则或组织同样具有制度性要素,或存在某种制度形式,因此也可以看成是该政治制度的环境。在这个意义上,政治制度的环境不仅包括其他政治制度,还包括具有约束作用的惯例与习俗,甚至包括同政治制度相关的社会条件或状况。政治科学的旧制度主义研究范式虽然认为政治制度植根于历史,但还是在整体上主张政治制度尤其是国家,在集体生活中具有独立性。在行为主义革命时期,研究者往往认为制度从属于外部力量,这种强调制度由环境决定的观点,被称作背景论或系络论。① 同旧制度主义相比,新制度主义更加重视制度同环境的互动,强调制度环境的重要作用。温加斯特就曾指出,理性选择制度主义能够将宏观现象同微观行为联系起来,进而探讨二者的相互影响。② 谢普斯勒也认为,"政治发生在背景之中",制度维系经常受到外部因素的影响。③ 历史制度主义学者认为制度不仅是政治的调节机制,还受到政治背景的调节。④ 组织分析制度主义学者认为,"不把个人和组织的行为置于社会背景之中,我们就不可能理解它们"。⑤

在新制度主义看来,政治制度不仅身处特定的环境,而且同环境相互影响,制度与环境的联系方式和契合程度是研究制度维系不可忽视的内容。其一,新制度主义认为,政治制度不是以一般的关

---

① James G. March and Johan P. Olsen, "The New Institutionalism: Organizational Factors in Political Life", *American Political Science Review*, Vol. 78, No. 3, 1984, pp. 734 – 749; B. Guy Peters, *Institutional Theory in Political Science: The New Institutionalism*, Cheltenham: Edward Elgar Publishing, 2019, pp. 19 – 20.

② [美] 罗伯特·古丁、汉斯-迪特尔·克林格曼主编:《政治科学新手册》,钟开斌等译,生活·读书·新知三联书店 2006 年版,第 248 页。

③ Kenneth A. Shepsle, "Studying Institutions: Some Lessons from the Rational Choice Approach", *Journal of Theoretical Politics*, Vol. 1, No. 2, 1989, pp. 131 – 147.

④ Sven Steinmo, Kathleen Thelen, and Frank Longstreth, eds., *Structuring Politics: Historical Institutionalism in Comparative Analysis*, New York: Cambridge University Press, 1992, p. 16.

⑤ [美] 沃尔特·W. 鲍威尔、保罗·J. 迪马吉奥主编:《组织分析的新制度主义》,姚伟译,上海人民出版社 2008 年版,第 252 页。

系同环境建立关联,而是深深嵌入环境之中。美国社会学者马克·格兰诺维特较早提出了"嵌入性",以此为经济组织研究提供宏观基础。① 新制度主义学者运用这一概念,将其理解为联结人们与制度的机制。② 历史制度主义将嵌入性进一步扩展为制度与环境的关联,主张制度是嵌入政治实体或政治组织的一切正式或非正式的程序、惯例、规范和习俗。③ 社会学的制度研究同样意识到,"社会和文化的嵌入性总比社会学家意识到的要更为重要"。英国社会学家吉登斯就曾指出,嵌入性实际上是人们从事的制度化活动。制度环境作为"制度化条件并非纯粹是限制,因为它们总是为动员人类的潜能以及局限提供各种可能性。这种限制与动员的交互特性肯定是所有人类社会生活精妙的组织结构中的一部分"。④

其二,由于环境对个体行动乃至观念能够产生深刻的影响,现实生活中的制度也受到环境的调节。当政治制度紧密契合环境时,制度就会获得相应的支撑和维系。诺思对这一问题有着深刻的见解,"稳定是通过一系列复杂的制约来实现的,它们既包括在一个等级下的各种正规规则,也包括非正规制约——规则的延续、阐述和验证,且由于它们已成了习惯性行为的一部分,因而具有顽强的生存能力。它们使得人们在每天的交换过程中,不必去准确地思考一种交换在每一时点和每一情形时的条件。我们用惯例、习俗、传统、习惯这些词来表示非正规制约的存在。正是正规规则与非正规制约的复杂关系,加上实施它们的关系,规范了我们的日常生活,

---

① Mark Granovetter, "Economic Action and Social Structure: The Problem of Embeddedness", *American Journal of Sociology*, Vol. 91, No. 3, 1985, pp. 481–510.

② Kenneth A. Shepsle, "Studying Institutions: Some Lessons from the Rational Choice Approach", *Journal of Theoretical Politics*, Vol. 1, No. 2, 1989, pp. 131–147.

③ Peter A. Hall and Rosemary C. R. Taylor, "Political Science and Three New Institutionalisms", *Political Studies*, Vol. 44, No. 5, 1996, pp. 936–957.

④ [英]安东尼·吉登斯:《社会理论与现代社会学》,文军、赵勇译,社会科学文献出版社2003年版,第36、240页。

并成为我们在世俗活动中的指导。正是这些世俗活动主宰了我们的生活"。①

其三，政治制度嵌入制度环境的方式，决定着制度维系的成效。当制度同环境在深度和持久性方面表现出密切契合，而且制度本身具有复杂结构时，制度的维系就会更为有效。"如果一种制度越是嵌入了一种制度框架之中，那么这种制度就越少可能易受干预的影响。而如果一种制度在适当的位置上存在时间越长（以至于其他的实践做法已经与之相适应），或者在一种制度框架中越处于中心的位置（以至于'坐落于'该制度框架的深处），那么，这种制度就越是嵌入性的。如果一种制度把以共同的原则和规则为基础的'说明'统一起来，而整合在一种制度框架中，那么这种制度就越是嵌入了制度框架之中。而且，制度与被视为社会外生的限制——即被视为外在于社会的（超越性的）道德权威或假定的自然法则——之间的联系越紧密，制度抵制集体行动的干预的能力就越强。"②

其四，在政治制度同制度环境的互动过程中，制度环境的复杂性使制度通过嵌入的方式同环境建立联系，由于环境是相互联系的有机整体，局部性的制度变革通常较难获得制度环境的支持。"制度持续不一定要依赖积极的行动者，因为具体的组织实践结构是嵌入了一种实践和程序网络之中的，在这种网络中任何一个方面的改革，都要求以很多其他要素的变革为前提"，"当这种相互依赖性超越组织的边界而扩展到其他组织时，特别是当这种相互依赖发生在具有层级关系的组织之间时，实践惯例就会对变革意图进行强烈

---

① [美]道格拉斯·C.诺斯：《制度、制度变迁与经济绩效》，刘守英译，上海三联书店1994年版，第111—112页。
② [美]沃尔特·W.鲍威尔、保罗·J.迪马吉奥主编：《组织分析的新制度主义》，姚伟译，上海人民出版社2008年版，第165—166页。

的抵制"。①

(四) 观念因素的必要支持

在政治学的发展历程中,很多思想家都强调文化或观念因素对于政体的确立和稳定具有积极作用。比如亚里士多德提道,"同某些目的相符的性格(情操)原来为当初建立政体的动因,亦即为随后维护这个政体的实力"。②孟德斯鸠认为,包括文化与观念在内的社会风俗,是建立和维持共同体的关键,观念的破坏可能导致政治共同体走向灭亡。"因破坏风尚而毁灭的国家多于因破坏法律而毁灭的国家。"③密尔肯定了制度维系同社会观念的关系。"一国人民的根本的政治制度是从该国人民的特性和生活成长起来的一种有机的产物,是他们的习惯、本能和无意识的需要和愿望的产物","如果充分符合民族的感情和性格,通常是持久的,经过连续不断的凝聚,就构成适合该国人民的政体"。④

在某种意义上,重视文化和观念的作用,是社会科学取得进步的重要标志。从行动者的角度来看,个体会在文化传统和外部环境的影响下形成某种观念,这种观念既可以是非理性的情感,也可以是指导行动的心理活动。但无论是哪一种观念,有一点是共同的,即观念必然会同人们的行动、交往以及环境发生联系。"在任何特定时刻的人的情感都是他的本性、他的过去历史以及当时处境的复杂产物。"⑤ 不仅如此,社会状态的存在或者社会结构的维系也同

---

① [美]沃尔特·W.鲍威尔、保罗·J.迪马吉奥主编:《组织分析的新制度主义》,姚伟译,上海人民出版社2008年版,第208页。
② [古希腊]亚里士多德:《政治学》,吴寿彭译,商务印书馆1965年版,第406页。
③ [法]孟德斯鸠:《罗马盛衰原因论》,婉玲译,商务印书馆1962年版,第46页。
④ [英]J.S.密尔:《代议制政府》,汪瑄译,商务印书馆1984年版,第2页。
⑤ [英]伯特兰·罗素:《权力论:新社会分析》,吴友三译,商务印书馆1991年版,第124页。

观念，尤其是社会成员的共享价值息息相关。新制度经济学者汪丁丁在这个意义上指出，社会秩序可以被认为是"人们所信奉的不同生活方式之间达成了某种均衡。这一均衡刚好与人们既有的生活保持了符合'理性'的一致性，故而不会引发冲突，或者冲突不会强烈到使任何人偏离这一均衡状态的程度。如果这样的均衡存在，那么，均衡状态的行为模式以及人们对这些行为模式的意义共享，就叫做'社会秩序'"。① 从中可以看出，观念有利于维持社会秩序或均衡状态，这启发人们在分析制度维系时，可以将观念作为重要的解释变量。事实上，对于观念因素与政治秩序的复杂关系，以下见解非常深刻。"对任何一个国家而言，稳定的政治秩序不仅是指制度上的合理结构，而且，在更深层的意义上，是指广大的人民群众对其所在的政治制度的内心认同和信仰。在一个国家中，当政治制度与政治文化相适应时，政治体系就稳定；反之，当政治制度与政治文化出现隔阂，不能相互适应时，政治体系就会动荡不安，政治秩序就会陷入混乱。"②

新制度主义政治学不仅继承了社会科学尤其是政治学重视观念的研究传统，而且在吸收新制度经济学观念研究和心理学认知研究的基础上，更加深入和系统地阐释了观念的作用。比如，诺思的制度分析框架就是由产权理论、国家理论和意识形态理论共同组成的。在分析制度维系时，诺思更是指出路径依赖的收益递增并不是制度存在的唯一条件，观念对于制度维系同样重要。"就长期而言，无效的制度会通过竞争而被有效的制度所取代。但是，当经济和政治中存在显著的交易成本时，人们对制度的认知就可能立基于不完全的信息反馈，而制度变迁的路径就会更多地受到人们的主观

---

① 汪丁丁：《制度分析基础讲义：社会思想与制度》，上海人民出版社2005年版，第208、25页。
② 王惠岩：《当代政治学基本理论》，高等教育出版社2001年版，第89页。

认识模式，即意识形态的左右。此时，由于制度的收益递增性质，一种无效制度一旦因为人们主观认知模式而偏离有效的路径，它就会持续下去。"① 加拿大制度理论学者戴维·菲尼将制度划分为三个类别，即宪法秩序、宪法安排和规范性行为准则。在菲尼看来，同其他两类制度相比，规范性行为准则不仅更为稳定，而且可以为前两类制度提供合法性。从这个角度来看，规范性行为准则同"文化背景"或"意识形态"相比，三者的内涵大致是重合的。②受到新制度经济学的观念研究影响，理性选择理论学者的制度研究也重视观念。理性选择制度主义学者贝茨强调，理性选择理论以外衍性偏好作为理论基础，可能同那些具有特定文化价值的制度实现相容。③ 科洛本伯格在一项研究评述中指出，一些历史制度主义学者针对道德感知、宗教价值、文化传统同社会政策及政治制度的研究，揭示出"观念与制度随时间而相互影响"，"观念与制度在特定的情境下形成一种共生关系，当其中任何一方缺失时另一方都无法存在下去"。④ 组织分析制度主义学者更加重视象征系统、认知模式等观念因素在制度生成、维系、变迁中的作用，甚至将文化看成是一种制度。⑤

整体来看，新制度主义关于制度维系和观念作用的研究成果，理论贡献在于两个方面。其一，新制度主义认为观念因素影响着制度的选择和维系。马奇和欧森强调规范的重要作用，认为适宜逻辑在制度与行动者的互动中具有积极意义。组织分析制度主义同样重

---

① 姚洋：《制度与效率：与诺斯对话》，四川人民出版社2002年版，第194页。

② [美] V. 奥斯特罗姆、[加] D. 菲尼、[德] H. 皮希特编：《制度分析与发展的反思：问题与抉择》，王诚等译，商务印书馆1992年版，第135页。

③ Junko Kato, "Institutions and Rationality in Politics: Three Varieties of Neo‐institutionalists", *British Journal of Political Science*, Vol. 26, No. 4, 1996, pp. 553–582.

④ James T. Kloppenberg, "Institutionalism, Rational Choice, and Historical Analysis", *Polity*, Vol. 28, No. 1, 1995, pp. 125–128.

⑤ Peter A. Hall and Rosemary Rosemary C. R. Taylor, "Political Science and Three New Institutionalisms", *Political Studies*, Vol. 44, No. 5, 1996, pp. 936–957.

视认知，主张个体以认知为依据同组织或制度进行互动。考虑到适宜逻辑与文化途径通常涉及制度的生成和维系，那些较为稳定且高度契合现有制度的观念，显然有助于制度的维系。制度的演化同社会或政治共同体内的观念具有密切关联，观念可以为制度的演变提供相应的思想基础或触发条件。但反过来，观念作为演化过程的阶段性产物，只能在一定时段内表现出稳定性，因此观念也有可能阻碍制度变迁。新制度主义学者托德·曾格认为，包括一般观念和意识形态在内的"源自精神结构的非正式制度"会对变迁产生抑制。"过去的行为、文化信仰、社会结构和组织都影响着价值以及社会实施机制的灵活性。"[1] 其二，制度与观念的互动可能推动文化延续，制度化、文化以及阻碍制度变迁的观念能在某种程度上实现相互强化。亨廷顿提出，"从历史上看，文化总是动态发展的，而不是停滞不前的。一个社会中占主流地位的信念和态度是变化着的。尽管文化中的主流成分会保存下来，但是，社会中的主流文化会与前一代或两代人之间发生显著变化"。[2] 组织分析制度主义学者朱克尔揭示了制度在文化延续中的作用，他发现制度化的程度同文化代际遵从（generational uniformity）直接相关，"制度化水平越高，则文化传播、维持和对变革意图的抵制程度也就越高"。[3]

拓展阅读

1. ［美］V.奥斯特罗姆、［加］D.菲尼、［德］H.皮希特编：《制度分析与发展的反思：问题与抉择》，王诚等译，商务印书馆

---

[1] Paul Ingram and Brian S. Silverman eds., *The New Institutionalism in Strategic Mangement*, New York: Elsevier Science ltd., 2002, pp. 277 – 306.
[2] ［美］塞缪尔·亨廷顿：《第三波：20世纪后期民主化浪潮》，刘军宁译，上海三联书店1998年版，第374页。
[3] ［美］沃尔特·W.鲍威尔、保罗·J.迪马吉奥主编：《组织分析的新制度主义》，姚伟译，上海人民出版社2008年版，第88—116页。

1992年版。

2. Mary C. Brinton and Victor Nee, eds., *The New Institutionalism in Sociology*, New York: Russell Sage Foundation, 1998.

3. Michael Hechter, Karl – Dieter Opp, and Reinhard Wippler, eds., *Social Institutions: Their Emergence, Maintenance and Effects*, New Brunswick, NJ: Aldine Transaction, 2018.

4. Avner Greif and David Laitin, "A Theory of Endogenous Institutional Change", *American Political Science Review*, Vol. 98, No. 4, 2004.

第九讲
制度的变迁

制度变迁的基本含义
制度变迁的动力机制
制度变迁的主要方式

制度的变迁

　　制度是政治世界的基石,也是构建政治秩序的关键力量。在政治制度的众多属性当中,稳定性和持续性处于核心位置,两者是制度发挥约束功能、实现秩序状态的重要条件。稳定性和持续性固然重要,但这并不意味着政治制度一成不变。事实上,制度与人类社会的其他事物一样,都处于特定的时空背景之中,有其生成、维系与变迁的发展脉络。在内部要素与外部环境的交织作用下,制度的价值功能、结构要素与运行机制会不同程度地发生变动,并对政治社会产生相应的影响,有些制度变迁甚至推动了政治发展、社会演进乃至历史变革,因此制度变迁成为制度分析的关键议题。与旧制度主义的法条式分析路径和静态研究范式相比,新制度主义政治学更加关注制度变迁。经过长期的发展,制度变迁的理论研究取得了丰硕成果,成为推进制度理论创新的引擎。这不仅得益于传统政治思想中关于制度变迁分析的经典观点,还深受新制度经济学等社会科学相关研究成果的不断启发。新制度主义政治学的蓬勃发展,为制度变迁研究提供了更为丰富的理论资源和更具解释力的分析工具。总体来看,新制度主义政治学者主要从基本含义、动力机制和方式路径三个方面对制度变迁进行研究。本讲首先讨论什么是制度变迁这一基础性问题,接着分析制度变迁的动力机制,最后着重考察制度的变迁路径。

一　制度变迁的基本含义

规范的理论研究离不开清晰准确的概念，理解制度变迁首先应明确其基本含义。新制度主义在制度变迁的理论化方面取得了重要进展，形成了内容丰富的制度变迁理论。然而，各主要流派对于制度变迁概念并未达成共识，这种现象既与制度变迁概念界定的难度有关，又受到研究者在概念使用过程中存在较大随意性的影响。一方面，与制度生成和制度维系相比，界定制度变迁更为不易。制度变迁是由"制度"和"变迁"构成的偏正式词语，对这两个术语的看法往往影响人们对制度变迁内涵的理解。制度这一术语复杂多义，既包括正式规则，又涵盖规范、习俗、认知和组织等非正式规则。由于制度的范围与层次有所不同，还可把制度分为单一制度与复合制度、宏观制度与微观制度等类型。变迁的含义更具有相对性和模糊性。什么是变迁？如何合理划分变迁与稳定的边界？这些问题备受社会科学各学科广泛关注，长期是研究者争论的焦点。当不同学者对变迁的时间、范围、程度、速度等问题见解纷呈，他们对于制度变迁含义的认识自然有所不同。若想准确把握制度变迁，就需要明确指出观察制度变迁的时间范围和具体维度，这样才能理解制度在何种意义上发生了变迁。[①]

另一方面，新制度主义学者往往随意使用制度变迁概念，较少对相似概念进行辨析。诺思提道，"制度是处于演进之中的，因而在不断改变着我们所能获得的选择。变迁在边际上可能是十分缓慢的，犹如历史的长河。为了揭示它们，我们还得像历史学家一样来回顾过去，尽管我们生活在一个制度变迁的速度非常快的

[①] ［美］约翰·L. 坎贝尔：《制度变迁与全球化》，姚伟译，上海人民出版社2010年版，第26页。

世界"。① 不难看出，他并没有将制度变迁与制度演化严格区分开来。在很多情况下，研究者侧重经验性研究，无意为制度变迁给出规范且确切的定义。但不可否认的是，新制度主义的不同流派以及同一流派的不同学者对于制度变迁的界定具有一定差异，甚至不乏相互竞争乃至对立的观点。概括来看，研究者大多从以下三种分析视角或理论立场认识制度变迁。

其一，均衡视角下的制度变迁。采取这种视角的学者认为，制度实际上是某种均衡状态，制度变迁意味着制度从一个均衡状态转变为另一个均衡状态。这一过程表现出明显的非连续性特征，和制度的生成与维系阶段有着明显不同。这个观点鲜明地体现在新制度主义各主要流派的研究成果中。尽管理性选择制度主义、历史制度主义、组织分析制度主义在核心概念、理论资源、解释框架、研究方法上有着不少区别，但是它们都比较注重制度变迁的均衡分析。理性选择制度主义并没有将制度变迁作为重点研究对象，甚至在彼得斯看来，理性选择制度主义学者常常轻视甚至忽略制度变迁。②但是，理性选择制度主义学者的研究成果为理解制度变迁的含义提供了独特视角。他们认为，制度有着功能主义或工具主义的取向，制度的产生、存续和变迁反映了一定的目的。制度被看作是一场由正式规则、参与者、策略选择构成的博弈和"用以达成某事的均衡状态"。如果关键博弈者打算更改博弈规则，那么建立在原有规则之上的均衡状态则会变得松散和软弱。以一群做游戏的孩子为例，当游戏规则根据游戏场地或参与者的偏好发生改变，旧的博弈规则便会失去均衡而让位于新的均衡状态。③ 可以看到，采取均衡

---

① ［美］道格拉斯·C.诺斯：《制度、制度变迁与经济绩效》，刘守英译，上海三联书店1994年版，第7页。
② B. Guy Peters, *Institutional Theory in Political Science: The New Institutionalism*, Cheltenham: Edward Elgar Publishing, 2019, p.71.
③ R. A. W. Rhodes, Sarah A. Binder, and Bert A. Rockman, eds., *The Oxford Handbook of Political Institutions*, Oxford: Oxford University Press, 2006, p.26.

视角的理性选择制度主义学者并没有把制度变迁视为一个连续性的演化过程。制度变迁同权力主体的能动作用特别是成本收益分析具有相关性，通常发生在现有制度无法满足制度设计者的利益需求或难以达成既定目的之时。

除了理性选择制度主义学者，历史制度主义学者在早期阶段也多从均衡视角分析制度变迁。他们借鉴经济学和理性选择制度主义的理论模型和相关概念，把制度运行的完整过程划分为稳定期和变迁期。具体来看，制度一经生成，便可能在收益递增机制的影响下形成路径依赖，进而保持较长时间的稳定状态。特别是在政治生活中，制度的自我强化现象更为明显。这是制度的稳定期，也是制度存续的常态化模式，或者说是相对静态阶段。然而，一旦制度受到来自外部的、重大的、突发的、剧烈的危机事件的冲击，原有的制度安排很可能被打破，从而进入断裂阶段，也就是制度的变迁期。与制度的稳定期相比，变迁期的持续时间相对短暂，此后还会形成新的稳定期。这种将制度的稳定阶段和变迁阶段区分开来的制度变迁模式，被克拉斯纳称为断续均衡模型。这一精致且有解释力的理论模型提出后，在很长时间里被认为是关于制度变迁的最为清晰的分析框架。组织分析制度主义学者也从相近的角度理解制度变迁。例如，鲍威尔提出，制度惰性会抵制变迁意图，制度变迁更多是零散发生的。当关键节点事件出现时，制度可能转向全面危机状态，在关键性力量的推动下发生重大变迁。随后，制度又会进入长时间的稳定和路径依赖状态。[①]

其二，演化视角下的制度变迁。与制度变迁的均衡分析不同的是，许多新制度主义学者从演化视角看待制度变迁。这些学者通常认为，制度变迁和制度演进非常相近，甚至在一定程度上可以相互

[①] ［美］沃尔特·W.鲍威尔、保罗·J.迪马吉奥主编：《组织分析的新制度主义》，姚伟译，上海人民出版社 2008 年版，第 214 页。

替代。制度变迁发生在较为漫长的时间里,往往是连续的、渐进的和自发的过程,很少是突然出现或从头开始的。如此理解制度变迁,不仅与很多正式制度的变迁过程相契合,而且更加符合惯例、习俗等非正式制度的变迁情况。上述观点体现在新制度主义各主要流派的制度变迁研究中。理性选择制度主义学者借鉴生物学进化论的相关概念和分析模型,提出了制度变迁的演化理论。在他们看来,制度变迁并不完全是剧烈的、突发的、革命性的变化,而是制度为了适应环境变化而自发演化的过程。在这一过程中,变化、传承和选择是三个关键环节与重要机制。当演进中的制度出现某些可供选择的变化时,不同决策力量会在传承原有制度基因的基础上进行筛选,由此实现制度变迁。例如,考察土地测量制度变迁,首先需要明确土地测量制度的具体变化,了解土地测量的常用规则,进而分析多种选择方案的筛选标准和过程。①

历史制度主义和组织分析制度主义的部分学者,反对仅仅运用单一的断续均衡模型解释制度变迁。相比之下,这些学者更青睐演化性分析。例如,历史制度主义学者主张,制度演化是制度在创立后随着时间的推移而不断变化的过程。将制度运行过程机械地、片面地且绝对地分为制度稳定和制度变迁两个阶段的观点,不仅难以理解,而且令人质疑。西伦通过比较分析德国、英国、日本和美国的技能形成体系的演化过程,提出了与断续均衡模型不同的渐进变迁模型。西伦的多国案例研究表明,"制度连续和制度变迁二者并不是此消彼长(不管是'主体'或者是'结构')、轮流坐庄的,更常见的现实情况是,它们是紧密地纠缠在一起"。② 此后,她继续与合作者对那些连续的、渐进的、细微的制度演化行为开展深入

---

① [美]杰克·奈特:《制度与社会冲突》,周伟林译,上海人民出版社2017年版,第90页。
② [美]凯瑟琳·西伦:《制度是如何演化的:德国、英国、美国和日本的技能政治经济学》,王星译,上海人民出版社2010年版,第30页。

研究，进一步丰富了渐进制度变迁理论。组织分析制度主义学者尤为强调环境和时间因素对于制度变迁的影响，认为制度变迁实际上是制度不断适应和选择的过程。美国制度理论学者尼尔·弗雷格斯坦在考察1919年至1979年间美国大公司多部门化的历程后发现，大公司改变发展方向的能力与组织内外的复杂环境息息相关。①

其三，历史视角下的制度变迁。新制度主义学者关于制度变迁的理解并不局限于前面提到的两种路径，还有很多研究者从更为宏观的、长时段的历史视角进行分析。在这些研究者看来，制度变迁是具有包容性、宏观性、整体性特征的过程，既包括演化性变迁，也涵盖重大危机事件引发的剧烈性变迁。一方面，制度会在漫长的演进过程中发生长期性的渐进变迁。另一方面，当出现关键节点事件时，制度惯性会被打断并发生重大变迁，经过短暂的变革调整，制度又会进入新的渐进变迁阶段。与上述观点相似，坎贝尔提出要建立一种综合性的制度变迁理论。在他看来，制度变迁既可能由制度以外的因素推动，也可能由制度内部的因素引发。制度变迁包含革命性变迁与渐进性变迁，所有的制度变迁都处在一个连续集合之中。这个连续集合的一端是稳定，另一端是重大的激进变迁，中间则是丰富的渐进变迁。②

同制度变迁的均衡和演化分析相比，历史视角下制度变迁分析的另一个显著特征是，制度变迁不仅指制度安排发生变更的一系列过程，还包括制度的生成阶段。例如，诺思认为，制度为人类的相互影响提供了框架，制度变迁是指"制度创立、变更及随着时间变化而被打破的方式"。③ 与这种观点类似，杰普森也认为制度变

---

① ［美］沃尔特·W.鲍威尔、保罗·J.迪马吉奥主编：《组织分析的新制度主义》，姚伟译，上海人民出版社2008年版，第334页。

② ［美］约翰·L.坎贝尔：《制度变迁与全球化》，姚伟译，上海人民出版社2010年版，第170页。

③ ［美］道格拉斯·C.诺思：《经济史中的结构与变迁》，陈郁、罗华平等译，上海三联书店、上海人民出版社1994年版，第225页。

迁的类型和过程多种多样。按照"进入某处同时也就是退出某处"的原则，可将制度变迁划分为四种主要类型，制度的形成或产生就是其中之一。①

从以上分析来看，新制度主义学者主要从均衡、演化、历史这三个视角看待制度变迁。一些学者将制度变迁视为一个断裂阶段，一些学者把制度变迁看作连续性过程，还有学者试图将两个过程整合在一起。这不仅拓展了制度变迁分析的理论视野，还为界定制度变迁的含义提供了合理支撑。在承认制度变迁丰富内涵的前提下，可以将制度变迁理解为制度在生成之后，受到某些因素的影响，随着时间的推移而脱离既有轨迹的过程。以这种方式界定制度变迁，不仅将制度变迁与制度生成和制度维系过程区分开来，而且强调制度变迁是连续的过程。这种界定方式还可保留和整合不同分析视角下的制度变迁观，为探究制度变迁的动力机制以及考察制度变迁的主要方式奠定基础。

二 制度变迁的动力机制

在理解制度变迁含义的基础上，可以进一步探讨制度变迁的动力机制。这里所说的动力指推动制度变迁的力量，机制则是制度本身与不同变量之间相互作用的过程和方式。从这个意义上说，对制度变迁动力机制的解析，就是重点关注影响制度变迁的关键性变量，着重考察不同变量在制度变迁过程中的作用和运作方式。这不仅能将制度同与之紧密关联的一系列背景性因素有机联系起来，而且有利于在时序背景和空间环境下把握制度变迁过程的复杂性和互动性。

---

① [美]沃尔特·W.鲍威尔、保罗·J.迪马吉奥主编：《组织分析的新制度主义》，姚伟译，上海人民出版社2008年版，第166页。

随着新制度主义政治学的发展，各主要流派关于制度变迁动力机制的研究日渐深入，制度理论学者提出了不同的解释观点和分析框架。举例来说，西伦和斯坦莫认为，制度性动力机制具有四个显著来源：社会经济或政治背景的变化，社会经济环境或政治权力均衡状态的变化，外生变迁和政治行动者的策略调整，以及政治行动者通过调整自身策略来适应制度所发生的变化。[1] 马奇和欧森提出，制度是个人、制度和制度环境相互作用的结果，制度变迁与这三个因素之间的互动方式密切相关。[2] 一些组织分析制度主义学者也关注社会文化、权力关系、制度、环境等关键要素对制度变迁的影响。在研究方法的选择上，他们更加注重案例研究，为制度变迁的理论探索提供扎实的经验支撑。国内制度理论研究者也进行了广泛且深入的分析，其中唐世平对于制度变迁的过程和动力机制的探讨具有较大影响。他认为，制度变迁包含相互联系的五个阶段，分别是新观念的产生、政治动员、权力争夺、新规则的制定以及新制度安排的合法化、稳定化与复制。[3] 这反映了观念和权力在制度变迁过程中扮演重要角色。从上述研究中可以发现，尽管不同学者在分析制度变迁动力机制的核心变量、理论基础、工具方法等方面存在一定的分歧，但不可否认的是，各流派之间的理论界限与方法壁垒逐渐模糊，理论共识不断增强，这为构建更具开放性、包容性和解释力的综合性理论模型提供了契机。下面通过梳理相关研究成果，分别从权力关系、制度结构、观念因素三个方面分析制度变迁的动力机制。

---

[1] Sven Steinmo, Kathleen Thelen, and Frank Longstreth, eds., *Structuring Politics: Historical Institutionalism in Comparative Analysis*, New York: Cambridge University Press, 1992, pp. 16-17.

[2] James G. March and Johan P. Olsen, *Rediscovering Institutions: The Organizational Basis of Politics*, New York: Free Press, 1989, p. 57.

[3] 唐世平：《制度变迁的广义理论》，沈文松译，北京大学出版社2016年版，第60页。

其一，权力关系与制度变迁。权力是社会科学的关键概念，更是政治生活中不可或缺的核心要素。人类政治形态自古典时代转向近代以来，权力特别是公共权力一直被认为是政治科学的根本问题。韦伯更为直接地提出，"'政治'就是指争取分享权力或影响权力分配的努力"。[①] 制度作为政治生活中的一种约束性因素，与政治权力的结构关系、运作过程、目标定位存在关联。政治世界的权力与制度相互交织、相互作用，共同构建了特定的政治秩序。具体来讲，一方面，政治制度被看作是一种结构化的权力关系，它既能够将权力固定化、程序化与合法化，还可以对权力的分配和行使产生巨大的规范作用。从某种意义上说，一个国家越是迈向现代化，政治权力的来源及其运作过程就越会受到更加严密的制度体系的约束。当然，这种制度体系应是系统完备、有序衔接、运转有效的。另一方面，政治制度是人类政治实践的产物，其产生、存续和变迁或多或少受到政治权力主体的影响，特别是对于正式制度而言，权力行使者在制度的制定、变更以及实施过程中发挥重要作用，这种作用有时甚至是决定性的。

正是由于权力与制度具有上述交互关系，权力成为新制度主义学者分析制度变迁动力机制的重要因素。在政治权力的运作过程中，决策处于核心环节和关键位置。与制度变迁相关的一系列重要议题，如"制度何时变迁""制度以何种方式变迁""制度向何处变迁"，在很大程度上受到决策权力的影响。政治实践中的决策模式并不唯一，不同决策模式下的权力关系差别很大。根据参与决策的权力主体数量，可将决策模式分为单一权力主体决策模式和多重主体或集体决策模式。其中，单一权力主体参与或

---

① [德]马克斯·韦伯：《学术与政治：韦伯的两篇演说》，冯克利译，生活·读书·新知三联书店2013年版，第55页。

主导的决策模式常见于专制政体或威权政体之中,集体决策模式则是政治民主化、现代化的显著标志。然而,集体决策并不表明权力主体的利益总是完全一致。在很多情况下,"不一致是决策的显著特点,也是个体做出许多不同决策的特点,当然也是包含了多个行动者的决策的特点"。① 总的来说,和谐与冲突是集体决策模式下的两种典型权力关系。和谐关系主要指尽管权力主体的利益并不完全一致,但相关主体依然能够通过合作或协议的方式达成共识,冲突关系往往意味着权力主体之间的利益争夺、政治斗争甚至暴力冲突。

受到不同权力关系的影响,权力在推动制度变迁的过程和方式上不尽相同。一方面,在单一权力主体和多重权力主体关系和谐的情况下,制度变迁主要受到某种单一权力或强势权力的影响。制度变迁类型更多体现为合意变迁和强制变迁,权力主体的主观意愿、理性计算和策略选择在制度变迁过程中发挥重要作用。罗斯坦针对瑞典等国家失业保障制度的历史分析表明,权力主体能够通过有意识的政治策略,设计出有利于实现自身利益或保持自身优势地位的制度。② 另一方面,当权力主体之间的关系处于冲突状态时,不同权力主体的互动、博弈、结盟甚至暴力对抗会推动制度变迁。历史制度主义的渐进制度变迁研究十分重视权力的非对称性,认为权力主体的策略行动、互动博弈乃至政治斗争是影响制度变迁的重要因素。斯科伦内克选取多个案例,比较分析了美国政治发展进程中的国家建设问题,展示了不同政治力量在制度变迁过程中的冲突与互动过程。其中一个典型事例是,为了建立职业化军队,政治领导

---

① [美]詹姆斯·G. 马奇:《决策是如何产生的》,王元歌、章爱民译,机械工业出版社2013年版,第81—82页。
② Sven Steinmo, Kathleen Thelen, and Frank Longstreth, eds., *Structuring Politics: Historical Institutionalism in Comparative Analysis*, New York: Cambridge University Press, 1992, pp. 33 – 56.

者、知识分子和军队代表开展了复杂斗争。①

其二，制度结构与制度变迁。随着新制度主义的兴起和发展，制度性要素作为政治社会生活的主要范畴与基础内容被重新发现，"制度是重要的因素"成为社会科学许多研究者的基本共识。这一重要性不只体现在制度的约束性作用方面，还表现为制度能够推动政治社会发展。因此，新制度主义学者特别强调制度结构及其相互关系对于制度变迁的能动作用。制度普遍存在于现代社会的各个领域，但如此密集的制度并不总是以零散、孤立的状态存在。它们或许是单一制度，也可能是相互联系和互相影响的制度集合。现代政治生活中的制度往往处于互动联结的制度网络或系统之中，呈现出明显的结构性特征。其一，制度在纵向维度上体现出明显的层次性。霍尔在研究政策制定时，分析了制度背景在英国政策演进中的角色。他将制度分为三个层次：与一国经济、政治体制相关联的具有宏观性的基本组织结构，包含政治制度、国家机构、经济组织在内的次一级制度，以及涵括操作程序、规范、惯例在内的重要制度。② 其二，制度在横向维度上具有领域性。不同社会领域的本质特征和关系结构有所差异，各领域的制度安排也不尽相同。从宏观角度来看，制度分为政治、经济、文化、社会等多个领域。从某一领域的制度来看，又可分为不同的子制度，如国家制度和政党制度等。其三，制度之间表现为某种关系性。无论是制度系统内部的各项子制度，还是制度系统之间都可能不同程度地发生某种联系，不同的关系结构会影响制度变迁的过程和方式。

一方面，制度冲突是制度变迁的重要驱动力量。制度冲突指具

---

① Stephen Skowronek, *Building a New American State: The Expansion of National Administrative Capacities*, 1877–1920, New York: Cambridge University Press, 1982, pp. 212–247.

② Sven Steinmo, Kathleen Thelen, and Frank Longstreth, eds., *Structuring Politics: Historical Institutionalism in Comparative Analysis*, New York: Cambridge University Press, 1992, pp. 96–97.

有关联性的不同制度在价值理念、规则程序、行动逻辑、目标方向等方面的竞争或者对立，其形成原因多种多样。制度设计时的原有漏洞、制度运行过程中的影响以及一些突发的随机因素，都有可能导致制度冲突。制度冲突不仅影响制度功能的发挥和制度效能的实现，而且容易引发制度的合法性危机，甚至削弱制度权威。面对制度冲突带来的不利因素，权力主体往往会采取一定行动对原有制度进行要素调整、功能转换甚至整体性替代。新制度主义学者大多肯定制度冲突可能诱发制度变迁。在斯科特看来，制度包含规制性要素、规范性要素和文化性及认知性要素。但是，"这些制度要素可能支持和激励不同的选择和行为"，"这种情形会出现混乱和冲突，极有可能引发制度变迁"。[①]

另一方面，制度匹配是制度性要素引发和推动制度变迁的又一个关系类型。制度之间的关系形态可能是矛盾冲突的，也可能是相互匹配、有效衔接、互为补充的。制度匹配或者制度互补作为制度关系的理想状态，不仅指制度结构的有序衔接，还包括制度功能的有效整合以及制度间运行机制的有机耦合。一般来说，制度的有效维系离不开制度环境的密切契合，匹配互补的制度体系更容易增加制度强度，但这并不意味着制度匹配关系一定会阻碍制度变迁。当制度处于相互匹配、环环相扣状态时，如果某一制度发生变动，与其相互关联的其他制度也会相应发生类似多米诺骨牌或蝴蝶效应的联动。随后，发生变化的制度之间又会形成新的制度匹配关系。

其三，观念因素与制度变迁。观念是人类思维活动的成果，在宽泛意义上，思想、信念、价值、意识形态、文化都是观念的一种。观念研究在包括政治学在内的社会科学研究中具有悠久传统，不仅积累了体系化的论著作品，还产生了一系列以观念为重要变量

---

① W. Richard Scott, *Institutions and Organizations: Ideas, Interests, and Identities*, Los Angeles: Sage Publications, Inc., 2014, p. 71.

的研究成果。然而，由于行为主义在政治学中的崛起，观念研究曾一度被认为缺乏精准性与科学性而受到忽视。随着新制度主义的发展，观念被重新找回并成为各流派分析的对象。近年来，新制度主义政治学呈现出明显的观念转向，形成了以观念、话语、修辞为关键研究取向的建构制度主义，其他流派的研究者也更加注重观念对制度的塑造作用，观念因素被很多新制度主义学者视为制度变迁的重要动力和基础条件。举例来讲，主张算计途径的理性选择制度主义学者愈发强调观念的力量，诺思的观点充分体现了这种转变。在他看来，大多数经济学者轻视了思想观念对于政策制定的影响。实际上，信念与信念体系对制度变迁具有重要意义。[1] 总的来说，秉持观念取向的新制度主义学者大多认同观念能够塑造制度并推动制度变迁。这种作用不仅体现在观念可以为制度变迁提供方向指引，还包括观念可以转变为非正式制度并长期约束人们的行为。但一些研究者也敏锐地意识到，观念功能的不同程度地受到制度结构、权力关系等因素的影响。这就需要将结构与能动、观念与制度等要素有机整合起来，从观念、制度、权力的多维互动中理解观念在制度变迁中的作用。这具体表现在以下两个方面。

一方面，观念在推动制度变迁的过程中往往受到决策权力主体的影响。当决策主体中存在强势权力时，这一权力主体的观念可能左右制度的变迁。当决策中的各方力量大致均衡时，政治博弈的赢家所认同的观念，或者在权力斗争中产生的新观念很大程度上会成为制度变迁的动力因素。例如，霍尔对英国政治经济政策的历史分析，揭示了货币主义政策推行过程中观念、制度与权力的互动关系。20世纪七八十年代的英国，由于凯恩斯主义的阻碍，西斯首相无法顺利推行货币主义政策。当撒切尔夫人执政时，随着工会力

---

[1] ［美］道格拉斯·诺思：《理解经济变迁过程》，钟正生等译，中国人民大学出版社2008年版，第4—5页。

量的衰弱以及与金融市场密切关联的经济制度和媒体权力的变化，货币主义理念的认同程度显著提升。加之受到英国政治制度的影响，相比于前任首相，撒切尔夫人推行货币主义政策的能力更为强大。① 玛格丽特·韦尔关于美国推行凯恩斯主义政策的研究，进一步说明了新观念能在政治权力主体的强力支持和主导下推动制度变迁。②

另一方面，在制度变迁过程中，观念因素也会受到关联制度的影响。政治生活中的制度大多处于网络之中，某种制度的变迁在很大程度上会影响与之相关的其他制度。从观念与制度的互动关系来看，观念不仅能够推动制度的变革，还受到与现有制度相互关联的制度结构的限制或支持。上述观点在新制度主义学者的经验性研究中得到确认。比如，德斯蒙德·金研究英国与美国工作福利计划政策后发现，制度结构会限定那些使新观念转化为公共政策的渠道。当美国工作福利计划的制定权和培训权转移到州一级政府时，一旦某一州政府制定的政策被联邦政府采纳并推广，这一政策内容及其蕴含的价值便会不同程度地被其他州所接受。③ 另外，在前面提到的韦尔的研究中能够发现，20世纪初期美国政治制度的碎片化在一定程度上推动了凯恩斯主义的发展。

上述分析不仅展现了新制度主义学者关于制度变迁的代表性观点，而且为探究制度变迁的动力机制提供了一种整体性分析框架。需要说明的是，制度变迁有时由某种单一要素引发或推动，但在大

---

① Sven Steinmo, Kathleen Thelen, and Frank Longstreth, eds., *Structuring Politics: Historical Institutionalism in Comparative Analysis*, New York: Cambridge University Press, 1992, pp. 90 – 113.
② Sven Steinmo, Kathleen Thelen, and Frank Longstreth, eds., *Structuring Politics: Historical Institutionalism in Comparative Analysis*, New York: Cambridge University Press, 1992, pp. 188 – 216.
③ Sven Steinmo, Kathleen Thelen, and Frank Longstreth, eds., *Structuring Politics: Historical Institutionalism in Comparative Analysis*, New York: Cambridge University Press, 1992, pp. 217 – 250.

多数情况下，是由多种变量综合影响、相互作用、共同塑造的，不同要素之间往往呈现出互动联结的复合样态。通常来讲，制度变迁的动力机制具有复杂性、多元性、互动性的特征。从权力关系、制度结构和观念因素这三个角度对制度变迁的动力机制进行类型学划分，主要是为了更加清晰地把握推动制度变迁的核心变量，而不是对关键性要素进行机械罗列。当然，这并不意味着不同变量是孤立的与平行的，上述分析也无法穷尽影响制度变迁的所有变量。另外，根据新制度主义学者的经验性研究，可以归纳和总结出制度变迁的多重动力因素。对于究竟何种因素处于优先位置，研究者也常常争论不休。正如迈克尔·乔吉斯所言，新制度主义学者针对制度变迁动力提出了各种各样的理论框架和关键变量，但是研究者难以就变量的明确界定达成一致。①

三 制度变迁的主要方式

制度变迁之所以被认为是"政治制度分析中最弱、也是最难的一点"②，不仅在于制度变迁含义的难以界定、制度变迁动力的复杂多变，还在于制度变迁方式的丰富多样。制度变迁方式可以理解为制度在特定条件和一定动力机制的作用下所呈现的变迁路径。在现实政治生活中，制度变迁方式并非一种，不同制度的变迁方式差别较大，即使同一制度在不同时刻的变迁方式也有所不同。这不仅与制度的类型有关，还深受制度变迁动力机制的影响。例如，正式制度与非正式制度在变迁方式上存在着明显差异，权力关系、制度结构和观念因素的互动关系使制度变迁方式更加复杂。在新制度

---

① Michael J. Gorges, "New Institutionalist Explanations for Institutional Change: A Note of Caution", *Politics*, Vol. 21, No. 2, 2001, pp. 137–145.

② ［美］罗伯特·古丁、汉斯－迪特尔·克林格曼主编：《政治科学新手册》，钟开斌等译，生活·读书·新知三联书店2006年版，第223页。

主义政治学研究中，制度变迁方式是制度变迁理论探究的重要内容，受到学者的长期关注和深入探索，并取得了丰硕且影响深远的研究成果。但现有研究侧重分析个别或某组制度变迁方式，对于制度变迁方式的划分标准莫衷一是，这在一定程度上导致了研究的碎片化。

在整合当前研究代表性观点的基础上，可以重点从以下四个方面探讨制度变迁的主要方式。一是制度变迁的动力机制来源，二是推动制度变迁的权力关系与激励机制，三是制度变迁的速度与剧烈程度，四是制度变迁方向与行动者意图的契合关系。根据上述四个角度，制度变迁的主要方式可概括为四类：外生变迁与内生变迁、强制变迁与诱致变迁、激进变迁与渐进变迁、合意变迁与意外变迁。这种划分方式不仅有助于把握制度变迁的多元形态和关键特征，还有利于搭建制度变迁方式分析的综合框架。值得强调的是，这里所说的制度变迁方式只是依据以上标准所进行的划分，并不表明各种方式是完全互斥的。事实上，制度变迁的实际过程往往比理论研究更为复杂，可能包含多种路径，因此不能孤立地或对立地看待每种变迁方式。结合上述分析，下面将具体阐释制度变迁的主要方式。

（一）外生变迁与内生变迁

制度变迁的动力机制是划分制度变迁方式的重要依据，深刻影响着制度变迁路径。根据这一标准，可以从宏观层面把制度变迁方式分为外生变迁与内生变迁。外生变迁强调制度变迁的动力机制来自制度之外，内生变迁指动力机制产生于制度内部。这种划分方式虽然得到大多数新制度主义学者的认可，但研究者在两者的重要程度、优先次序与运作过程等方面仍存在一定分歧。

其一，外生变迁。这种变迁常被认为是制度变迁的主导方式，特别是在新制度主义发展的早期，各主要流派都不同程度地对其进行探讨，甚至有研究者把它看作是最主要的制度变迁路径。无论是理性选择制度主义学者提出的结构诱致均衡理论、应用的交易成本理论，还是早期历史制度主义学者强调的断续均衡模型，都有力地论证了外生动力对于制度变迁的重大影响。例如，谢普斯勒将制度理解为一种博弈状态。在制度变迁的动因解析中，他不仅关注行动者的偏好，还强调制度等结构性因素的作用。在此基础上，谢普斯勒提出了著名的结构诱致均衡理论。这一理论主张程序变更、组织转型具有外生性，认为某些难以预料的外部力量会对原有制度造成巨大冲击从而导致制度变迁。理性选择制度主义学者深受新制度经济学交易成本理论模型的影响，并将其作为制度变迁动因分析的重要理论资源。在他们看来，交易成本的存在和变化对于制度的稳定和变迁至关重要。如果改变现有制度的成本超过了预期收益，制度变迁则难以实现，这进一步说明了制度变迁的外生性。① 除了理性选择制度主义学者，一些历史制度主义学者也认为制度变迁的动力源自制度之外。无论是断续均衡模型的创造性提出，还是关于关键节点的深度理论研究，都表明外部力量在制度变迁中具有重要作用。

其二，内生变迁。与外生变迁相比，内生变迁的含义更容易引发歧义或误解。虽然主张内生变迁的学者特别强调制度变迁的动力来自制度内部，但这并不意味着可以忽视制度以外的各种因素。实际上，这些学者已经注意到外部环境对于制度的宏观影响，他们没有否认外生力量在制度变迁中的重要作用。但强调内生变迁论的学者认为，只有对导致制度变迁的内部原因进行解析，才能够更加深刻和完整地理解制度内部因素与外部因素的复杂互动关系。针对制度内生变迁这一议题，格雷夫和赖汀进行了卓有成效的研究。他们

---

① Kenneth A. Shepsle, "Studying Institutions: Some Lessons from the Rational Choice Approach", *Journal of Theoretical Politics*, Vol. 1, No. 2, 1989, pp. 131 – 147.

结合历史制度主义与理性选择制度主义的相关理论与方法，尝试从内生性视角分析制度变迁动因，形成了具有重要理论价值的内生性制度变迁理论。这一重要研究成果，在较大程度上拓展了制度变迁方式的理论维度、分析视域与研究路径。格雷夫等人认为，分析制度的自我实施过程不能仅依赖相对静态的博弈均衡模型，还应整合长时段的比较历史分析等研究视角与方法，这样才能更全面地把握制度演进的全貌和真相。对此，他们引入准参数与制度强化这两个新概念。其中，准参数具有很强的隐蔽性，介于参数（对制度实施外部影响的因素）和变量（受制度自身运作影响的因素）之间，主要指那些在短期内被视为参数而在长时段中受到变量改变的参数。在此基础上，格雷夫等人对威尼斯、热那亚、尼日利亚、爱沙尼亚等国的典型案例进行比较历史制度分析后认为，一项包含着准参数的制度不仅会产生自我强化也会发生自我消解，制度均衡直接或间接服从于内生性变迁。[1]

（二）强制变迁与诱致变迁

权力和制度是政治科学研究的核心概念，两者互动交织产生的不同关系形态影响了政治秩序与利益格局。以制度变迁的权力关系与激励机制为标准，可将制度变迁方式分为强制变迁与诱致变迁。强制变迁指制度变迁主要由权力行使者引发并主导推动，权力行使者不仅包括政党组织与国家机构，还包含政治领导者。诱致变迁是"一群（个）人在响应由制度不均衡引致的获利机会时所进行的自发性变迁"。[2]

---

[1] Avner Greif and David D. Laitin, "A Theory of Endogenous Institutional Change", *American Political Science Review*, Vol. 98, No. 4, 2004, pp. 633–652.

[2] ［美］罗纳德·H. 科斯等：《财产权利与制度变迁：产权学派与新制度学派译文集》，刘守英等译，格致出版社、上海三联书店、上海人民出版社2014年版，第263页。

其一，强制变迁。准确理解强制变迁，首先应明确权力的概念和类型。对于什么是权力这一问题，学者多从不同视角进行探索。其中，丹尼斯·朗的观点具有一定代表性。他认为，"权力是某些人对他人产生预期效果的能力"。① 从这个意义上说，权力主体通常需要采取特定方式才能达成预期效果。在众多权力形式或类型之中，强制型权力以权力主体的强制力特别是暴力作为保障，能够在不考虑权力客体主观意愿的情况下达成权力主体的预期效果。对于制度变迁来说，强制型权力不一定能够始终发挥作用，但它却是制度得以变迁的关键动力。新制度主义学者不同程度地考察了制度变迁中的权力因素，特别是探讨了国家、政党、政府、领导者等权力主体对于制度变迁的重要影响。例如，在谢普斯勒看来，集体行动并不会导致帕累托最优，反而需要强制手段的干预才能改进现有处境。在这一过程中，领导者运用权力手段选择性地分配受益机制，有助于实现集体行动的预期目标。② 历史制度主义学者也非常注重权力因素对于制度变迁的影响，并取得了大量具有重要影响力的研究成果。其中，很多研究者关注由精英人物主导推动的自上而下的制度变迁。无论是斯考切波的经典著作《国家与社会革命》，还是斯科伦内克的代表作《建设新美国》，都反映了这一研究取向。另外，还有一些组织分析制度主义学者注意到权力行使者在制度变迁中的巨大作用，提出"要对制度起源与变迁进行分析，首先需要对制约组织的权力中心进行分析"。③

其二，诱致变迁。从前面的分析能够看出，强制型权力对于制度变迁至关重要，但并不意味着其他权力类型毫无作用。事实上，

---

① ［美］丹尼斯·朗：《权力论》，陆震纶、郑明哲译，中国社会科学出版社2001年版，第3页。
② R. A. W. Rhodes, Sarah A. Binder, and Bert A. Rockman, eds., *The Oxford Handbook of Political Institutions*, Oxford: Oxford University Press, 2006, p. 31.
③ ［美］沃尔特·W. 鲍威尔、保罗·J. 迪马吉奥主编：《组织分析的新制度主义》，姚伟译，上海人民出版社2008年版，第370页。

领导者还可以运用报偿型权力和信仰型权力实现制度变迁。其中，报偿型权力强调利益回报在权力行使中的作用，信仰型权力则更为重视意识形态、文化等观念的力量，这两种权力的运用过程具有极强的诱致性。此外，持诱致变迁观的研究者不只关注精英群体，还提出应当重视与制度变迁相关的其他主体。他们认为，当原有制度安排不具有或极少具有获利机会时，同这一制度安排相关联的主要利益群体会对制度进行成本收益分析，并自发推动制度的变迁。举例来看，美国经济学者弗农·拉坦认为，"对制度变迁需求的转变是由要素与产品的相对价格的变化以及与经济增长相关联的技术变迁所引致的；对制度变迁供给的转变是由社会科学知识及法律、商业、社会服务和计划领域的进步所引致的"。[1] 另外，受到制度选择集合、技术、制度服务的需求以及其他制度安排改变的影响，原有制度安排会产生不均衡现象。在这种情况下，可能出现一定的获利机会，行动者会为了占有获利机会带来的好处而进行制度创新。[2] 上述过程表明，新的获利机会的出现、对预期收益与费用的理性比较以及创新者是发生诱致性制度变迁的关键要素。

（三）激进变迁与渐进变迁

新制度主义学者普遍认为，制度变迁发生于特定时段中，时段长短往往又与变迁的剧烈程度密切相关。因此，除了前面所说的两种划分依据外，还可以从制度变迁的速度和剧烈程度的角度，把制度变迁分为激进变迁与渐进变迁。通常来讲，那些持续时间非常短暂、变革过程异常激烈的制度变迁被称为激进变迁，渐进变迁主要

---

[1] ［美］罗纳德·H.科斯等：《财产权利与制度变迁：产权学派与新制度学派译文集》，刘守英等译，格致出版社、上海三联书店、上海人民出版社 2014 年版，第 230 页。

[2] ［美］罗纳德·H.科斯等：《财产权利与制度变迁：产权学派与新制度学派译文集》，刘守英等译，格致出版社、上海三联书店、上海人民出版社 2014 年版，第 270 页。

指那些变化速度相对缓慢、变革过程比较温和的制度变迁。下面将具体分析上述两种变迁方式的基本特征和运作过程。

其一，激进变迁。不同研究者虽然以不同称谓命名激进变迁，如"大爆炸""突变性制度变迁""震荡休克式变迁""闪电战"等，但在激进变迁的基本特征方面却存有基本共识，主要包括突发性、重大性、激烈性、短暂性和整体性。一般来说，激进性制度变迁会导致社会结构或基本制度体系产生根本性的剧烈变化，波及范围相对更广，影响也往往更深。其中，革命是最为典型的激进变迁方式。"革命涉及价值观念、社会结构、政治制度、施政方针及社会政治领导方面的迅速、完全和剧烈的变化。这些变化越完全，革命就越彻底"。① 当然，前面所说的各种属性都具有相对性。如果想要准确判定某一制度变迁是否属于激进变迁，还应该结合具体的时空背景，对制度变迁的速度、程度、范围、影响等进行综合考量。

另外，新制度主义学者还对激进性制度变迁的运作过程进行了广泛探讨，认为关键时刻、强制权力、制度结构等要素之间的互动是制度发生激进变迁的重要原因。举例来看，历史制度主义学者关于关键节点的理论研究对于理解激进变迁具有启发作用。其中，卡波齐亚等人对激进性制度变迁过程中重大危机事件与权力主体之间的关系作了深入分析。研究显示，关键节点通常不是随机性的小事件，而是由政治领导者、决策者、官僚或法官等具有影响力的行动者作出的重大决策。同时，这些行动者还能够推动处于正在变迁中的制度迈向一种新的均衡状态。② 需要说明的是，虽然新制度主义

---

① ［美］塞缪尔·P. 亨廷顿：《变化社会中的政治秩序》，王冠华、刘为等译，上海人民出版社 2008 年版，第 287 页。

② Giovanni Capoccia and R. Daniel Kelemen, "The Study of Critical Junctures: Theory, Narrative, and Counterfactuals in Historical Institutionalism", World Politics, Vol. 59, No. 3, 2007, pp. 341 – 369.

学者对激进变迁的特征和过程进行了研究，并且承认了它的意义。但是，很多研究者却更加关注它的缺点。例如，柯武刚和史漫飞提到，如果某种秩序状态被突然打破，那么不仅人们会失去方向，而且协调他们的行动也变得非常困难。同时，当原有制度被革命性地颠覆后，那些被设计出来的新制度往往会归于失败。①

其二，渐进变迁。与激进变迁相比，渐进性制度变迁具有缓慢性、长期性、温和性、细微性等特征。在持渐进变迁观的研究者看来，制度通常是在相对较长的时段中以缓慢的速度与温和的方式发生细微的变化。他们主张，渐进变迁是制度存在的常态。即使制度处于所谓的稳定期，也会因一些冲突与矛盾导致变迁。这些研究者还认为，尽管制度会经历重大的危机事件，但制度的连续性并不会被完全破坏，习俗、惯例等非正式制度更难以在短期内彻底转变。上述论点与制度变迁的激进观存在较大分歧，但从某种程度来说，这也是对激进变迁方式的补充与完善。正如西伦所说，"不可否认，关键转折时刻在制度变迁的过程中可能是存在作用的"，但关于制度的渐进变迁理论研究为看待制度再生产和制度变迁提供了不同的视角。②

渐进变迁与激进变迁不仅在基本特征方面呈现显著差异，而且在变迁过程上也迥然不同。对于渐进变迁的主要方式，马洪尼和西伦的开创性研究已经给出了说明。如本书第四讲已经介绍的，他们认为渐进制度变迁的类型主要有以下四种。一是制度替代，即新制度取代旧制度。二是制度层叠，主要指新制度附加于旧制度之上。三是制度漂移，表现为旧制度在制度运行环境的变化下产生不同的影响。四是制度转换，意味着在制度实施过程中，旧制度因策略调

---

① [德] 柯武刚、史漫飞：《制度经济学：社会秩序与公共政策》，韩朝华译，商务印书馆2000年版，第469页。
② [美] 凯瑟琳·西伦：《制度是如何演化的：德国、英国、美国和日本的技能政治经济学》，王星译，上海人民出版社2010年版，第259页。

整而发生执行与结果偏差。①

(四) 合意变迁与意外变迁

制度是人类行为的产物，其生成、维系和变迁过程在不同程度上受到行动者主观能动性的影响。因此，制度变迁结果是否符合行动者的意图或预期目的，成为划分制度变迁方式的重要依据。在此标准下，存在合意变迁与意外变迁两种方式。当变迁结果与行动者意图相契合时，称为合意变迁；当制度变迁结果不符合行动者的预期目的时，则是意外变迁。

其一，合意变迁。新制度主义学者特别是深受经济学理论影响的理性选择制度主义学者格外关注合意变迁，他们按照特定的理论假设和研究方法，论证了合意变迁的运作过程。首先，对建构理性的认同是发生合意变迁的理论前提。建构理性主义是制度分析的重要路径，它着重强调理性的价值和知识的力量，坚信人完全能够通过理性设计、精确计算与策略选择将主观偏好转化为完美的制度安排。理性选择制度主义学者大多认同建构理性观点，把经济人假设作为制度分析的出发点。在这些学者看来，行动者具有强大的能动性。在很多情况下，制度变迁是由行动者按照其意图并充分运用理性实现的。其次，行动者的动机转变与制度设计是合意变迁的重要环节。一些理性选择制度主义学者认为，制度的合意变迁比较容易发生。在这一过程中，行动者的动机转变发挥着关键作用。② 此外，近乎完美的制度蓝图是将主观意愿转化为变迁实践的重要条件。当然，新制度的创制与实施既可能由个体行动者或单边集体行动者主导推动，也可能是多元主体在竞争或冲突环境下互动博弈的

---

① James Mahoney and Kathleen Thelen, eds., *Explaining Institutional Change: Ambiguity, Agency, and Power*, New York: Cambridge University Press, 2010, pp. 15–18.

② B. Guy Peters, *Institutional Theory in Political Science: The New Institutionalism*, Cheltenham: Edward Elgar Publishing, 2019, p. 57.

结果。最后，外部环境因素对于制度变迁的影响相对较弱。外部环境要么对制度变迁不起作用，要么产生的影响远弱于行动者的能动性，行动者完全有能力适应环境变化并进行策略调整。

其二，意外变迁。制度的意外变迁观非常重视有限理性、时间要素和外部环境等客观因素对制度变迁的影响，更加强调制度变迁的意外后果与意图偏离，这在不同程度上批判了制度的合意变迁观。首先，持意外变迁观的研究者认为，人的理性往往是有限的。在重视理性价值的同时，还应该注意到，人在信息获取、认知分析、语言应用等方面存在局限。有限理性概念对包括经济学在内的社会科学的理论模型建构与研究方法更新，都产生了重要且深远的影响。对于制度变迁研究来说，承认有限理性的存在通常意味着对意外变迁的关注。例如，斯密德认为，"由于存在有限理性，很多变迁是无意识的"。[①] 马奇和欧森也提到，就制度变迁而言，人们的意图往往具有多样性，在很多情况下是模糊不清的，制度变迁难以被精确地控制。[②] 其次，同合意变迁相比，意外变迁更加凸显时间要素的作用。历史制度主义学者将制度变迁置于长时段的演进脉络之中，形成了与合意变迁论者不同的观点。在他们看来，制度变迁不但受到制度惯性的阻碍，还可能受到突发事件的影响，断续均衡模型就很好证明了这一观点。最后，制度的意外变迁观认为，真实世界中的制度变迁具有很强的不确定性。制度变迁不仅涉及行动者、观念、环境、制度等多种要素，而且各种要素往往处于十分复杂的互动之中，运气等因素也会影响制度变迁。因此，制度变迁轨迹经常会偏离行动者的原初意图，合意变迁总是很难实现。

---

① ［美］阿兰·斯密德：《制度与行为经济学》，刘璨、吴水荣译，中国人民大学出版社2004年版，第397页。

② James G. March and Johan P. Olsen, *Rediscovering Institutions: The Organizational Basis of Politics*, New York: Free Press, 1989, p. 65.

拓展阅读

1. 唐世平:《制度变迁的广义理论》,沈文松译,北京大学出版社 2016 年版。

2. [美]约翰·L. 坎贝尔:《制度变迁与全球化》,姚伟译,上海人民出版社 2010 年版。

3. [美]罗纳德·H. 科斯等:《财产权利与制度变迁:产权学派与新制度学派译文集》,刘守英等译,格致出版社、上海三联书店、上海人民出版社 2014 年版。

4. [美]杰克·奈特:《制度与社会冲突》,周伟林译,上海人民出版社 2017 年版。

5. James Mahoney and Kathleen Thelen, eds., *Explaining Institutional Change: Ambiguity, Agency, and Power*, New York: Cambridge University Press, 2010.

第十讲
新制度主义的未来

关于新制度主义政治学未来的几种展望

整合多元取向并形成统一的制度理论

以一为主兼顾多元取向

另辟蹊径的制度逻辑理论

新制度主义的未来

20世纪90年代以来,社会科学不同学科更加重视制度研究,新制度主义政治学、新制度经济学、新制度主义社会学日趋成熟。制度研究者在"制度是重要的因素"的共识下,更多反思新制度主义理论该往何处去。在制度理论发展的过程中,新制度主义政治学呈现出交叉融合的趋势,这主要体现在三个方面:整合新制度主义理论的多元取向,以一种理论流派为主兼顾差异化的制度研究取向,以及另辟蹊径提出制度逻辑理论。从新制度主义理论的新近动态来看,开展交叉学科研究并融合多元取向,或许是不可阻挡的发展趋势,以上三种趋势的区别主要在于以何种流派作为基本依托。第一种趋势强调新制度主义范式的整体性,第二种趋势聚焦于理性选择制度主义与历史制度主义的整合倾向,第三种趋势则是组织分析制度主义对多元理论的创新性发展。

一 关于新制度主义政治学未来的几种展望

新制度主义政治学的确立和演化处于社会科学演化的宏大脉络之中,其发展前景同样需要从社会科学的角度进行审视。新制度主义政治学注重与旧制度主义的联系和分殊,而不是在旧制度主义设定的分析框架和问题意识中简单求新。

针对新旧制度主义的关系,研究者主要有四种代表性观点。第一种观点认为,"新制度主义永远不会退回到旧制度主义"。① 第二种观点认为,旧制度主义这把"老骨头仍然焕发活力"。② 第三种观点认为,新制度主义同此前学术传统的联系比它宣称的更为密切,新旧路径建立在共同基础上。③ 第四种观点认为,结构与能动之间的张力以及制度变迁的内生性难题,推动新制度主义在新的方向继续前行。④ 以上对新旧制度主义关系的看法具有启发意义,但也有学者批评研究中标新立异的风气,尤其反对不惜任何代价求新的意识和做法。⑤ 本讲尝试超越新与旧的立场,勾勒新制度主义政治学前沿发展、议题扩展和方法更新的轮廓,在关注社会科学整体脉络和不同学科研究价值的基础上认识新制度主义政治学的发展趋势。

(一) 社会科学视域下新制度主义政治学的未来

关于新制度主义政治学的未来,不仅可以从社会科学领域的板块运动以及各学科分化组合和积极交流的情况进行审视,还可以从制度研究的传统沿袭以及新制度主义政治学自身的发展前景和前沿探索进行把握。

---

① R. A. W. Rhodes, Sarah A. Binder, and Bert A. Rockman, eds., *The Oxford Handbook of Political Institutions*, Oxford: Oxford University Press, 2006, p. 755.

② Arthur Stinchcombe, "On the Virtues of Old Institutionalism", *Annual Review of Sociology*, Vol. 23, 1997, pp. 1 – 18.

③ Robert Adcock, Mark Bevir, and Shannon C. Stimson, eds., *Modern Political Science: Anglo – American Exchanges Since 1880*, Princeton: Princeton University Press, 2007, p. 259.

④ Vivien A. Schmidt, "Taking Ideas and Discourse Seriously: Explaining Change through Discursive Institutionalism as the Fourth 'New Institutionalism'", *European Political Science Review*, Vol. 2, No. 1, 2010, pp. 1 – 25.

⑤ [美] 乔万尼·萨托利:《民主新论》,冯克利、阎克文译,上海人民出版社 2009 年版,第 547 页。

首先，从社会科学的内在构造与板块运动来看，新制度主义政治学应摆脱单一的政治学身份属性和简化的新旧更替逻辑，从社会学、经济学、人类学、历史学等学科的相互影响来理解新发展和旧传统的联系。正如地表山脉起伏由地质构造和板块运动所决定，政治科学中新制度主义的起源和形态问题，同样可从社会科学整体演进和学科之间彼此塑造的角度探寻根源。举例来看，组织理论最初位于管理学、经济学、社会学、政治学等学科的边缘，它在吸取多学科素材和方法的过程中逐渐扩展到各自学科的核心地带，并通过侧重组织分析的新制度经济学而影响理性选择制度主义，通过马奇和欧森对适宜逻辑、制度情境和社会化的强调而影响政治科学的制度研究。社会科学近期经历的历史学转向、语言学转向与诠释学转向，为理解制度研究的演进趋势提供了关键指引。此外，当前跨越学科边界的研究成果反映了新制度主义政治学的演进趋势。比如，关注经济学成果的社会学者主张应从社会学本身，而非组织分析出发吸纳经济学的方法论个体主义，以此扩展古典社会学和新制度主义的研究范围；社会学者和比较政治经济学者不仅揭示了比较制度分析和新制度主义的演进动力，还在历史进程的宏阔视野中主张新制度主义应关注资本主义这一议题。

其次，从不同学科的分化组合与积极交流来看，新制度主义政治学不应囿于某一学科的本位立场，政治科学中的新制度主义应在概念传播、理论建构和方法应用方面，吸收各学科差异化和多样化的有益成分。科学史学家德里克·普赖斯以比喻方式说明，人文学科中学术领域的组织结构类似一种任意的网络，任何一点都好像能与其他点连接起来。默顿据此认为社会科学研究应从经典著作中汲取灵感，注意自身在学术脉络中的相对位置。[1] 这一看法有助于新

---

[1] ［美］罗伯特·K.默顿：《社会理论和社会结构》，唐少杰等，译林出版社2015年版，第43页。

制度主义突破新旧视域并珍视早期成果的价值,政治学者马太·杜甘对普赖斯观点的引申更具启发性。他认为并不存在整体上的跨学科研究,"有创造力的交流发生在专门的分支领域之间,大多数时候是在各门正统学科的边缘,社会科学在当前的进步很大程度上依靠各个片段的杂交"。① 新制度主义政治学诞生于政治学、经济学、社会学的交汇地带,各学科的制度理论成果为其提供了母体。历史社会学和理性选择理论取向的张力,社会学中组织理论和新经济社会学两种途径的竞争,经济学中新旧制度主义传统的对立,以及上述领域之间分化组合的复杂联系,都意味着不能简单以新旧更替的逻辑来理解新制度主义的确立和演进。正如结构化的制度分析路径为历史制度主义、理性选择制度主义、组织分析制度主义提供了消弭边界和沟通彼此的桥梁,当前各学科对观念分析和话语分析的重视,形成了调适自身假设并借鉴彼此方法的契机,杂交化的互动也推进了观念制度主义、话语制度主义、修辞制度主义的发展。

再次,从研究领域的传统沿袭与养分汲取来看,新制度主义政治学不能简单地把制度理论的发展视为新风尚对旧模式的取代,也不能将其建立在推陈出新的逻辑上,而是应当合理对待社会科学中制度研究宏阔的学术脉络和丰厚的学理资源。如果以比喻方式来作说明,那么新制度主义政治学的发展轨迹类似波浪的前行,一波又一波的浪花不断超越自身,先前的浪花汇聚为新的潮流继续推进。罗纳德·奇尔科特在相近意义上指出,"比较政治学不是一个固定的领域,新老思想持续对它的发展产生影响,这种多样性不但允许论争和辩论,而且对许多问题敞开丰富的对话"。② 杜甘也提出,"了解学科的历史可以避免做重复性工作,在旧的文献中汲取养分

---

① [法] 马太·杜甘:《国家的比较》,文强译,社会科学文献出版社 2010 年版,第 70 页。
② [美] 罗纳德·H. 奇尔科特:《比较政治学理论:新范式的探索》,高铦、潘世强译,社会科学文献出版社 1998 年版,第 19 页。

而避免对潮流的无谓复制,从而走向学科财富的不断发展"。① 引申来看,新制度主义政治学某种意义上是现有知识存量在不同方向的新探索和新成果,旧传统为新制度提供必要的资源和素材,新的前沿应主动从传统研究中汲取养料并转化成为燃料。新制度主义各流派实现自我超越的动力,需要从学科传统和知识脉络中提炼敏锐视角和适当方法。举例来看,彼得斯认为政治学与社会学的新制度主义反映了研究者回归其学科基础的努力;② 倪志伟认为社会学制度理论应借鉴韦伯、涂尔干、帕森斯等先驱学者的成果,新制度主义在此意义上是社会学的新古典转向,通过吸收经济学观点而拓展古典社会学和早期社会学制度主义的知识范围。③

最后,从自身发展的前景展望与前沿探索来看,新制度主义政治学应避免局限于政治学的学术传统,而是从社会科学的整体背景和丰富脉络中,探寻理论建构和方法更新的前景。政治学属于社会科学的分支学科,但是两者关系更类似于行星围绕恒星的运动,即政治学同其他学科的相互影响,受到社会科学研究背景和内在脉络的塑造。社会科学是各学科的集合体,现代意义上的思想分工和学术体系构成其基础,现代社会的知识问题和现实议题为其提供动力,政治科学与新制度主义的演进轨迹始终处于社会科学整体变迁和多学科交织影响之下。一般来说,社会科学的背景和脉络主要有三个方面,即现实主义取向的理性与经验的划分,实证主义取向的解释与诠释的划分,以及个体主义取向的结构与能动的划分。无论以新旧更替的线性发展模式理解新制度主义的发展趋势,还是从理性主义、文化主义、结构主义视角对新制度主义的流派划分和内在

---

① [法] 马太·杜甘:《比较社会学》,李洁等译,社会科学文献出版社 2006 年版,第 257 页。
② B. Guy Peters, *Institutional Theory in Political Science: The New Institutionalism*, Cheltenham: Edward Elgar Publishing, 2019, p. 23.
③ Mary C. Brinton and Victor Nee, eds., *The New Institutionalism in Sociology*, Stanford: Stanford University Press, 1998, pp. 5–6.

张力进行解释，都难免失于简单化和片面化。事实上，新制度主义政治学由于没有充分关注和积极回应社会科学经历的观念转向、认知转向、语言转向，在一定程度上限制了自身研究领域的扩展。在此意义上，新制度主义政治学的前景展望与前沿探索应坚持以下四点：在人类知识领域的持续张力中求同存异，在社会科学视域下关注分析层次、研究途径和理论取向的多元性和丰富性，在多学科发展进程中为制度研究不断获取养分，以及在客观世界的结构性与心态活动的建构性背景下保持等量齐观。

（二）另一种可能的发展前景

在新制度主义政治学发展的早期阶段，许多学者对各流派的对话交流乃至相互融合怀有信心，但他们也看到该领域存在众多研究路径、理论观点和分析工具，更不乏争议和难解之题。彼得斯在其著作《政治科学中的制度理论：新制度主义》的结尾处指出，"制度的不同路径尽管存在或微妙或显著的差异，但的确可能存在某种理解政治与社会生活的根本视角，不同的路径正是这一视角的诸多变体；制度理论的主干究竟是像埃尔加谜之变奏曲那样，由各异的变奏作为基本主题的辐辏，还是仅仅像独奏乐章那样虽富于趣味却无关主旨"。[1] 与之相似，斯科特在其著作《制度与组织：观念、利益与认同》的结尾处，同样运用比喻劝诫人们将制度看作一把双刃剑，因为它能够发挥使动和限制两种作用。[2]

从社会科学发展演进的多重背景与各分支学科的板块运动的角度审视政治科学中的新制度主义，有助于更好地理解彼得斯和斯科特对制度研究和制度功能的认识。对制度研究和制度功能的认识，

---

[1] B. Guy Peters, *Institutional Theory in Political Science: The New Institutionalism*, Cheltenham: Edward Elgar Publishing, 2019, p.235.

[2] W. Richard Scott, *Institutions and Organizations: Ideas, Interests, and Identities*, Los Angeles: Sage Publication Ltd., 2014, p.273.

应正确看待社会科学知识领域的内在张力，并从中探寻共性之处和差异所在，关注社会科学多样化、动态性的分析层次、研究途径和理论取向，从跨学科视域下为制度研究吸纳多个学科的理论养分，平衡处理客观世界的结构性与人类心态活动的建构性。从这个意义上看，新制度主义政治学的发展前景蕴含在产生历程和演进轨迹当中，并处于社会科学整体变迁的背景和多学科交融贯通的脉络之中。如果同样以比喻的方式概括新制度主义政治学的发展前景，那么政治学中的新制度主义应该是一首乐章，由参差错落的乐符与千汇万状的技法奏出和弦；新制度主义应该是一幅画卷，由浓淡墨色与轻重画笔呈现真实的景物和作者的思绪；新制度主义还应该是一册地图，由大小不一的比例尺与详略有别的经纬线契合不同的分析层次和观察角度。

上述内容审视了新制度主义政治学几种可能的发展前景，这些观点尽管重视制度研究的社会科学脉络，但可能忽视了新制度主义政治学多个研究取向彼此整合的演进趋势。具体来看，理性选择制度主义、历史制度主义、组织分析制度主义分别代表了新制度主义政治学甚至是比较政治学的一种研究取向，这一研究取向能够通过整合多元路径得到进一步发展，从而使制度理论更为融贯自洽。新制度主义政治学充满生机的发展前景，仍然是理性选择制度主义、历史制度主义、组织分析制度主义的某种变体。

二 整合多元取向并形成统一的制度理论

新制度主义政治学在已有基础上拓展出多个新的分支路径，新兴流派展现的丰富理论内涵，为制度研究的整合提供了多样化的内容。[①]

[①] 薛晓源、陈家刚主编：《全球化与新制度主义》，社会科学文献出版社2004年版，前言，第1页。

新制度主义政治学的基础性流派和新兴流派相互区别又彼此联系、持续分化又不断融合，这些差异化的研究取向不仅展示了新制度主义政治学多元化的学理资源和发展脉络，还让人们看到可以通过基础性流派和新兴流派的融合，推进制度研究的融贯自洽。

多元理论取向的整合首先表现为基础性流派的整合，即理性选择制度主义、历史制度主义、组织分析制度主义三个流派的交叉融合。具体来看，理性选择制度主义继承了经济学的理论资源和分析视角，对应政治科学和比较政治学的理性主义路径；历史制度主义的名称表明它同政治学的历史社会分析和比较历史分析的亲缘关系，对应政治科学和比较政治学的结构主义路径；组织分析制度主义主要汲取社会学尤其是组织社会学制度研究的理论资源，注重制度研究的宏观视野，对应政治科学和比较政治学的文化主义路径。新制度主义政治学的发展演进同样需要整合理性选择制度主义、历史制度主义、组织分析制度主义的主要观点，其前提是对新制度主义政治学的各个流派进行必要的区分，并总结它们的基本议题和核心特征。

（一）新制度主义政治学的基本研究取向

探索新制度主义政治学的发展前景，需要厘清理性选择制度主义、历史制度主义、组织分析制度主义各自的特征，它们共同建构了新制度主义政治学的基本研究取向。

理性选择制度主义吸收经济学尤其是新制度经济学的理论资源和研究方法，将经济分析、交易思维、产权意识引入政治学研究。理性选择制度主义强调物质利益的重要作用，从方法论个体主义视角来分析制度议题，为制度的中观和宏观分析赋予微观基础。理性选择制度主义的制度研究围绕经济人假设展开，采取通用的分析模式和理论工具，具有一套能够引出理性选择活动的行为预设，据此分析政治经济生活中的制度议题。如前所述，霍尔和泰勒提出，理性选择制度主义的核心特征可以概括为四个方面：一是采用一套典型的行为假设，二是将政治视为一系列集体行动的困境，三是强调对政治结果起决定作用的策略活动，四是拥有一套独特的理论来解释制度的产生问题，尤其注重制度的功能，强调人们为特定目的而创设制度。① 理性选择制度主义不仅是制度研究中的理性选择路径，还与行为主义有着紧密的关系，重点参考新制度经济学和行为经济学的前沿成果，从行为科学和认知科学的前沿进展中获取动力。通过对新制度经济学、理性选择理论和行为科学的广泛吸收，理性选择制度主义持续更新自身的核心议题、研究方法和问题意识。

作为延续政治学研究传统的新制度主义流派，历史制度主义在历史社会学和比较政治经济学交织的学术脉络中得以壮大，吸纳了历史社会学的时序性和结构性要素，还从比较政治经济学的政治、经济和社会关系分析中获得启发。历史制度主义的核心议题是特定政体中的制度组织与经济结构的冲突如何赋予某些群体以特权，而使另一些群体处于不利地位。如前所述，在霍尔和泰勒看来，历史制度主义主要有四个核心特征：一是倾向于在相对广泛的意义上界定制度和个体行为之间的关系，二是强调权力在制度中的运作和产生过程中的非对称性，三是侧重制度在建立和产生过程中的路径依赖和意外后果，四是注重将制度分析与其他能够产生某种政治后果的因素相结合。② 还有研究者指出，历史制度主义的核心概念是历史和脉络，将制度视为历史的产物，在分析历史过程的同时注重宏观脉络，聚焦于制度模式和制度架构来研究社会现象。③ 彼得斯把

---

① Peter A. Hall and Rosemary C. R. Taylor, "Political Science and the Three New Institutionalisms", *Political Studies*, Vol. 44, No. 5, 1996, pp. 936–957.

② Peter A. Hall and Rosemary C. R. Taylor, "Political Science and the Three New Institutionalisms", *Political Studies*, Vol. 44, No. 5, 1996, pp. 936–957.

③ ［韩］河连燮：《制度分析：理论与争议》，李秀峰、柴宝勇译，中国人民大学出版社2014年版，第21页。

历史制度主义称为"历史的遗产",认为它是在政治学中产生的第一个新制度主义流派。① 历史制度主义重点考察介于微观视角和宏大理论之间的中层分析,关注结构、制度、情境、行动者、时间、次序等因素,集中体现了制度研究的结构路径。

组织分析制度主义作为社会学组织理论的制度研究路径,主要特点是以文化、认知等因素解释行动者的理性选择、组织设计和决策过程,又被称为社会学制度主义。组织分析制度主义认为制度是具有自我再生产过程的社会秩序,制度化是制度的形成和再生产。② 如前所述,根据霍尔和泰勒的观点,社会学制度主义的特征主要有三个方面:一是从比其他流派更广泛的意义上界定制度,认为制度不仅包括正式规则、程序、规范,还包括为人的行动提供意义框架的象征系统、认知模式和道德模板,甚至有时将文化本身视为一种制度;二是对制度和行为有独特的理解,强调制度会影响个体的利益偏好和身份认同,重视制度和个体行为的高度互动;三是用一种独特的方式来解释制度的起源和变迁,以社会适应逻辑对抗理性选择制度主义的工具逻辑。③ 从宽泛意义上看,组织分析制度主义将制度置于特定的社会结构和文化情境,集中体现了制度研究的文化途径。

(二) 新兴制度流派的研究取向

整合新制度主义政治学多元取向的另一个要点,是分析新兴流派的研究取向,思考它们在何种意义上对三个基础性流派起到补充或修正作用。新兴流派本身是对三个基础性流派的重要补充,标志

---

① B. Guy Peters, *Institutional Theory in Political Science: The New Institutionalism*, Cheltenham: Edward Elgar Publishing, 2019, p. 80.
② [韩] 河连燮:《制度分析:理论与争议》,李秀峰、柴宝勇译,中国人民大学出版社 2014 年版,第 53—55 页。
③ Peter A. Hall and Rosemary C. R. Taylor, "Political Science and the Three New Institutionalisms", *Political Studies*, Vol. 44, No. 5, 1996, pp. 936–957.

着新制度主义政治学接纳了更为多元的影响因素,也让制度研究具有更为丰富的理论内涵。

建构制度主义为新制度主义政治学供给了丰富的学理资源。建构制度主义侧重制度变迁的关键时刻和相应条件,关注策略性和社会性的行动者,以过程追踪和话语分析为主要方法,认为制度是"观念连同由其支撑的实践性编码系统"。建构制度主义重视制度变迁问题,尤其关注政治机会结构的社会建构属性和制度变迁的观念前提,对危机的话语建构和作为政策范式正常化的制度化作出较为深入的分析。[1] 建构制度主义主张,理性选择制度主义和组织分析制度主义过于强调行动者嵌入制度当中或受到制度环境的约束。在建构制度主义学者看来,理性选择制度主义的制度概念过多倚重均衡状态、偏好和自主算计,组织分析制度主义对制度变迁的解释缺乏对个体的理解,因而"社会化"的色彩过于浓烈;理性选择制度主义和组织分析制度主义无法清楚解释制度变迁的内生动力,也没有给予人们建造社会世界的足够空间。[2] 尽管建构制度主义学者批评历史制度主义没有为有目的的行动者提供合适的角色,但是他们认为历史制度主义和建构制度主义较为接近,指出历史制度主义在借鉴建构制度主义的解释路径之后,有可能更好地解释制度研究的关键问题。

话语制度主义、观念制度主义、修辞制度主义是建构制度主义的三个分支,反映了建构取向的制度研究者对能动性的关注。施密特阐述了话语制度主义的核心特征,即强调作为基本范畴的话语和观念,把话语和观念置于"意义语境",以话语的"交往逻辑"更

---

[1] R. A. W. Rhodes, Sarah A. Binder, and Bert A. Rockman, eds., *The Oxford Handbook of Political Institutions*, Oxford: Oxford University Press, 2006, p. 59.
[2] Stephen Bell, "Do We Really Need a New 'Constructivist Institutionalism' to Explain Institutional Change?", *British Journal of Political Science*, Vol. 41, No. 4, 2011, pp. 883 - 906.

加动态地理解制度变迁。① 话语制度主义不仅有助于以独特的方式理解政治行动,为制度研究提供新的方法论工具,还关注政治学者所忽视的政治行动领域,在实践层面上重视话语和观念在何时何地以及何种意义上是重要的。在施密特看来,历史制度主义、理性选择制度主义、社会学制度主义的不足是,它们在制度变迁议题上过于注重均衡和静态分析,未能揭示制度变迁的动态性和主体性。只有在客观利益或物质利益的假设无力解释制度变迁时,理性选择制度主义学者才会留意观念分析的重要作用。更严重的是,理性选择制度主义的观念分析更多是利益选择机制或均衡状态之间的焦点转换,或者是对理性选择的事后正当化,这种分析中的观念和利益并无明显区别。历史制度主义具有话语制度主义的若干优点,但其观念分析因过于注重引导路径依赖的关键节点而具有历史决定论的色彩,难以从内生角度解释制度变迁问题。社会学制度主义将观念置于文化脉络之中,却没有理解由意义语境建构而成的制度的独特性。② 观念制度主义把观念和制度结合起来,主张利益建构、危急时刻和内生变迁的重要性,强调观念的效果取决于它同适宜情境的配合。观念分析揭示了观念模式和制度均衡的内在关联,还通过关注观念和制度之间的析出、冲突和交汇来分析制度变迁。修辞制度主义运用修辞分析和语言分析方法,考察动机、行动、意义所发挥的建构作用,尤其注重修辞互动、语言分析和制度演化。修辞制度主义反映了制度研究和组织理论的语言学转向,与话语制度主义、观念制度主义共享语言学的基本议题和分析方法。

此外,其他新兴流派增强了新制度主义政治学的影响力,在制

---

① Vivien A. Schmidt, "Discursive Institutionalism: The Explanatory Power of Ideas and Discourse", *Annual Review of Political Science*, Vol. 11, 2008, pp. 303 – 326.

② Vivien A. Schmidt, "Taking Ideas and Discourse Seriously: Explaining Change through Discursive Institutionalism as the Fourth 'New Institutionalism'", *European Political Science Review*, Vol. 2, No. 1, 2010, pp. 1 – 25.

度研究中形成了独具一格的研究取向，其中受到较多关注的是网络制度主义。网络制度主义遵循普遍性、复杂性、行动性和差异性的理论预设，着重分析权力运作和人际关系的联系，致力于考察公共部门的联结模式对政策结果的影响。网络制度主义运用定量分析揭示网络特性，区分构成子群的内聚性和等值性，对政策网络、社会运动、组织和市场等议题作出合理解释。[1]

（三）多元取向整合

新制度主义政治学存在差异化的研究取向，其中之一就是对多元取向进行整合，将多个流派的基本观点内化为制度分析的关键要点，由此推进形成相对统一的新制度主义范式。

首先，多元取向整合是统一制度理论的重要前提，是融合理性选择制度主义、历史制度主义、组织分析制度主义的分析视角和问题意识。理性选择制度主义、历史制度主义、组织分析制度主义侧重不同的分析途径，三者之间的整合既是分析视角的兼容，更是问题意识的统合。理性选择制度主义采取微观视角，更多遵循理性路径；历史制度主义采取中观视角，更多遵循结构路径；组织分析制度主义采取宏观视角，更多遵循文化路径。理性选择制度主义、历史制度主义、组织分析制度主义的整合需要兼顾微观、中观和宏观三重视角，并融合理性、结构和文化三重取向。正如利希巴赫指出的，"理性主义者研究行动者如何运用理智来实现其利益，文化主义者研究构成个体与群体身份的规则，而结构主义者研究制度背景下行动者之间的关系。理性、规则和关系是不同的研究起点"。[2] 新制度主义政治学的未来或许是理性主义、结构主义、文化主义的

---

[1] R. A. W. Rhodes, Sarah A. Binder, and Bert A. Rockman, eds., *The Oxford Handbook of Political Institutions*, Oxford: Oxford University Press, 2006, pp. 80 – 83.

[2] ［美］马克·I. 利希巴赫、阿兰·S. 朱克曼编：《比较政治：理性、文化与结构》，储建国等译，中国人民大学出版社 2008 年版，第 326 页。

某种结合体,需要在比较分析中注重理性、规则和关系,在微观、中观和宏观分析中实现某种平衡。

其次,理性选择制度主义、历史制度主义、组织分析制度主义作为基础性流派已经发生交叉融合,这也是新制度主义政治学的一个发展趋势。霍尔和泰勒较早认识到三个流派的融合趋势,认为"每一个流派都了解和借鉴其他流派的见解的话,将有助于其更好地解决在自己范式内部仍未解决的一些问题",主张这种交流的最根本的原因是"每一个流派的文献都真实地揭示了真实人类行为的不同维度,以及制度对行为的不同影响"。[1] 举例而言,历史制度主义从理性选择制度主义那里借鉴了路径依赖,发展出关键节点、否决点等理论模型;在制度变迁问题上以理性选择制度主义的模型为基础,参考组织分析制度主义对制度概念的模糊性和开放性的理解,提出了较为合理的制度变迁模型。理性选择制度主义从历史制度主义那里吸收了渐进变迁理论和内生变迁理论,并借鉴组织分析制度主义的理论资源,提出学习效应和心智架构等新的模型。理性选择制度主义、历史制度主义、组织分析制度主义不再像过去那样泾渭分明,而是以特定的议题为中心,重视个体行动者、社会结构、文化情境和制度环境。这使新制度主义更像是三个基础性流派的结合体,它们的核心观点构成制度分析的理论维度,新制度主义政治学在这个意义上成为新的整体。

最后,在三个基础性流派交叉融合的基础上,新兴流派发挥了重要的补充作用。新制度主义政治学的新兴流派在批判性继承基础性流派的过程中发展起来,一定程度上对基础性流派起到补充或修正的作用。这意味着,如果促使理性选择制度主义、历史制度主义、组织分析制度主义进一步关注新兴流派的核心主张,那么或许

---

[1] Peter A. Hall and Rosemary C. R. Taylor, "Political Science and Three New Institutionalisms", *Political Studies*, Vol. 44, No. 5, 1996, pp. 936 – 957.

能够实现建构统一理论的目标。话语制度主义、观念制度主义、修辞制度主义作为建构制度主义的三个分支，更加重视理性个体、中观制度、社会结构和文化情境，并将话语分析和观念分析融入其中。理性选择制度主义、历史制度主义、组织分析制度主义的文化转向、认知转向和语言转向，已经涉及建构制度主义的核心特征，这表明新制度主义政治学有可能通过基础性流派的转向成为新的整体。

三 以一为主兼顾多元取向

新制度主义政治学另一种可能的发展前景是，以一种新制度主义流派为主导吸纳其他分析路径，由此建构新的整体意义上的新制度主义政治学。理性选择制度主义和历史制度主义在与相关领域交叉融合的过程中表现出强大的发展动能，通过吸收新制度主义政治学的多元取向形成了两种不同的整合模式。

（一）以理性选择制度主义为主的整合模式

第一种模式以理性选择制度主义为中心建构新的制度理论，发挥理性选择制度主义在理论提炼、领域扩展、框架搭建三个方面的显著优势。

首先，在新制度主义政治学中，理性选择制度主义在理论提炼方面的优势尤为明显。理性选择制度主义延续理性选择理论在建构一般理论上的抱负，往往从特定的理论假设出发，采用严格的数理分析进行逆向推演。一方面，针对理性选择的理论预设和方法工具受到的批评，理性选择制度主义学者结合了政治学与经济学的分析方法和历史学的叙述方式，提出侧重案例研究的"分析叙事"。针对缺少理论检验的批评，政治学与经济学的制度研究者采用"历史的自然实验"方法，截取历史上的特定案例进行理论检验。另一方面，理性选择制度主义考察具体议题时对分析框架进行调整，更关注理论模型的内核以及差异化的影响因素。例如，诺思与合作者最初提出的国家研究框架涵括暴力、社会秩序、组织、信念等要素，而在具体国别分析的过程中仅保留政治经济发展的两个主要问题，更多注重案例自身所对应的具体细节。

其次，理性选择制度主义在交叉学科研究中具有广阔的发展前景，为新制度主义政治学在社会科学领域的扩展奠定了基础。新制度主义政治学的诞生为政治学的制度研究赋予多样化的学理资源，其中理性选择制度主义使政治学者更加重视新制度经济学、行为经济学的理论和方法。理性选择制度主义通过借鉴新制度经济学和行为经济学，接纳社会学、心理学、语言学、历史学、文化人类学以及计算机科学的理论成果，其行为分析突破了社会科学的壁垒并延伸到自然科学领域。从理性选择制度主义的发展趋势来看，流派之间的界限逐渐模糊这一特点表现得更为明显，当前理性选择制度主义的分析路径容纳了历史制度主义的历史和结构、组织分析制度主义的文化和情境以及建构制度主义的话语和观念。

最后，理性选择制度主义吸收多元化学理资源，在开拓研究领域的同时有助于形成更具包容性的制度理论。霍尔指出，理性选择制度主义关于制度变迁的理论模型虽有力但不够有效，社会学视角下的历史制度主义对其可以发挥补充作用。[1] 霍尔实际上揭示了理性选择制度主义与历史制度主义以及组织分析制度主义的整合，社会学意义上的制度包含仪式惯例，充实了新制度主义政治学视域下制度的内涵。理性选择制度主义所倡导的政治经济分析、理性行动者、博弈策略等已经获得普遍认可，在借鉴新制度经济学和行为经济学的过程中，理性选择制度主义相比早期阶段更重视感性选择、

---

[1] James Mahoney and Kathleen Thelen, eds., *Explaining Institutional Change: Ambiguity, Agency, and Power*, New York: Cambridge University Press, 2010, p. 205.

有限理性和制度关怀。与之相似，文化转向、观念转向和认知转向拓展了制度研究的理论深度，社会学、心理学、语言学在更大程度上丰富理性选择制度主义的议题和方法。

（二）以历史制度主义为主的整合模式

与理性选择制度主义相似，历史制度主义同样具有整合新制度主义政治学各流派的潜力，它在传统政治学研究的积淀中融合多种制度分析路径，通过与新兴流派的积极对话整合多元理论。

首先，从新制度主义政治学的形成过程来看，历史制度主义在整合多元制度理论、凸显政治学本位立场方面具有突出优势。其一，新制度主义政治学是对理性选择理论和行为主义的有力反击，历史制度主义在这方面的表现尤为突出。在新制度主义政治学中，历史制度主义最接近政治学的制度研究传统，不但注重反思行为主义的弊端，而且与理性选择理论、理性选择制度主义明确区分开来。其二，在新制度主义政治学的三个基础性流派中，历史制度主义能够调和与理性选择制度主义、组织分析制度主义的分歧。与理性选择制度主义的算计途径和微观视角，以及组织分析制度主义的文化途径和宏观视角相比，历史制度主义的结构途径和中观视角能够在历史维度方面容纳算计途径和文化途径。其三，新制度主义政治学的发展演化是政治学的制度研究吸收多学科资源的过程，历史制度主义的演化历程代表了这一趋势。理性选择制度主义主要借鉴经济学的制度研究成果，组织分析制度主义重点吸收社会学和组织理论的制度研究成果，话语制度主义、观念制度主义、修辞制度主义更是吸收了语言学的研究成果。历史制度主义的优势在于提炼理性选择制度主义、组织分析制度主义、建构制度主义的核心要点，通过新制度主义政治学内部的多元互动、交叉融合来构建新的统一理论。

其次，历史制度主义在建构统一制度理论方面的潜力，集中体现在对理性选择制度主义与组织分析制度主义的整合。历史制度主义被视为制度研究的结构途径，政治学研究的本位意识贯穿于历史制度主义发展演进的过程。一方面，历史制度主义以议题和方法为切入点，从多个方面同理性选择制度主义相融合。历史制度主义和理性选择制度主义的密切关联，不仅体现在西伦所提到的理论与经验、微观与宏观、偏好的外生与内生、功能主义与制度主义四个方面，而且在议题和方法等多个层面实现了深度融合。[①] 历史制度主义认可理性选择制度主义的新政治经济学路径，在国家建构、寻租行为研究中采用政治经济分析，充分关注理性行动者这类能动因素。另一方面，历史制度主义通过借鉴组织分析制度主义的研究成果，丰富了关于制度内涵的解释。社会学以研究宏大视角的制度著称，甚至将文化本身纳入制度范畴。历史制度主义参考组织分析制度主义对制度的界定方式，关注制度嵌于其中的社会结构，致力于实现中观视角到宏观视角的转换、历史情境和文化情境的结合。

最后，为了兼容话语制度主义、观念制度主义、修辞制度主义的学理资源，历史制度主义对新制度主义不同派别的制度分析采取包容态度。在新制度主义政治学的三个基础性流派中，历史制度主义折中的理论立场不仅能够融合算计途径和文化途径，其历史维度的分析逻辑也可以兼容话语分析和修辞分析。话语制度主义、观念制度主义、修辞制度主义均主张，历史制度主义和建构制度主义存在相通之处，经过适度调整的历史制度主义可以在话语分析、观念分析、修辞分析方面有所作为。整体来看，历史制度主义对新兴流派的整合符合彼此的发展诉求和研究意识，能够在解释制度议题的过程中进一步增强新制度主义政治学的影响力。

[①] Kathleen Thelen, "Historical Institutionalism in Comparative Politics", *Annual Reviews of Political Science*, Vol. 2, 1999, pp. 369–404.

四 另辟蹊径的制度逻辑理论

社会学者在反思新制度主义局限性的过程中，将制度逻辑应用于制度研究并开创了新的研究路径。制度逻辑是"塑造组织场域内行动者认知及其行为的一系列文化信念和规则的总称"，不同的制度逻辑塑造了个体行动者和组织行动者不同的行为方式。① 制度逻辑理论聚焦于结构与能动的关系，着重考察个体和集体在利益、偏好、认知、文化等多个要素作用下的行为规律，构成了新制度主义理论的一种变体。

（一）对新制度主义范式的反思

制度逻辑理论起源于20世纪90年代，代表了从社会学角度对新制度主义范式进行的反思、修正与更新。

首先，制度逻辑理论发端于社会学者对新制度主义的批判性思考，并成为当前新制度主义的最新发展方向。社会学领域的制度研究者认识到，尽管新制度主义取得了一系列成果，但仍存在一些不足。1991年，社会学者弗里德兰和阿尔弗德率先提出制度逻辑的概念，他们指出每个专业化的场域均由各自的制度逻辑支配。2002年，在鲍威尔的组织下，美国管理学会年会举办主题为"超越理所当然：制度、认知与能动性"的研讨会，这也是制度逻辑理论引入社会学和组织行为研究的重要标志。一些学者将制度逻辑理论应用于组织决策研究，尤其把多重制度系统同工具箱模型和认知模型结合起来。有学者对制度逻辑进行拓展，将社区看作一种制度逻辑形式并提出竞争性制度逻辑，还有学者研究注意力、意义建构、

---

① 綦倩雯、蔡宁：《制度复杂性与企业环境战略选择：基于制度逻辑视角的解读》，《经济社会体制比较》2015年第1期。

语言与制度逻辑变迁的关系。2006年，一些制度研究者发起关于制度研究现状的论文征集，"大胆试问新制度主义是否已经死去"，有作者提交了一篇题目为《总结制度逻辑的理论与实证研究》的论文，将制度逻辑理论视为新制度主义理论的某种变体。2008年，帕特里夏·桑顿在面对研究生提出的"新制度主义理论的下一发展阶段是什么"这一问题时，这位法国社会学和管理学的研究者的答复是制度逻辑理论。

其次，制度逻辑理论是多种制度理论的集合，以多元逻辑考察制度对行动者的影响以及行动者的行为规律。新制度主义学者在界定制度内涵和明确制度主义研究取向的过程中往往持开放态度，这为制度理论的交叉学科研究奠定基础。马奇和欧森提出，制度主义主要指政治制度研究的一般路径，包含关于制度特征同政治能动性、偏好与变迁关系的一套理论观点和假设；制度主义强调制度的内生属性和社会建构特征，制度并非追逐私利的个体行动者维系一般均衡状态的约定，也不是社会各派势力彼此斗争的竞技场，而是政治生活中由结构、规则、标准运作程序构成的复杂系统。马奇和欧森1984年发表的论文《新制度主义：政治生活的组织因素》与1989年出版的著作《重新发现制度》均提出，新制度主义的确立和发展得益于社会理论和组织分析的成果，制度逻辑理论的兴起正是这种研究传统的复兴。与此同时，制度研究尚未形成统一的体系，差异化的理论流派只是展现了制度影响个体行为和组织行为的一个侧面。制度逻辑理论尝试关注不同研究路径并整合它们的理论见解，由此更全面地反映制度研究领域的全貌。

最后，作为对新制度主义范式的创新性发展，制度逻辑理论有其自身的特点。制度逻辑理论具有较高的理论整合性，其主要旨趣是在社会语境下观察行动、在不同制度秩序下认识理性内涵，关注文化的同质性和异质性，从象征性和物质性两个方面考察能动性与变迁，吸收理性选择制度主义、历史制度主义、组织分析制度主义的合理成分并加以创新。制度逻辑理论被研究者视作一种元理论，"它需要通过结合其他理论来解释制度对社会、组织和个体产生的调节作用，以及制度与它们之间的相互作用"。① 作为分析社会系统中制度、个体和组织相互关系的元理论，制度逻辑理论的重心是在多重制度系统中研究个体和组织行动者如何被他们置身其中的多重制度环境所影响。多重制度系统是制度逻辑理论的重大创新，每一种制度秩序都展现出独特的组织原则、实践或象征，能够影响行动者的语汇并调节他们的自我认知和身份认同。在制度逻辑理论看来，多重制度系统中的制度秩序以不同的方式作用于行动者，个体和组织的利益、身份、价值观、假设均嵌入多元制度逻辑，共同影响个体对社会情境和社会角色的理解。制度逻辑理论关于制度逻辑、多重制度系统、制度秩序的论述明显不同于新制度主义，这在一定程度上或许意味着制度研究焕发出新的生机。

（二）制度逻辑视角的新颖性

制度逻辑理论是对新制度主义政治学的重要发展，它为制度研究带来了新的分析视角。制度逻辑视角是一种比较性的分析框架，可以用来理解制度机制如何决定行动者的选择。

首先，制度逻辑内蕴宏观结构、文化象征和能动性实践，从多个维度拓展制度研究的分析路径。桑顿与合作者提出，"我们的目标并非复兴新制度理论，而是将其转型。既要认识到它的优点，即其有关宏观结构与文化如何塑造组织的原创洞见，也要认识到它的弱点，即其解释能动性与制度的微观基础、制度异质性以及制度变迁的能力有限；制度逻辑视角在此之上提供了一种新方法，通过跨层级的过程，结合宏观结构、文化和能动性，从而解释制度如何既

---

① ［法］帕特里夏·H.桑顿、［加］威廉·奥卡西奥、龙思博：《制度逻辑：制度如何塑造人和组织》，汪少卿等译，浙江大学出版社2020年版，序言，第2页。

能促进又能约束行动"。①制度逻辑理论关注宏观结构、文化和能动性,这也是历史制度主义、组织分析制度主义、理性选择制度主义的核心主张,但制度逻辑理论与新制度主义其他流派的侧重点有所不同。作为新视角的制度逻辑理论并不是简单地关注宏观结构、文化和能动性,而是强调对文化、结构和过程进行概念化,从多个方向推动制度理论的发展。

其次,制度逻辑理论关注制度、个体和组织在社会系统中的相互作用,从结构与能动关系的角度归纳了现有三种制度理论的局限性。第一种是迪马吉奥和鲍威尔的结构性同形理论,他们考察了模仿性同形、规范性同形和强制性同形三种机制。模仿性同形和规范性同形符合结构主义的观点,主张模式化的社会关系约束了个体行为和组织行为。强制性同形蕴含某种能动性,超出了一致性或习惯性行为的范畴。结构性同形理论强调社会结构的连续性及其对行动者的约束,缺点是无法解释能动行为。第二种是吉登斯的结构化理论,他关于"社会结构与能动性的二元性"的观点指出社会结构对个体行动者同时发挥约束和使动作用。在吉登斯看来,社会结构由规则、资源和实践构成,它是社会生活运行以及人类再生产的结果和平台。结构化理论认为行动者在行使权力时展示了见识眼光、反思意识和自主能力,但这一理论没有说明是什么影响了行动者关于自身利益、权力和偏好的认知框架。第三种是以制度创业者分析为代表的致力于强调能动性作用的理论,相关学者在研究中着重运用利益因素和观念因素进行分析。制度创业者被认为通过积极参与竞争活动而建构某个观念,他们塑造观念的制度化行动实际上也是自身利益得以实现的过程。这一理论强调了不受限制的制度创业者能够操纵制度,但没有清楚解释观念形成和嵌入特定社会系统的

---

① [法]帕特里夏·H.桑顿、[加]威廉·奥卡西奥、龙思博:《制度逻辑:制度如何塑造人和组织》,汪少卿等译,浙江大学出版社2020年版,序言,第8页。

途径。

最后，当前制度理论中具有较大解释力的是文化工具箱理论，它与制度逻辑理论的结合蕴含新的洞见。通过对贫穷文化进行案例分析，有学者对帕森斯的唯意志行动理论作出解构。帕森斯主张社会系统包含不同价值取向，个体在社会化的过程中将价值取向转变为内在特质，价值观能够引导个体做出相应的行为选择。但文化价值对行为的引导并非单一的，"人们或许拥有共同的渴望，但文化依然可能以截然不同的方式影响他们的行为模式"。[1] 将文化工具箱理论与制度逻辑理论结合起来，可以为制度系统提供一种文化模型，其中个体和组织以不同方式获取某种类型或某些数量的文化元素。文化工具箱不仅应用于不同的社会情境，还具有与多重制度系统进行联结的潜力，因此能够超越关于制度创业者的简单分析，更为深入地揭示制度创业者相关行动的实质。文化工具箱理论的局限在于未能充分解释规范和价值对行为的塑造过程，没有意识到价值观为行为提供正当理由的同时还为行动者提供道德动机。迪马吉奥将工具箱理论与认知心理学和社会心理学进行联结，使文化工具箱依赖于环境中的情境线索，也让行动者的动机置于个体之外。迪马吉奥还注意到，个体接收的文化信息总是相互矛盾的，因此人们难以依据这些信息形成前后一致的动机。

（三）制度逻辑视角的整合性

制度逻辑理论从社会学的制度研究中发展而来，其对理性选择制度主义、历史制度主义、组织分析制度主义的创新性发展，形成了微观、中观、宏观相得益彰的制度理论。

首先，从微观层面来看，制度逻辑理论提出了区别于理性选择

---

[1] ［法］帕特里夏·H.桑顿、［加］威廉·奥卡西奥、龙思博：《制度逻辑：制度如何塑造人和组织》，汪少卿等译，浙江大学出版社2020年版，第11页。

理论视角的微观分析，考察多重制度逻辑在微观情境中的动态转化。个体、组织和社会构成制度逻辑理论中相互依存又各自独立的核心概念，制度逻辑理论重点考察不同层次的多元制度结构如何塑造异质性的个体行为和组织行为。制度逻辑理论不同于理性选择理论和理性选择制度主义的方法论个体主义，在质疑结构决定论的基础上，强调认知、身份、利益和权力对能动性的重要影响，主张个体的行为与制度的相互作用。弗里德兰和阿尔弗德在提出制度逻辑概念的论文中，区分了理解个体与制度逻辑关系的两种理论，一种侧重机会，另一种侧重束缚。强调机会的理论将象征、实践和制度矛盾重新引入社会分析，关注构成现代社会的、相互矛盾的社会秩序，制度内在的矛盾为个体和组织提供了能动性和制度变迁的机会。强调束缚的理论认为多元制度逻辑可以塑造差异性的个体偏好和组织行为，但也存在某种主导性制度逻辑构成了行为同步和利益整合的核心原则。制度逻辑理论强调情境化的、嵌入的、有限意图性的行动，这明显有别于理性选择制度主义的行为预设，更接近组织分析制度主义视域下的个体行动。同时，制度逻辑理论的微观基础所关注的不仅是利益，还包含个体和组织嵌入在制度逻辑中的价值观念和行为倾向。

其次，从中观层面来看，制度逻辑理论构建了多重制度系统的结构分析路径，从而区别于历史制度主义强调单一主导制度的结构分析。制度逻辑理论的结构分析关注到社会环境中存在多元制度逻辑，注重多重制度系统的稳定性。制度逻辑理论的结构分析具有三个基本原则，一是社会结构和行动的部分自治性，二是制度可以在多个分析层次上运行，三是制度在象征层面与物质层面的结合。制度逻辑理论认为，动态的多重制度系统是一个具有适应性的社会系统，制度秩序会随着时间的推移而不断演化，其在历史中的相互依赖性成为新制度的源泉。制度逻辑理论假设每一项制度起源于不同年代，多重制度系统的演化和历史的变迁是相互依赖的。尽管多重制度系统暗示了某种通向现代性的进程，但这并不意味着每个社会都必须进入这种发展轨道，特定制度秩序的出现与否取决于每个社会的特性。制度逻辑理论将多重制度系统作为理解制度稳定性和变迁的关键，这也表明多重制度系统和文化工具箱理论的假设是兼容的。

最后，从宏观层面来看，制度逻辑理论兼顾了以文化为代表的宏观取向，并结合特定的文化环境展开细化分析。如前所述，依赖于特定文化环境的制度逻辑是多重制度系统进行复合作用的结果，对制度逻辑的审视需要考察多方面的影响因素。在制度逻辑理论看来，制度秩序在一定时段内具有稳定性，但不同制度逻辑的冲突、矛盾和互动，使组织、制度场域和社会中的象征与实践产生实质性的变化。制度逻辑视角强调文化是制度生活多个领域的体现，而不是一种霸权。[①] 制度逻辑具有象征性和物质性双重向度，文化也具有意义系统和实践系统两种内涵，因此二者存在契合。制度逻辑的文化分析还呈现鲜明的观念转向，嵌入实践性语汇的语言体现在理论、框架和叙事之中。制度逻辑理论以组织分析制度主义的相关成果为基础，将文化构建的过程与个体、团体、组织、制度场域和多重制度系统联系起来。

拓展阅读

1. ［法］帕特里夏·桑顿、［加］威廉·奥卡西奥、龙思博：《制度逻辑：制度如何塑造人和组织》，汪少卿等译，浙江大学出版社2020年版。

2. 薛晓源、陈家刚主编：《全球化与新制度主义》，社会科学文献出版社2004年版。

[①] ［法］帕特里夏·H.桑顿、［加］威廉·奥卡西奥、龙思博：《制度逻辑：制度如何塑造人和组织》，汪少卿等译，浙江大学出版社2020年版，第176页。